高校大学生素养与思想政治教育研究

王添翼　朱　洁◎著

线装书局

图书在版编目（CIP）数据

高校大学生素养与思想政治教育研究 / 王添翼，朱洁著. -- 北京：线装书局, 2024.1
ISBN 978-7-5120-5930-6

Ⅰ.①高… Ⅱ.①王… ②朱… Ⅲ.①大学生－思想政治教育－研究－中国 Ⅳ.①G641

中国国家版本馆CIP数据核字(2024)第044828号

高校大学生素养与思想政治教育研究
GAOXIAO DAXUESHENG SUYANG YU SIXIANG ZHENGZHI JIAOYU YANJIU

作　　者：	王添翼　朱　洁
责任编辑：	白　晨
出版发行：	线装书局
地　　址：	北京市丰台区方庄日月天地大厦B座17层（100078）
电　　话：	010-58077126（发行部）010-58076938（总编室）
网　　址：	www.zgxzsj.com
经　　销：	新华书店
印　　制：	三河市腾飞印务有限公司
开　　本：	787mm×1092mm　　1/16
印　　张：	12.75
字　　数：	290千字
印　　次：	2025年1月第1版第1次印刷

线装书局官方微信

定　　价：68.00元

前　言

现如今，高校大学生素养与思想政治教育遇到了前所未有的挑战和机遇。高校是为国家培养高素质人才的教育基地，它时刻都面临着一个"培养什么人，如何培养人"的核心问题。但是，大学生思想政治教育面临空前压力，如果不能切实提高大学生思想政治教育的科学性、主动性和实效性，我们就不能为国家培养高素质人才。

本书以章节布局，共分为九章，三大部分内容。第一章至第三章为第一部分，主要讲述上篇大学生素养，包含了道德素养、职业素养和法律素养；第四章至第八章为第二部分，主要讲述中篇大学生思想政治教育，包含了大学生的思想政治教育的概述、大学生的思想政治教育的现状、大学生思想政治教育现实对策分析和大学生思想政治教育的实践研究；第九章，作为本书的最后一章综合篇，主要是讲述了大学生思想政治教育创新与文化素质教育研究。

本书在撰写过程中，参考、借鉴了大量优秀著作与部分学者的理论与作品，在此一一表示感谢。由于作者精力有限，加之行文仓促，书中难免存在疏漏与不足之处，望专家、学者与广大读者批评、指正，以使本书更加完善。

编委会

赵俊博　谢若闲　马天宇
郭　冉　张朝华　陈　思
潘丽娜

目 录

上篇：大学生素养

第一章　道德素养 (2)
 第一节　道德素养的概述 (2)
 第二节　道德践行 (7)
 第三节　道德素养是永恒的人生课题 (14)

第二章　职业素养 (24)
 第一节　职场准备 (25)
 第二节　职场应聘 (29)
 第三节　公务活动 (34)
 第四节　职场公文 (46)

第三章　法律素养 (58)
 第一节　宪法 (58)
 第二节　民法 (65)
 第三节　刑法 (75)
 第四节　诉讼法 (79)

中篇：大学生思想政治教育

第四章　大学生思想政治教育概述 (86)
 第一节　思想政治教育概述 (86)
 第二节　大学生思想政治教育创新的原则 (90)
 第二节　大学生思想政治教育发展历程 (95)
 第四节　大学生思想政治教育面临的挑战 (104)
 第五节　大学生思想政治教育创新的必要性 (108)

第五章　大学生思想政治教育的现状 (114)
 第一节　大学生的思想状况 (114)
 第二节　大学生思想政治教育存在的问题 (116)

第三节　原因分析 ………………………………………………………（119）
第六章　大学生思想政治教育现实对策分析 ……………………………（122）
   第一节　扩充思想政治教育内容 ………………………………………（122）
   第二节　丰富思想政治教育载体 ………………………………………（124）
   第三节　提升思想政治教育水平 ………………………………………（126）
   第四节　拓宽思想政治教育途径 ………………………………………（129）
第七章　大学生思想政治教育的原则和方法 ……………………………（132）
   第一节　大学生思想政治教育的原则 …………………………………（132）
   第二节　大学生思想政治教育的方法 …………………………………（140）
第八章　大学生思想政治教育的实践研究 ………………………………（149）
   第一节　大学生思想政治教育的目标 …………………………………（149）
   第二节　大学生思想政治教育的内容 …………………………………（151）
   第三节　高校思想政治教育对大学生创新素质培养的实践研究 ……（161）

下篇：综合篇

第九章　大学生思想政治教育创新与文化素质教育研究 ………………（170）
   第一节　文化素质教育的内涵 …………………………………………（170）
   第二节　大学生思想政治教育与文化素质教育的有机结合 …………（171）
   第三节　文化素质教育视野下的大学生思想政治教育创新 …………（178）
参考文献 ……………………………………………………………………（193）

上篇：大学生素养

第一章　道德素养

做一个有道德的人，是许多有志青年的人生追求。因为，道德能使人生变得崇高，道德能使心灵趋于高洁。作为21世纪的大学生，怎样在纷繁复杂的社会生活中保持做人的美德，怎样成为社会先进道德的倡导者，怎样以自己文明、有德的行为促进社会的文明进步，是必须思考和面对的人生责任。

第一节　道德素养的概述

人作为独立的生命存在，总是面临着在现实的社会生活中究竟应该如何去行动这样一个问题。康德说过："这个世界上唯有两样东西能让我们的心灵感到深深的震撼，一是我们头顶灿烂的星空，另一是我们内心崇高的道德法则。"对道德的追求和执着，使人生走向真善美的崇高境界。

一、道德是人类独有的精神现象

道德，是人类独有的精神现象。在世间万物中，唯有人才会追求道德。从道德的起源和发展上来看，人是道德的创造者。历史和逻辑都证明，道德是人的社会实践的产物，是人在社会生活中为了满足自己的需要而发挥自己的聪明才智去主动选择和能动创造的结果。人自己制定道德规范，并受制于道德规范，人既是这些规范的真正创造者和管理者，又是这些规范的执行者和监督者。作为一种伦理规范，道德是人的生存、发展的需要，是人的精神追求。事实证明，在道德规范面前，人之所以为人，就在于人能自觉自愿地约束自己的行为，以利于人所身处其中的集体和社会；人还能自觉地以一定的道德规范来塑造自己完美的人性，逐步实现理性与德性的统一、真善美的统一，最终完善自我的精神追求。

随着社会的发展和人的需要的变化，人们总是在不断地扬弃旧道德和创造新道德，始终以道德主人的姿态来对这一植根于人性深处的价值向度进行永不疲倦的探索和创造。也就是说，人是道德的建构者、设计者、践行者、完善者，道德是人活动的成果，是为了满足人自身的需要。美国著名道德哲学家弗兰克纳指出："从道德上讲，任何道德原则都要求社会本身尊重个人的自律和自由，一般来说，道德要求社会公正地对待个人；并且不要忘记，道德的产生是有助于个人更好地生活，但不是说人是为了体现道德而存在。"可以说，"追求更好的生活"是人创造道德的真实目的。人的需要既是人进行道德创造、道德修养的根本动力，也是其最终目的。道德不仅能满足人所特有的精神价值需要，还能呈现出人的生命存在所不可或缺的意义。

二、道德是依据良心实现的行为规范

人是生活在道德之中的。人们在现实生活中对他人和社会产生影响的行为，都涉及道德，都处在道德评价中。我国古代儒家经典《大学》指出："人之视己，如见其肺肝然……曾子曰：十目所视，十手所指，其严乎！"说的就是道德和道德评价的无处不在，道德明镜高悬。

（一）道德的含义与特点

道德是人类在改造自然和社会的实践中，以善恶为标准，依靠内心信念、社会舆论和传统习惯，来评价人们的行为，调整人与人、人与自然以及个人与社会之间关系的行为准则和规范的总和。它是由一定的社会经济基础所决定，并为其服务的上层建筑。它一方面通过舆论和教育的方式影响人们关于道德的观念、情感、意向和信念；另一方面又通过社会舆论、传统习惯和规章制度的形式，在社会生活中规定人们的行为方式，成为约束人们相互关系和个人行为的原则和规范。

道德与其他意识形态一样，在阶级社会中有鲜明的阶级性，在发展过程中有历史继承性。此外它还具有以下不同于其他社会意识形态的特点。

第一，规范性。道德是一种行为规范，它所要解决的矛盾，主要是个人利益和整体利益之间的矛盾。其解决方式，是用一定的道德原则和行为规范，来指导和规定人们如何处理个人利益和整体利益的关系。

第二，广泛性。人类生活的各个时期、各个领域，都存在着人与人、人与自然以及个人与社会之间的关系，需要道德来调节。从纵向看，人类发展的各个历史阶段，道德持续存在，它随着社会经济关系的变化而不断变化，并与人类社会共始终；从横向看，它涉及社会生活的方方面面。它比政治、法律规范的寿命更长，范围更广，并同时也向政治、法律规范渗透。

第三，稳定性。社会意识形态都具有相对稳定性，而道德比其他意识形态变化速度更慢，表现出更强的稳定性。经济关系和政治制度的变革，固然使旧的道德失去了存在的客观依据，但由于旧道德已在漫长岁月中，变成了人们的传统习惯和风尚，而这种传统习惯和风尚，往往与人们的信念、情感、民族心理结合在一起，因而具有更大的稳定性。

第四，继承性。马克思和恩格斯说："历史不外是各个时代的依次交替。每一代都利用以前各代遗留下来的材料、资金和生产力；由于这个缘故，每一代一方面在完全改变了的条件下继续从事先辈的活动，另一方面又通过完全改变了的活动来改变旧的条件。"这就是说，继承和创造是人类不断走向文明进步的基本活动方式，人类的一切精神文化成果都具有历史继承性。道德是一种特殊的社会意识形态，其历史继承性更为明显，它总是作为价值观念、心理现象和行为方式被一代又一代地传递下来。新社会的道德总是从旧道德脱胎而来，是通过扬弃旧道德而形成的，这是道德自身发展的客观规律。

第五，自律性。道德不同于宗教。马克思曾十分精辟地指出："道德的基础是人类精神的自律，而宗教的基础则是人类精神的他律"。道德不同于法律。道德只是提供"应当怎样""不应当怎样"，而不是像法律那样强行规定"必须怎样""不准怎样"。尽管社会舆论、传统习惯对人的行为具有一定的外在强制性，但如果没有人的道德自律性，社会舆论和传统习惯的外在制约就很难真正起作用。

（二）道德评价

所谓道德评价，是人们依据一定的道德标准，对他人和自己的行为进行善恶判断，表明褒贬态度的活动。道德评价主要有三种形式，即社会舆论、传统习惯和内心信念。

社会舆论就是众人的议论，通常是群众的言论，它反映了社会公众或肯定、赞扬、或否定、贬斥的态度。宣传社会舆论的手段主要有报刊、广播、电视、电影、网络、文艺等宣传工具，也包括人们的日常评价和议论。社会舆论有正确与错误、先进与落后之分。错误的舆论不利于人们实施正确的道德行为。因此，加强社会正确的舆论导向对于道德建设是十分重要的。

传统习惯是指人类在社会生活中逐渐形成的、习以为常的行为倾向和社会风格。传统习惯在道德评价中具有很大的影响力，它用"合俗"和"不合俗"来判断人们的行为善恶，使人的行为纳入一定的社会生活轨道。传统习惯也具有积极与消极两方面的作用。那些墨守成规、阻碍进步的传统陋习应该予以剔除和摒弃，那些适应社会发展潮流、促进社会文明进步的传统习惯应该予以继承和发扬。这也是精神文明建设的重要内容之一。

内心信念是人们发自内心的对某种道德义务的确认和强烈的责任感。这种内在信念是社会道德规范在个体社会化过程中内化的结果。它与人们的世界观、道德认识和道德情感等联系在一起，通过人们的良心来发挥作用，表现出一个人道德水准的高低。

道德是靠社会舆论、传统习惯和人们的内心信念来维系的。它是靠人们的精神力量，特别是人的信念、良心来起作用的。所谓"道德法庭"只是一个形象的说法，是对违反道德的人的公开揭露和谴责，并不是真要对他们进行审判和制裁。法律则不同，是由国家制定或认可并由国家强制实施的。

道德在本质上是规范性、约束性和主体性、自觉性的统一。一方面，社会道德对个体的言行予以必要的规范和约束，要求其人生活动在道德法律的基础上展开。另一方面，道德又表现为主体在人生活动中的能动性，即主体在道德上的自我完善和自我约束。对于一个具有自觉的道德意识的人来说，道德不只是外在的规范，而是主体对道德的认同和内化。个体在品德养成过程中，重要的是将道德准则转化为道德良心，将他律转化为自律，从而实现人在道德生活中必然与自由的统一。

综上所述，社会舆论、传统习惯是影响和调整人的道德行为的外在力量，内心信念则是道德评价中的内在力量，前者最终需要通过后者才能真正发挥道德评价的作用。这就是为什么在同样的社会舆论和传统习俗环境里，人们有不同的道德表现的原因所在，由此也可以看出培养人的道德信念具有特别重要的意义。

我们通常所说的良心，实际上就是主体道德信念的具体表现，是人们对道德义务的自觉意识，以及由此产生的道德责任感和自我评价的内心活动。所以，良心是道德的"内在之镜"，对自我的意识和行为起明鉴是非的作用。具体来说，良心的能动作用有以下三种形式。

第一，在行为前，良心对行为的动机和结果起审查和指令的作用，良心依据道德原则和道德义务的要求，对行为动机进行自我检查，并通过假设判断和可能判断的逻辑形式，使行为的后果进行预测、思考和权衡，并通过想象在内心产生一定的情感和情绪体验，进而对行为的选择发生影响。

第二，在行为进行中，良心对行为起调整和监督作用。行为符合道德要求时，良心使情感愉悦从而使行为获得激励和强化。对不符合道德要求的欲念、冲动和行为，良心通过强化消极的情感体验，如恐惧、不安、内疚等，使行为得到中止和改变。这就是人们常说的"良心发现"。

第三，在行为之后，良心对行为的后果和影响有评价和反省的作用。当人们意识到自己的行为后果有利于社会和他人、符合道德准则时，便会产生欣慰和满足的愉悦感，对该行为产生正强化，有益于今后道德行为的保持和延续。反之，对于违反道德义务的行为后果，良心便会进行自我谴责，产生惭愧、内疚、悔恨的情感，以至陷入极度的痛苦之中。这种良心的悔过能形成一种力量，促使自己改变和纠正不良的意识和行为，从而达到道德的自新。

唐代有一位名叫神秀的禅师曾有一偈："身是菩提树，心如明镜台，时时勤拂拭，勿使惹尘埃。"良心若有"尘埃"，就是所谓"昧良心"了，就会做坏事而无动于衷。大学生应当对自己的良心之镜时时拂拭，增强明辨是非的能力，努力达到疾恶如仇、从善如流的道德自觉境界。

三、道德是人生发展的重要保证

人是一种道德动物，人的道德素质是人之为人的重要依据。人生的发展，也必须以高尚的道德作为保证。抵御社会上的消极影响，保持道德纯真，是社会对大学生的希望和要求，也是大学生自身发展和获得人生幸福的前提条件。

第一，保持道德的纯真是大学生主体能动性的重要体现。人的道德水平固然是一定社会现实关系的产物，但作为主体的人，特别是作为接受现代文明教育的大学生，完全有可能通过有意识的自我完善达到较高的道德水准。事实上，现实社会中这样的先进分子不乏其人。从他们身上我们能够感受到助人为乐、见义勇为、善良友爱、公而忘私等人类崇高的精神力量。现实的社会当然不是一个纯洁无邪的道德世界，但人的可贵之处正在于自觉、能动地弃恶扬善，拥有一种"出淤泥而不染"的纯真品格。大学生通过对道德的自觉追求，能促使自我的主体能动性的进一步发挥，主体人格的进一步完善。

第二，保持道德的纯真是提高人的社会价值的重要保证。人的社会价值是指个体对社会或人类文化进步的贡献，是我们通常所说的个体"生命质量"的重要方面。古人云："人固有一死，或重于泰山，或轻于鸿毛"，就是说不同的人，其生命的社会价值是不一样的。那么，人生的社会价值是由什么来决定的呢？人的知识、能力固然对其有重要影响，但人的道德品质的影响也是十分重要的。因为一个人工作的动机、目标、心态、采取的方式以及社会给予的机会、评价等，与他的道德品质密切相关。纵观古今中外所有为后世怀念的先人，无不具有值得称道的德行。相反，有些人即使不乏才能，也有所建树，却因为品行不端而为人所不齿。如南宋的秦桧在书法上是有造诣的，却因为其恶劣的人品而为世人所唾弃。大学生学习和掌握科技文化知识，对提高人生的社会价值意义重大。但是，知识的多少并不代表道德的高低，要使自己的知识成为促进社会文明和自我进步的力量，必须还要有一定的德行操守作保证。正是看到了这一点，作为科学家的爱因斯坦才说单靠知识和技巧不能使人类走向幸福和高尚的生活。人类有充分的理由把那些崇高的道德标准和道德价值的发现者位于客观真理的发现者之上。"所以，在人生的自我完善过程中，学习知识是求真，修养品德是至善。人们努力于真和善的统一，才能创造生命价值，达到人生的完美。

第三，保持道德的纯真是人生幸福的必要条件。美国当代伦理学家蒂洛说过："我并不试图证明能使一切人都确信他们应该有道德，甚至也不想说有道德将永远符合每一个人的自身利益。但我确实认为，人为什么要有道德这个问题，一般能够这样满意地予以回答：坚守道德原则，能使人们尽可能生活得和平、幸福、充满创造性和富有意义。"

在每个人的现实生活中，道德自始至终渗透于人生活动的各个方面。作为一个公民，人的所作所为要符合起码的社会公德；作为不同社会分工中的一员，人的一举一动又必须遵循具体行业所要求的职业道德；人们需要友谊、爱情和亲情，而这更要靠良好的道德来获得和维系。所以，人生活动是在一张道德之网中展开的，时时处处都要遵循道德律。当人们自觉依照道德规则去应对生活，就会如鱼得水，应付自如，若违背道德律，则寸步难行，动辄得咎。所以，从幸福论的角度讲，人依道德而生活本身就蕴含了幸福。当一个人的意志和行为都能自觉地与社会道德相一致时，就达到了道德自由的境界，在此道德境界中的人生不仅有益于社会，而且本身就充满了快乐。孟子曾提出人生三大快乐，其中之一便是"仰不愧于天，俯不怍于人"。试想，一个人言必循道，行必有德，内省不内疚，问心无愧，心安理得，所谓"德，外得于人，内得于己也"，这是何等幸福快乐的境界！相反，一个人心怀不善，见利忘义，阳奉阴违，自欺欺人，其内心又是何等不安，何等焦虑！所以，仰俯无愧是一个人幸福的条件，这样的人正如刘少奇所说的那样："最诚恳、坦白和愉快。因为他无私心，在党内没有要隐藏的事情，事无不可对人言，除开关心党和革命的利益以外，没有个人的得失和忧虑。"

总之，遵循道德，就会使人生崇高、充实和幸福。大学生应沿着道德的阶梯，一步一个脚印地在道德的践行中提高自己生命的质量，在道德完善和精神升华中，品尝到纯真生命的喜悦。

第二节　道德践行

当代大学生担负着中华民族伟大复兴的历史使命，是国家的未来、民族的希望。建设中国特色社会主义事业的伟大历史进程，要求我国各个方面"发展要有新思路，改革要有新突破，开放要有新局面，各项工作要有新举措"，这在客观上对当代大学生提出了更高的要求。因此，当代大学生不仅应当认真学习、刻苦钻研、努力掌握现代科学文化知识，而且应当不断自觉修养，培养良好的道德品质，追求高尚的道德境界，倡导良好的社会风尚，为我国的社会主义向健康、文明的方向发展贡献自己的力量。

一、当代大学生的道德现状

大学生道德主流是积极、良好的，他们对道德失范现象极为不满，但在道德选择和评价上存在着矛盾和困惑。对社会主义市场经济的道德要求，如诚实守信、办事公道、敬业勤业、精神文明等基本道德原则，广大学生是信守和推崇的，道德要求是强烈的，希望建立一个公平、公正、高效、文明的社会，很多大学生希望自己做一个"道德高尚""有健全人格"的人，"向往崇高"是很多大学生追求的一种人生境界。对社会上存在的道德失范现象反应强烈，对唯利是图、坑蒙拐骗、假冒伪劣、钱权交易等社会丑恶现象深恶痛绝。大学生积极参加社会公益活动，如参加希望工程、青年志愿者、扶贫帮困、社区献爱心等活动的积极性日益提高，参加校内义务劳动、主动参与校园管理正在不少学校形成风气。应该肯定，大学生群体的整体道德水准在全社会范围内处于较高层面，但就大学生群体本身来说，其道德状况也存在着一些不容忽视的问题。主要表现以下几方面。

第一，容易陷入道德困惑。面对纷繁复杂的社会生活，面对各种以"新奇"自居的言论和行为，不少学生陷入困惑和迷茫，是非、善恶难以分清，道德观念日趋模糊，如考试舞弊在不少大学生的心目中不再是那么不光彩的事，一些大学生在恋爱中缺乏道德责任感，"不求天长地久，但求曾经拥有"，寻求感官刺激，行为轻率等。

第二，道德意识淡薄。有的大学生对道德问题存在"无所谓"心态；有的大学生是非观念模糊，对道德评价缺乏明确的标准；有的大学生道德情感冷漠，缺少必要的正义感和荣辱感，缺乏对人的爱心和社会关切；有的大学生信奉个人主义、功利主义和享乐主义，行为浮躁，缺乏责任感；也有一些大学生缺乏基本的道德行为习惯，不讲文明，缺乏礼貌和做人的基本道德规范，在道德践行方面小事不肯做，大事不会做；还有不少大学生道德自律性不强，不能在无人监督的情况下遵守道德规范，其道德发展水平停留在他律阶段。

第三，道德评价双重标准。突出表现是以自我为中心，只考虑自己，不乐于助人；只求权利，不尽义务；希望别人尊重自己，却不能以礼待人；对社会要求高，对自己要求低；维权意识浓，守法观念淡。

第四，道德知行脱节。在理论上认同的道德规范，常常不能变为大学生实实在在的道德行为，不能"从自己做起"是大学生道德上知行脱节的一个突出表现。

第五，降低道德追求标准。大学生认为应该讲道德，但较多地局限在道德对社会关系、人际关系的协调功能，而忽视道德对人的心灵净化、人格升华的教化作用。一些大学生对一些基本的道德规范不愿遵循，连一些起码的文明用语、文明举止和社会公德都需要重新补课。

二、影响大学生道德的社会因素

中国正处于一个重要的社会转型期。在这个时期，社会整体的核心价值观存在着不确定性，一些长期以来被多数人接受的道德准则被现实打破了，而新的道德准则还没有完全确立，因此，道德困惑实际上在每个人的内心都或多或少地存在。在这样的社会环境下，大学生群体产生道德上的困惑不可避免。

大学生中存在的道德问题，在一定程度上反映了现实社会生活的变革与矛盾。马克思、恩格斯在《共产党宣言》中指出："人们的观念、观点和概念，一句话，人们的意识，随着人们的生活条件、人们的社会关系、人们的社会存在的改变而改变。"随着我国改革开放的深入进行，社会主义市场经济得到了很大发展，由此带来整个社会包括道德观念、道德风貌在内的各个方面的变化。市场经济对社会价值观念的更新和社会道德水平的提高总体上具有积极的推动作用，但应该看到，客观上它也的确产生和增加了人们道德行为选择的复杂性和艰巨性。中央文明委、中宣部颁布的《公民道德实施纲要》对当前道德上的消极现象做了客观的评价："社会的一些领域和一些地方道德失范，是非、善恶、美丑界限混淆，拜金主义、享乐主义、极端个人主义有所滋长，见利忘义、损公肥私行为时有发生，不讲信用、欺骗欺诈成为社会公害，以权谋私、腐化堕落现象严重存在这些社会消极现象的存在以及社会上人们对道德的一些认识误区，是引起大学生道德偏失的社会客观原因之一。

道德认识误区之一，认为在经济生活中，人际关系和社会秩序只要依靠所谓"看不见的手"来自动调节，经济中的一切行为都应是"主观为自己，客观为他人"。这实质上是一种经济生活中的道德虚无主义。我们认为，市场经济活动的有序进行是建立在一定的道德规范基础之上的，市场经济的各种利益交换和行为选择如果没有公众基本道德的支撑，没有社会道德力量来参与调节，必然造成人们的经济活动和其他社会活动的严重无序，引起人们广泛讨论的经济生活中出现的"诚信危机"就很好地说明了这一点。著名经济学家厉以宁提出"道德调节"是市场经济中除"市场调节"和"政府调节"之外的"第三种力量"，强调市场经济应当是一种"道德经济"，国民道德素质的提高对于市场经济的完善具有重大作用。这是很有道理的。

道德认识误区之二，认为市场经济的规律是价值规律，实行等价交换，与此相适应的社会基本道德原则就应是追求个人利益的原则，即肯定个人主义作为道德原则的正当性。事实上，人们的社会生活不只是经济生活，人与人之间存在着许多非经济的关系，等价交换的原则不能适用于社会所有领域；即使是市场经济下的经济生活领域里，个人利益原则也并非是唯一原则，因为任何一个生产者和经营者的身份都是双重的,既是生产者,又是消费者,前者追求价值和利润,后者则追求使用价值,要求货真价实,反对假冒伪劣。这种经济效益和社会效益相统一的现实要求,决定了市场经济既要讲个人利益原则,又要满足社会需要的原则。所以,市场经济条件下社会的道德原则应该超越个人利益,兼顾个人、集体、国家三者的利益,并坚持以国家和集体利益为重。

道德认识误区之三,认为市场经济强调公平竞争,讲究优胜劣汰,所以市场经济下的道德原则就是公平和公正,这也是片面的。我国的社会主义市场经济一方面提倡竞争,鼓励先进,另一方面也提供互助互爱,共同富裕。自古以来,人类社会一直存在两种不同取向的伦理道德观:一个是公正取向的道德观,一个是关怀取向的道德观。前者强调人们都应依据一定的原则、法则、权利、义务来生活,后者强调每个人都应得到平等的关心、照顾。有中国特色的社会主义市场经济的道德体系应该是两者兼而有之。尽管在现实生活中两者存在一定的矛盾,但我们只能通过对两者的兼顾协调而不是舍弃任何一方来解决矛盾。

道德认识误区之四,只看重经济水平的提高,轻视道德的进步。社会文明的发展,一方面是为了不断丰富人民的物质生活条件,另一方面也是为了建立人与人之间更合理、更亲善的关系。如果人与人之间充满了冷漠、自私和欺诈,即使经济再繁荣也不可能给人们带来真正的幸福。这样的人际关系不是文明的真正目的。改革开放以来正反两方面的经验给我们一个深刻的认识:并不存在单纯经济形态的国家现代化,任何国家的现代化,都必须依赖于道德价值目标的导向和追求。我们搞的是社会主义的现代化,应始终坚持先进文化的前进方向,而道德建设是坚持先进文化的重要内容和中心环节。江泽民在庆祝中国共产党成立八十周年大会上的讲话中,明确地提醒人们:"必须认识到,如果只讲物质利益,只讲金钱,不讲理想,不讲道德,人们就会失去共同的奋斗目标,失去行为的正确规范。"

三、大学生道德的基本要求

处在改革开放和市场经济大潮中的大学生,应该站在较高的人生境界上,既要勇敢地投身到浪潮中奋力搏击,又要自觉地维护和促进社会道德的进步,抵制社会上的消极影响。大学生是具有较高文化素质的青年群体,理所当然地应该具备与知识水平相适应的道德水准,使自己在道德追求中获得生命的尊严和崇高。不仅如此,大学生还应成为社会良好道德的表率,做社会先进道德的倡导者。

对于大学生的道德要求和期望,总体来说,就是要求大学生既要继承中华民族的传统美德,又要弘扬体现新时代要求的道德规范。这个总体要求的具体化,主要表现为如下十个方面。

(一) 孝敬父母

即尊重、敬爱、赡养父母。子女应当感激父母的生育、养育、教育之恩，履行子女对父母双亲的责任和义务，这是做人的最基本的道德品质。

中华民族历来重视"孝道"，认为孝是"仁之本"，是"从善之始""忠臣必出孝悌之家"。人生在世，首先形成的人际关系就是和父母的亲子关系。一个人如对生身父母都不能尽孝，怎么可能正确处理和兄弟、亲友、师长、同事、集体和国家的关系呢？一个不懂得孝敬父母的人能够成为一个热爱社会、热爱人民的人是不可想象的。在现实生活中，一些同学上大学之后忘记了父母的养育之恩，瞧不起辛勤劳动、文化水平不高的父母；有的大学生以自我为中心，对父母不敬重、不关心、不体谅，对父母求全责备。上述情况说明，在高等学校中仍然需要重视孝敬父母的教育。

(二) 尊敬师长

孔子把"教"与"政"视为同等重要，墨子说"教天下以义者，功亦多"。荀子将君师并称，认为"国将兴，必贵师而重傅"。唐代的韩愈说："举世不师，故道益离"，认为只有尊师敬业，整个社会才能按照"正确"的方向顺利发展。毛泽东、李大钊、刘少奇、陈毅等都是尊师敬长的典范。

大学生尊师敬长应自觉做到：尊重老师的劳动，接受老师的教导，服从教职员工的管理，刻苦学习，以优异的学习成绩和工作成果回报老师的辛勤劳作。

(三) 立志勤学

中国古代就有立志勤学的传统，其主要特点，一是志向远大，二是苦读经典，三是治学严谨，四是勤奋坚韧。如"头悬梁""锥刺股""囊萤""映雪""凿壁"，都生动地描述了读书人在极其艰难的条件下，坚持自学，不松懈不气馁，催人奋进的感人例子。

立志勤学是求知启智的根本途径，也是育人成才的重要条件。大学生应该继承、弘扬立志勤学这一传统美德，明确为中华之崛起而读书的大目标，珍惜大学时代宝贵的时间，勤奋学习、刻苦钻研、追求卓越、立志成才。

(四) 勤劳节俭

勤劳节俭是中华民族最基本最突出的传统美德。早期的经典文献《周易》中，就有这种思想的总结，即"节以制度，不伤财，不害民"；孔子也认为"礼，与其奢也宁俭""君子惠而不费"。各个历史时代的广大人民群众，乃至封建统治阶级的有识之士，无不以勤俭为做人的美德、持家的要诀、治国的法宝。

在中国共产党领导的无产阶级革命斗争和社会主义建设中，这一传统得到进一步发扬光大,并且上升到一种新的思想境界。毛泽东说,要使全体干部和全体人民经常想到我国是一个社会主义大国,但又是一个经济落后的穷国,这是一个很大的矛盾。要使我国富强起来,需要几十年艰苦奋斗的时间,其中包括厉行节约、反对浪费这样一个勤俭建国的方针。革命年代的"延安精神""井冈山精神",建设年代的"雷锋精神""好八连精神"都是勤劳节俭美德的体现。

当代大学生所处的社会环境发生了深刻的变化,但大学生仍应当继承和发扬勤劳节俭的传统美德,自觉养成勤劳节俭的品质。目前有的大学生不顾自身实际条件追求超前消费、人情消费、攀比消费、负债消费,贪图虚荣,这是十分有害的。

(五)团结和睦

团结和睦,是中华民族的重要伦理准则,是社会稳定和国家统一的精神力量,也是当代大学生在处理同学关系和各种人际关系时应当具备的道德品质。

在建立社会主义市场经济体制的过程中,勇于竞争、善于竞争已经成为一种新的道德品质。然而,社会主义道德原则主张竞争应当是公平的、公正的、合理的竞争,反对不正当的竞争。竞争与团结和睦是辩证统一的,不能因为竞争就破坏团结和睦的人际关系,也不能为了维护团结和睦,就放弃正当的竞争。

大学生要具有团结和睦的道德品质,应做到:关心人、团结人,遇事要为他人着想,不能只顾自己,不顾别人;要同情人、帮助人,对同学中生活有困难的,要主动给予帮助;要尊重人、信任人,不侮辱人、不讥笑人;要容让人、原谅人,对别人误解自己或者错怪了自己,要豁达大度,不能得理不饶人;要讲大团结,不搞小圈子;要坚持团结协作,反对不正当竞争。

(六)谦虚礼让

谦虚是一种虚心好学的人生态度和永不自满的进取精神。谦虚的人能平等待人,善于解剖自己,对自己有一个切合实际的评价。谦虚的核心是善于发现自己的短处和别人的长处,能够乐于取人之长,补己之短。礼让指语言和动作谦逊、恭敬,与粗野蛮横相对,它包括友好诚恳与人为善的态度,亲切文雅的语言,和颜悦色的表情,以及各种文明的礼节等。礼让的关键是发自内心的对他人的尊敬。从某种意义上说,谦虚是礼让的内在根源,礼让是谦虚的行为表现,两者密切相关。其共同的思想基础都是尊重他人,正确地认识和评价自己。

大学生应正确评价自己,尊重他人,平等交往,这是维护同学间友好、协调关系的必要条件,也是一个人的精神面貌和文化素养的突出标志。

(七)宽人律己

林则徐有个座右铭:"海纳百川,有容乃大,壁立千仞,无欲则刚",蕴含着宽以待人的深刻哲理。在现实生活中，人与人之间发生矛盾冲突是常见的，被人误会，嫉妒的情况也时有发生。因此，宽人律己的品质就显得很重要。如果每个人都能以责人之心责己，以恕己的心恕人，那么就能化解矛盾。宽人律己能使人格优化，品德升华，使人们心情舒畅，推进事业兴旺发达。

大学生要善于自我评价，定期检查自己的言行，知道自己的缺点和不足，找出原因和改正方法；要树立"成人之美"的友爱思想，遇事设身处地为他人着想，摒弃猜疑、嫉妒和偏见；与他人发生矛盾时，要严以解剖自己，反躬自省；要心胸宽阔，当被人嫉妒，遭人诽谤时，要做到不惊不怒，理性对待，学会团结与自己意见不同的人。

（八）诚实守信

古人云："人而无信，不知其可也。"讲信誉才能立身于社会。"言必行，行必果"一直是中华民族所推崇的优秀品质。诚实守信这一传统美德，在我国老一辈革命家身上也得到了发扬光大。毛泽东指出，老实人，敢讲真话的人，归根到底，于人民事业有利，于自己也不吃亏。周恩来也历来倡导说老实话，干老实事，做老实人。他说，自以为聪明的人往往是没有好下场的。世界上最聪明的人是最老实的，因为只有老实人才能经得起事实和历史的考验。这些至理名言告诉我们诚实守信应当是做人最起码、最基本的品质。

大学生应当牢固树立诚实正直，实事求是，"言而有信、无信不立"的观念，抵制"老实人吃亏""不说谎话办不成大事"等错误的思想。同时，大学生应自觉养成以下良好的行为习惯：表里如一，言行一致；襟怀坦白，光明磊落；不掩盖过失，开诚布公；不说违心的话，不奉迎他人；与人交往讲信用，一诺千金；行动遵守时守约等。

（九）见义勇为

见义勇为是指遇到邪恶或危险时奋不顾身、无惧无畏、主持公道、伸张正义的品德。孔子还说见义不为，无勇也。"意思是说见到违反社会道德的事，不敢挺身而出，就是没有勇敢精神，就是懦夫。在民主革命和社会主义建设时期，毛泽东特别推崇见义勇为的品质。他说，彻底的唯物主义者是无所畏惧的，他希望一切革命同志都能够勇敢地负起责任，克服困难，不怕挫折，英勇奋斗，前赴后继，百折不挠，将革命进行到底。他还经常教导青年一代要敢想、敢做、敢当，具有大无畏的革命精神。

在社会主义市场经济条件下，大学生特别需要具备见义勇为的优秀品质当他人需要救助时，敢于承担责任，做出牺牲。对社会生活中那些腐败现象，如经济生活中的假冒伪劣、坑蒙拐骗现象，文化生活中的黄、毒、赌现象，社会治安中的抢劫、偷盗现象，应该挺身而出，不畏强暴，不避艰险，勇敢斗争。

（十）公正无私

早在《尚书·洪范》中，古人就把"正直"作为一种基本的道德品质。鲁哀公问孔子："何为则民服？"孔子回答说："举直错诸枉，则民服；举枉错诸直，则民不服。"这就是说，只有推举、选择正直、正派的官吏，罢黜偏私、邪恶的官吏，老百姓才能服从统治。可见，起用官吏、选拔干部，公正无私都是不可缺少的道德品质。在建立社会主义市场经济的过程中，社会生活中滋生出急功近利、重利轻义、见利忘义的思想，因而大学生培养自己廉洁奉公、公而忘私、先公后私的品德，具有重要现实意义。具体说来，具备公正无私的品质要做到正确认识和处理个人与集体、国家的关系，一事当前，应当先公后私，甚至公而忘私，正确认识和处理个人与人民群众的关系，在日常生活中自觉养成公正无私的品质，办事公平公道，为人正直正派，不能偏狭自私，不徇私舞弊，不以权谋私。

第三节 道德素养是永恒的人生课题

车尔尼雪夫斯基说过："要是一个人的全部人格、全部生活都奉献给一种道德追求，要是他拥有这样的力量……那我们在这个人的身上就看到崇高的善。"这里所说的"崇高的善"就是指高尚的道德品质。它体现于人的日常行为里，是对人生起着积极影响的内在素质。新世纪的大学生，应该追求这种力量，拥有这种力量。

一、在优秀传统中汲取伦理资源

人类文明史给我们留下了丰富的伦理资源，尤其是中华民族的优良道德传统，我们今天社会的道德发展、个体的道德修养提供了取之不尽、用之不竭的思想源泉。

中国伦理文化源远流长、博大精深，其中以儒、道、释文化为主要构成部分。我们可以合理吸收、创造性转化其中的思想精华。

（一）重视国家和民族的整体利益

这是在看待和处理集体利益问题上表现出来的优良道德传统。一般来说，国家和民族作为一种集体形式，是集体的最高形式，对待国家和民族的态度最能反映一个国家和民族的道德传统精神，同时，也是衡量一个人道德品质优劣的最重要的标准。自古以来，中华民族就形成了"夙夜在公""以公灭私"的民族精神，在伦理道德上一直倡导"精忠报国""先公后私"的境界。例如，孔子主张"克己""爱人""舍之为群";墨子把"利天下国家百姓人民"作为最高的行为准则;贾谊强调"国而忘家,公而忘私";范仲淹提倡"先天下之忧而忧,后天下之乐而乐";文天祥誓言"人生自古谁无死,留取丹心照汗青";顾炎武疾呼"国家兴亡,匹夫有责";梁启超声称"有益于群体者为善,无益于群体者为恶";孙中山认为"凡国家社会之事,及牺牲一己之利益,为之而不惜""为国家效死,死重于泰山"。这些思想中包含着浓重的爱国情感和识大体、顾大局的高尚民族气节。

(二) 注重人格修养和人生境界

《易传》称天、地、人为"三才",认为人在宇宙间同天地一样重要。《孝经》云:"天地之性人为贵。"荀子也说人"最为天下贵"。所谓"贵",即具有高贵的价值。正因为人是天地间最有价值的,所以就要强调以人为本,要尊重人,爱护人,修养人,发展人。儒家文化还将"爱人"作为"仁"的核心内涵,并加以大力提倡。孔子所强调的"仁者爱人""己所不欲,勿施于人"正是这一思想的集中体现,其中闪耀着人格理想的光芒。例如,孔子倡导"三军可夺帅,匹夫不可夺志也"的崇高人格理想,孟子提出"富贵不能淫,贫贱不能移,威武不能屈"的人格精神,并要求人应具有"浩然之正气"。这些都为中华民族形成重理想、重道德、重气节、重修养的文化精神和培育刚正不阿的优良品格,注入了充满人格理想和人文精神的文化内涵。《礼记》云:"诚者,物之终始;不诚无物。是故君子诚之为贵。诚者非自成己而已也,所以成物也。成己,仁也;成物,知也。性之德也,合内外之道也,故时措之宜也。"把至善至美作为人格理想和人生的最高境界,以此铸就了中国历史上无数品德高尚的贤人君子、仁人志士。鲁迅也高度赞扬中国文化所倡导的这种以人为本、注重人格修养,追求至善至美人生境界的人文精神。他指出:"我们自古以来,就有埋头苦干的人,有拼命硬干的人,有为民请命的人,有舍身求法的人……这就是中国的脊梁。"中国传统道德文化中的这种精神,为我们今天的道德修养提供了价值支持和境界导向。

(三) 强调人的道德责任

马克思主义认为,人的本质不是单个人的抽象物,在其现实性上,它是一切社会关系的总和。这里的"社会关系",实质上是一种责任关系。在世界民族大家庭中,中华民族是最重视道德责任的民族之一。儒家"三纲五常"的每一"纲"每一"常",都有其特定的关于道德的责任规定,如孔子所说的"君使臣以礼,臣事君以忠";墨子提倡的"为人君必惠,为人臣必忠,为人父必慈,为人子必孝",等等。在中国传统道德的"五伦"(父子有亲、君臣有义、长幼有序、朋友有信、夫妇有别)关系中都十分强调彼此的道德责任。这一思想对我们今天建立良好的社会公德和家庭美德有着重要的启示意义。

（四）推崇仁爱和谐的人际关系

中国传统道德十分重视人际关系的道德伦常调节，主张"和为贵"，认为"君子和而不同，小人同而不和"。"和"即矛盾的协调、和谐、统一。在中国文化精神中，"和"的哲学基础是儒家所提倡的"中庸"思想。孔子说："中庸之为德也，其至矣乎！"在孔子看来，"中庸"原则旨在使社会生活中各种相互矛盾的事物和谐统一起来，这既是做人的最高准则，也是社会理想的最高境界。孔子进一步强调："己欲立而立人，己欲达而达人"，同时，又特别指出："礼之用，和为贵，先王之道斯为美。"这种思想反映在人与自我、人与人、人与社会等关系上，就是强调和谐、协调、统一。正是中国传统道德文化中所强调的这种和谐的人际关系和社会理想，保证了社会循序渐进发展的有序性，使社会始终是在一种整体和谐的状态下平稳发展的。

（五）倡导刚健有为和自强不息的道德精神

中国传统道德文化中"刚健有为，自强不息"的精神，是构成中华民族精神的一块重要基石。儒家文化的创始人孔子在创立儒学时，就十分注重建构以"刚健奋进""发愤忘食""自强不息"为主要内容的文化精神。后来的《易传》更进一步发展了儒家的思想，指出："天地之大德曰生……富有之谓大也，日新之谓盛德，生生之谓易。"意思是说，宇宙大化流行，生生不息，日有所新，人生应与宇宙大化相适应，应该活泼向上，保持生机，不断进取。在此基础上，《易传》又特别强调指出："天行健，君子以自强不息；地势坤，君子以厚德载物。"其意在强调天体永恒运动，人亦应效法天体之意志，刚健有为，生生不息，不断奋进，自强自立。大地包容万物，人亦应效法大地之德性，淳厚德行，宽宏气度，兼容并蓄，有容乃大。

中国传统道德文化关注现实人生，特别在儒家思想中，处处洋溢着乐观主义精神。儒家的人生观是充满生命活力的人生观。它以其乐观主义的人生哲学为基础，把获得自我有限生命的无限生发和扩展作为崇高追求。所以，儒家思想富于生命创造意识，凸显着强烈的进取精神。孔子强调"发愤忘食，乐以忘忧""学而不厌，诲人不倦"。孟子则特别重视人格主体坚忍不拔的道德情感和道德意志，提出"存心"和"养气"说，要求人们通过心理训练和生理训练相结合培养刚强、宏大的"浩然之气"，形成充塞于天地之间的巨大力量，体现出强烈的进取精神。他还认为，人的崇高志向往往是在极端困难的人生处境中得以培养和确立的，因此不可自暴自弃，而是把不幸的境遇视为天对人的造就，"故天将降大任于斯人也必先苦其心志，劳其筋骨，饿其体肤，空乏其身，行拂乱其所为，所以动心忍性，曾益其所不能。人恒过，然后能改。困于心，衡于虑，而后作。"因而，要以大丈夫的坚强意志和情感去迎接人生的挑战，实现人生的抱负。

后世儒家继承了孔孟学说中的创造精神并发扬光大，形成乐观主义的人生哲学。宋代朱熹和明代王阳明等视生命不息和日益更新为"仁"的运行，并在这种生命的创化过程中获得极大的情感享受。正是基于这样一种生命创造意识，王阳明提倡焕发人的蓬勃朝气，乐观地做人，主动地做事，实现自由自在的美好人生。儒家倡导的这种积极进取，有所作为的人生道德精神，千百年来一直是构筑中华民族的民族精神和民族文化性格的重要基石，是鼓舞中华民族不断向前发展的力量源泉。正是在这种精神的指导下，中华民族饱经沧桑，历经曲折，但仍然自强自立，生生不息，不断强大。中国传统道德文化的这种精神，对于培养现代人独立自主、刚健进取的人生态度具有重要的意义，是我们锤炼道德品质、提升道德境界的智慧之源。

习近平总书记曾指出："我们要对传统文化进行科学分析……取其精华、去其糟粕，而不能采取全盘接受或全盘抛弃的绝对主义态度。"这应该是我们对待传统道德文化的正确态度。不仅如此，在今天的道德文化建设中，我们还要学会借鉴和弘扬人类文明的一切优秀道德成果。

二、在自我修养中培养道德品质

（一）道德品质及其基本特点

（1）道德品质的内涵

道德品质是一个综合性范畴，通常称为品德或德性，是指一定社会的道德原则和规范在个人身上的体现和凝结，是个体在一系列道德行为中表现出来的比较稳定的人格特征或倾向。一个人的尊贵与卑劣、高尚与低下、善良与险恶，通过表现于日常行为的道德品质得到反映。

（2）道德品质的基本特点

1.道德品质和道德行为是密切联系的，离开一定的道德行为就不能构成道德品质。一方面，一个人的道德行为经常不断地发生，形成一定的道德习惯，就内化为他的道德品质；另一方面，一定的道德品质必定通过道德行为表现出来。因此，道德品质绝不仅仅是内在的心理特质，而是道德意识和道德行为的统一。

2.道德品质表现为个人意志的自律。它不是在无意识中形成的一般生活习惯，也不是个人的兴趣、感情任意发展的结果，而是个人在行动的第一时间，凭借正确的判断和选择，自觉地用意志调控自我，正确待人处事的能力，这是道德品质不同于一般习惯和习性的一个突出特点。

3.道德品质是在人的道德行为整体中表现出来的稳定特征和倾向。所谓"道德行为整体"包含两方面的含义：一方面，是指构成个别道德行为的主观、客观诸方面的统一；另一方面，是指一个人的一系列道德行为的统一，即某一实践活动领域的各种行为，某一活动时期的各种行为，乃至一生的全部道德行为的总和。因此，一个人的道德品质不仅是他的内部意志和外部行动的统一，而且也是他的个别行为和整体行为的统一。

（3）道德品质的构成要素

道德品质是一个综合性范畴，它由认识、情感、意志、信念、行为五个方面的要素构成。

1.道德认识，它主要指行为者对个人与他人、个人与社会的关系以及调节这些关系的理论、原则和规范的了解与掌握。道德认识的形式：一是感性认识，即道德生活中的感觉与经验；二是理性认识，即道德概念及运用概念做出的判。道德品质形成的认识过程，是从感性认识上升到理性认识的过程。这一过程与道德实践紧密相连，通过道德生活实践，将获得的道德经验经过头脑的加工，形成概念与判断，从而去评价指导自己与他人的行为，使行为成为真正道德行为。所以说，道德认识是使社会的道德要求转化为个人内在德性、形成道德品质的基础。

2.道德情感。它是人类诸种复杂情感之一，主要是指向善、弃恶的心理体验与态度倾向。在人的道德品质的形成过程中，道德情感有三种相互联系的作用。一是评价作用，即通过赞赏、鄙夷、愤怒等情绪表现对某种道德关系或行为的评价态。二是调节作用，以某种情绪态度强化或弱化自己或他人的道德观念与道德行为。三是信息作用，即通过各种表情动作传递道德信息或示意行为的道德价值。总之，道德情感可以使行为者有所为或有所不为。

3.道德意志。它指行为者在具体的道德情境中，做出道德决断，并使之付诸实践的能力。在道德品质的形成过程中，道德意志的主要功能，是依据某种道德认识和道德情感，果断地确定道德行为的方向和方法，并克服和排除来自外部或内部的诸种障碍和干扰，使行为者长时间地专注于所确定的行为的完成。因此，没有道德意志的作用，道德认识、道德情感就不会转化为道德行为，更不可能始终保持高尚的道德情操。

4.道德信念。它是行为者对道德理想、道德人格、道德原则、道德规范的坚定不移的信。它同时又是道德认识、道德情感、道德意志的体现，具有恒久性。道德信念的功能是使行为者不折不扣地完成道德准则的要求，忠诚地履行自己的道德义务。道德信念是道德品质构成的核心要素，是道德行为发动与坚持下去的最深层次的根据与保证。

5.道德行为。它是道德品质的外部状态，表现为道德活动和道德习惯。在道德品质的构成要素中，道德认识、道德意志、道德信念均属道德范畴，如果到此为止不去行动，不去履行道德义务，那么，还不能说已经形成了道德品质。人的道德品质的形成过程同人的认识过程相似。人们在社会道德生活实践中形成道德意识，再回到社会道德生活实践中去，即践履社会道德要求，完成道德义务。如此日积月累，就变成了一种道德习惯即道德品质的载体，道德行为反复多次，便形成相应的道德品质。

（二）道德品质对人生的意义

英国文豪莎士比亚曾说无论一个人的天赋如何优异，外表如何美好，也必须在他的德性的光辉照耀到他人身上发生了热力，再由感受他的热力的人把那热力反射到自己身上的时候，才能体会到他本身的价值存在。"这就是说，道德品质是人的价值存在的前提，失去德性的保障，人生是暗淡无光的。人的品德的重要性是由其对成才、人格和事业的影响所决定的。

第一，道德品质不仅是人才的基本构成条件，而且是人才成长的内在动力。古今中外，人们历来重视人才的品德因素。在我国，早在先秦时期的儒家、墨家就提出了"选贤任能""尚贤"的主张。此后在长期的历史发展过程中逐渐形成了"德才兼备"这个中华民族鉴别和选拔人才的标准。宋代的司马光对德与才的关系做了分析，他说："才者，德之资也；德者，才之帅也。"认为"德"在人才成长中具有统帅和导向的作用。在世界各国，同样十分重视人才的道德品质。爱因斯坦说，用专业知识教育人是不够的。通过专业教育，可以成为一种有用的机器，但是不能成为一个和谐发展的人。使学生对社会道德准则有所理解并产生强烈的情感是最重要的，因为一切人类价值的基础是道德。人才学的研究表明，与一般人相比较，优秀人才在社会责任感、献身精神、积极进取、与人合作、自觉性和自制力等方面要强烈得多。这些精神都与人的道德品质有关。

第二，道德品质不仅是完美人格的构成要素，而且是塑造完美人格的必要条件。人格是一个较为抽象的概念，法学、美学、社会学、心理学、伦理学各有不同的解释。我们这里讲的人格是指人的地位和尊严、气质和风度、学识和才华、品质和品格的总和。其中的品质和品格主要是指道德品质。完美的人格在道德品质上表现为对己对人两个方面：对自己自尊、自爱、自立、自强；对他人尊重、友爱、关心、帮助。高尚的情操、坚强的意志和文明的行为是完美人格不可缺少的构成要素。从完美人格的塑造来看，个人的道德品质也是一种内在条件。一个人只有具备优秀的品德，才能受到他人的尊重，实现做人的尊严，而如果道德败坏，再好的气质和风度也会黯然失色，再多的学识和才华也会无用武之地。

第三，道德品德是一个人建功立业的保证。今天的大学生将是新世纪社会主义现代化建设事业的中坚力量。党和人民对大学生寄托着殷切的希望。每一个大学生都希望自己在实现现代化的伟大事业中建功立业。要实现这个抱负，除了要有真才实学和健康体魄之外，还必须具备良好的道德品质。

江泽民《在纪念中国共产主义青年团成立八十周年大会上的讲话》中指出："希望青年们注重锤炼品德。优良品德的养成对人的一生至关重要。青年时期可塑性大，是人生的起步阶段，是品德养成的关键时期。青年……要努力培养良好的品德，提高自身的素质，完善人格品质，做有益于祖国和人民的人。青年应该成为引领风气之先的力量，尤其要在推动我国先进生产力和先进文化的发展中发挥积极作用，从自己做起，努力做中华民族传统美德的传承者，做体现时代进步要求的新道德规范的实践者，做新型人际关系和良好社会风尚的倡导者。"他的讲话，既强调了优良品德对青年至关重要，同时又提出了品德养成的总体要求。

（三）培养道德品质的道德修养

人的道德品质的形成，是外在的教育和内在的自我修养共同作用的结果，但对于具有较强主体意识的青年大学生来说，诉诸主体自觉的自我修养在品德的养成中有着更为重要的地位。道德修养是人性的自我完善，是扬善弃恶的内在努力，是向"至善"之境"日新、日日新"的渐进。在这个过程中，人格升华，人性的光辉展现，会使我们体验到真正的、坦荡的、幸福的人生。

（1）大学生的道德修养主要解决两方面的矛盾

一定的社会道德要求与个人行为能力之间的矛盾。进行道德修养，就要不断克服自己情感、意志和行为习惯等方面的弱点，提高自己按照道德要求行动的能力。这个矛盾实质上也就是道德上的知与行的矛盾，阻挠自己"行"的内在障碍，是个人在长期的社会生活中形成的不良的脾气、性情和习惯。不加修养，一任己性，个人就不能按自己知道的道德要求行事，其结果就是造成在道德上知与行的分离，成为"口头上的巨人，行动上的矮子"。所以，一个人在道德修养过程中克服自己性情、习惯中弱点的能力，反映了一个人在道德修养上造诣的深浅。

自身受社会不良影响而形成的消极道德观念与先进的社会道德要求之间的矛盾，即善与恶、正与邪、是与非等对立的道德观念之间的斗争。人们常常把道德修养过程中对立道德观念的斗争比作自己同自己打官司，在这场官司中，原告是进步的社会道德原则、规范和自己的优良品质；被告是自己受消极道德观念影响所形成的低下的道德观念；法官是自己内在的道德责任感和良心；法庭设在人们所看不见的内心。原告、被告、法官都集中于道德修养者一身。原告能否战胜被告，法官的判决能否做到公正，自己对这个判决能否不折不扣地执行，都取决于修养者本人的自觉程度。

总之，道德修养就是个体自我扬弃、自我约束、道德内化、道德自律的过程。

通过这个过程，个体的道德品质得到完善。人格得以升华，从而向高尚的道德境界迈进。

(2) 道德修养的内容

具体来说，道德修养的内容包括道德认识、道德情感、道德意志、道德信念和道德行为五个方面。

1.道德认识修养。道德认识修养就是对一定的道德知识包括道德原则、道德规范的感知、理解、接受和逐渐内化，形成一种比较系统的正确看法。从认识论角度看，道德认识是道德行为的基础。现实生活表明，有些人之所以产生不道德行为，甚至违法犯罪，一个重要的原因就在于他们缺乏正确的道德观，分不清是非、善恶、荣辱、美丑的界限。从大学生的情况来看，也存在着对道德知识，尤其是对理论知识掌握得不系统、不完备的问题。

2.道德情感修养。道德情感修养就是在道德知识的基础上，根据一定的道德准则，把处理相互关系和评价他人或自己的行为时所产生的情绪体验，培育、升华为道德情感的过程。道德情感会产生一种强大的精神动力，积极地推进人的道德行为的完成和坚持。

3.道德意志修养。道德意志修养就是人们在履行道德义务时克服一切困难和障碍，形成道德抉择的力量和坚持到底的毅力的过程。它主要表现在：①道德动机能经常战胜非道德动机；②能排除内外障碍，坚决执行由道德动机所引出的行为决定。道德意志是贯彻道德信念并且使道德行为持之以恒的重要精神力量，因而也是道德观内化并形成良好道德品质的重要因素。

4.道德信念修养。道德信念修养就是把正确的社会道德准则内化为自我确信的道德信条的过程。人的道德常常包含了情感因素，但是人不可能每时每刻都处在情绪化的心境之中，要想使道德行为恒久延续，还必须把道德的激情上升为道德责任，上升为沉潜于心的道德义务感。同时，正确的道德信念又是一种道德理性，总是避免盲目和迷信的成分，因而它成为人们正确行动的动力。

5.道德行为修养。道德行为修养是指在现实生活中将一定道德意识转变为自觉的道德行为的过程。道德行为修养是一个人道德水平的重要标志。看一个人是否具备高尚的道德品质，不在于他的言论多么动听，而在于他的行为是否高尚，言行是否一致，是否始终如一地把道德原则和规范贯彻到实际中去。因此，要形成良好的道德品质，就必须加强道德行为的修养

三、在生活实践中增长道德智慧

道德源于人的生活。恩格斯曾指出："人们自觉地或不自觉地，归根到底都是从……他们进行生产和交换的经济关系中，吸取自己的道德观念。"恩格斯的观点

揭示了道德观念的一般基础，客观地解释了道德观念的形成和起源。也就是说，人类道德生活从根本上讲是以其基本物质生活为前提的。只能先有生活，然后才能谈得上道德。道德的产生是为了人更好的生活，而不是对人进行不必要的干预。所以，它要求尊重生活，深入生活，创造生活，也就是从生活出发，而不是从规范出发。从本体论上讲，生活价值高于道德价值。生活高于道德，不仅是因为可以设想一个无道德的生活世界，却无法设想一个无生活的道德世界；更是因为生活或生命在逻辑上的先在性或独立自存性决定了生活的优越性。不仅如此，道德价值也没有独立的存在，其存在和本质，都是由生活所规定的。从这个意义上讲，无论是道德，还是德育，都是为了人的生活而存在的，即它们要向人们揭示人本来可以拥有哪一些美好的可能生活，从而有可能在将来不会完全一样地重复过去或模仿过去，而是做新生活的开拓者、创造者。所以，只有植根于生活世界，道德才能具有深厚的基础和强大的生命力。

大学生的道德修养绝不是把自己关在象牙塔里背诵道德条文，而是要在自己丰富的生活实践里建立道德认知、培养道德情感、锻炼道德意志、形成道德信念，在道德冲突和矛盾中学会辨明是非，判断善恶，进而形成良好的道德习惯和道德品质。具体来说，可从以下几个方面着手：

第一，在基础文明建设中培养良好的日常行为习惯。大学生要在学校、家庭、社会的各个领域，充分发挥"自我教育、自我管理、自我纠正、自我监督"的作用，从生活中的点滴小事做起，分阶段、有重点地纠正与社会主义公民道德相违背的不良行为习惯，培养良好的道德习惯。许多不良行为或习惯都是不知不觉中形成的，要克服不良行为或习惯，必须经过一段时间的强制性自我监督，才能收到一定的成。

第二，在校园文化建设中升华自己的道德情感。大学生朝气蓬勃、精力充沛，课余应积极参加各种学术和文体活动，从中开阔视野和襟怀，陶冶自己的情操，使自己的道德情感在潜移默化中得到升华。大学校园文化的多样性和信息接收的多渠道性，决定了在校园文化建设中培养道德品质的复杂性。大学生除了应积极投身于健康向上的校园文化活动外，还应当自觉抵制各种低级、庸俗、腐朽甚至反动的文化垃圾，尤其应学会鉴别良莠不齐、五花八门的网络信息，自觉遵守网络伦理道德。

第三，在集体活动中坚定自己的道德信念。集体主义是社会主义道德的基本原则，社会主义集体主义道德只有在集体活动的实践中才能得到培育。大学生应当充分利用各种机会，在宿舍、班级、社团等团队建设活动中，努力培养理解、关心、帮助他人和热爱集体的集体主义精神，营造互相关心、互相帮助、团结和谐的集体氛围，从而坚定社会主义道德信念。

第四，在社会实践活动中锻炼自己的道德意志。亚里士多德曾说："德可以分为两种：一种是智慧的德，另一种是行为的德。前者是从学习中得来的，后者是从实践中得来的。"社会实践活动是道德修养的重要载体。大学生不仅要学习专业知识，具备扎实的专业基础，而且应当积极参与社会实践活动，在丰富的社会实践活动中锻炼自己的道德意志，陶冶自己的情操，使自己的精神生活更加充实，道德境界进一步提升。

第二章 职业素养

对于一个刚走出校门便兴冲冲地踏上工作单位的大学生来说。工作单位是他们大显身手的用武之地，也是其建功立业的最佳场所。初入职场，对一切都满怀希望和美好憧憬，然而，全新的环境将会使职场新人们面临一系列的问题和困惑：工作上是不是积极主动；能否遵守单位的规章制度；能否和同事们团结合作；能否主动学习以适应岗位需要；与同事、领导及单位之外的人交往时，是否表现出起码的、必要的尊重，等等，这些都是职场素养的直接体现。那么，如何以正确的心态面对工作呢？如何展现自己的能力来获得上级的赏识呢？这就需要大学生们及早做好职场准备，在进入工作单位前认真学习和努力实践工作场所中各项活动的行为规范与准则，了解、具备一定的职场素养，运用职场素养提升个人内在素质、塑造组织形象、传播沟通信息、提高办事效率，就一定能够在工作单位站稳脚跟，在事业上一步步走向成功。

职场素养也叫职业素养，是人类在社会活动中需要遵守的行为规范，是职业内在的要求，也是一个人在职业生涯中表现出来的综合品质。一般来说，职场素养包括职业道德、职业思想（或者说是职业意识）、职业行为习惯、职业技能等内容，它体现了一个社会人在职场中成功的素养和智慧。那么，在大学生群体中，职场素养的具体体现就是职场准备、求职面试、公务活动及职场公文写作等内容。

职场素养是一个人职业生涯成败的关键因素，是个人综合能力、综合素质的体现，直接影响着个人的职场表现。然而，良好的职业素养的形成并非朝夕之功，而是个人长期的修炼与不断学习的过程。作为职场中的人，如果能够很好地静下心，摒弃浮躁，提升个人的职业素养，相信在今后的职业发展中，一定会有更为突出的表现。

第一节　职场准备

作为一名大学生，不管学什么专业，最终的目标是在毕业时能够找到一份自己比较喜欢和基本胜任的职业。那么，在踏入职场之前，我们应该做哪些准备才能使自己从校园顺利过渡到职场呢？

一、生涯设计

大学生涯设计，就是大学生根据社会客观需要和自己对未来人生的追求，按照党和国家的教育方针及高等学校的培养规格，在学校的指导下，对自己在大学不同阶段的发展目标及其实现途径进行具体设计和全面规划，并在大学学习和生活中付诸实践的过程。当前，大学生涯设计已成为学校加强和改进大学生思想政治教育的有力抓手。

大学生涯设计旨在引导和帮助大学生克服自身弱点，排除发展障碍，解决好成长成才的定位和定向问题。因此，做好生涯设计，首先必须解决好"定位"和"定向"问题。"定位"，是指认识自己，就是根据自身能力、素质的实际情况和个性特征，明确大学阶段的发展起点和基础；"定向"，就是按照时代和社会的需要以及高等学校的培养规格，明确大学阶段的发展方向和目标。

（一）认识自己

认识自己实际上就是"知己"的过程，它是职业生涯规划的基础，大学生只有对自己有了充分的认识和了解，规划中的"定向""定位""定点"才能比较准确。大学生的自身定位最易出现的两种情况：一是过低地估价自己；二是过高地估价自己。这两种类型其实都是不成熟的体现。大学生在进行正确定位的时候，需要把自身所具备的条件从优势、劣势、机遇、威胁等四个方面罗列出来，把自己的竞争对手锁定在确切的位置，知己知彼，百战不殆，及时调整个人的发展方向，以更快的速度向目标迈进。

（二）职业定位

在确定好自己的人生目标后，就必须考虑职业定位了。职业定位即职业发展方向，通常需要考虑以下三个问题：我想往哪方面发展？我能往哪方面发展？我可以往哪方面发展？发展路线不同，对其要求也就不同。在了解了自己对职业前途的需求状况之后，选择最适宜的单位是关键的一步。然而，这是一件非常复杂的事情，薪酬待遇固然重要，但更多的是要注重单位的发展机会，要注意这个单位文化的优越性与管理系统的规范性。除此之外，它必须和个人的学业专长、爱好、学习体验结合起来考虑。

（三）职场目标

所有成功人士都有一个突出的特征，就是生活的方向性，也即人生拼搏的行动计划。他们无一不对自己随时随地的去向一清二楚。而很多人因为没有目标，人生就像一艘没有舵的轮船一样，只能随波逐流，最终失败、绝望、消沉地搁浅在海滩上。那么，如何有效地树立职场目标呢？

首先，目标要尽量具体，要有标准可以衡量。其次，要把目标的切实可行性和富有挑战性相互兼顾起来，做到目标 Specific（具体化）、Measurable（可衡量）、Attainable（可行）、Realistic（切实）以及 Trackable（可追踪），只有这样，你才能有张有弛，伸展自如。最后，对照自己的总目标，每隔一段时间检查一下自己的进步。

（四）职场形象

职场形象是一个人在职业生涯中得到长期印象的总和，包括一个人的知识层次、能力、品性、穿着、言行，等等。它是一种综合素质，一种外在与内在结合的、在活动中给人留下深刻印象的综合反映。良好的职场形象是提升大学生就业能力的一种无形力量，可以帮助大学生叩开职场大门，为大学生提升就业能力创造了很大空间。对于大学生来说，打造一种与期待职位相符的良好职场形象是提高自身就业能力所必需的，也是进入职场前的必修课，并非进入职场后才需要经营。为此，大学生必须在以下三方面付诸努力。

（1）培养专业素质和能力，丰富职场形象的内涵。专业素质和能力是大学生职场形象的核心内容，亦是大学生实力的直接体现。在崇尚实际能力的今天，仅仅学习成绩好是不够的，还要具备良好的专业实践素质和能力。为此，就需要大学生补上实践活动这一课，通过见习、寒暑期实习、参加社团活动和社会实践等来拓宽自己的知识面，掌握一些技能，获得一些实践经验。通过组织或参加活动以及实习，锻炼了实际工作能力，学会了怎样理解、帮助别人和与人沟通，这也是日后工作所必需的。

（2）加强品德修养，不断完善职场形象。虽然说当今时代是一个才能当道的时代，但是并非有才就有一切。一位企业家在谈到自己的用人标准时说过：有才有德的人重用，有才无德的人慎用，无才有德的善用，无才无德的人不用。应该说，这句话在相当程度上反映了当今组织的用人态度和用人标准。现在不少用人单位在审阅学生简历时，非常关注学生的思想品德情况，对中共党员或者获得优秀干部、优秀团员称号的学生会格外加分，在录用时会优先考虑；与之相反，对有些在品德方面有污点的学生则避之唯恐不及。

（3）有效推销自己，展示良好职场形象。在竞争激烈的求职市场上，如果你不积极展示和推销自己，就会有更多积极展示和推销自己的人站在你前面，挡住你前进的道路。因此，你必须学习与职场形象展示和推销有关的知识和技巧，掌握着装、谈话、礼仪的知识和技巧，制作富有特色且具有针对性的求职材料，确保面试中有良好表现，给招聘官留下良好的第一印象。

二、职场品质

不同的工作岗位对于不同的应聘者的能力素质要求是不同的。例如，销售岗位要求有强烈的成就动机，有较强的人际敏感度等；而助理的岗位则要求有较强的收集、整理、归纳及综合分析资料的能力，等等。一般来说，在职场中应该具有如下品质。

（一）工作目标明确，热爱本职工作

这一点是大家很容易想到却容易忽视的，很多毕业生觉得自己都能做到这一点，其实差距还很大。工作目标明确是我们对自己工作的理解，是一种思考能力的体现；而热爱本职工作则是一种境界，能站在不同的角度去体会和换位思考，肯吃苦、肯下功夫，积极主动地去面对自己工作中的挑战，发挥敬业精神。面试时应聘者大可从此入手，把自己对工作的设想和热爱形象地描述出来。

（二）学习能力强

我们在新的工作岗位上都要接触新的知识和技巧，接受培训，这是我们快速成长和适应工作的最佳途径。珍惜来之不易的机会，不显得过于张扬。谦虚是学习应有的良好态度，避免给公司和企业带来学好了就要跳槽的误会。毕业生在大学期间养成良好的学习习惯对于进入职场后的能力提高是很有帮助的，这也是一个学习成绩优异的人更能在竞争中获得青睐的原因之一。

（三）责任心强

所谓责任心，就是指个人对自己、对他人、对家庭、对集体、对社会、对国家所负责任的认识、情感和信念，以及与之相应的遵守规范、承担责任和履行义务的自觉态度。责任心强需要我们针对工作中职责模糊的地方去多思考和多尝试。

（四）团队意识强

现在的公司都愿意员工能有良好的协作能力。俗话说：三个臭皮匠顶个诸葛亮。合作能够弥补我们自身的一些缺陷，而这些不足之处正是我们需要改正和提高的。毕业生在校园时代就有过很多合作和实践的机会，从中去积累一些团队意识和经验，必定受益匪浅。

（五）沟通能力强

这是应聘者在面试时走向成功的一大法宝。良好的沟通能力是一种才华的体现，现在很多人认为自己能言善辩，其实不然。良好的沟通能力体现在一些正式场合的交流和接洽中，尤其是与陌生人的沟通上，毕竟熟悉的人更容易交流和理解。应聘者是否能把自己最具优势的一面展现出来，沟通能力就是最好的体现。

（六）能承受较大的工作压力

在就业竞争压力如此之大的今天，每一个应聘者在获得工作机会的时候多少都会有一种成功的喜悦。然而，真正步入职场的人压力也是不小的，况且这些压力不是在校园中轻易能体会到的。因此，一定的承受能力也是一个成功的应聘者所必需的。挫折能够使人得到锻炼，压力能够使人成长，关键在于你是否能够度过这段艰难的时期。

三、职场禁忌

职场是人际交往的主战场，在职场中与领导、同事的相处都是一种学问。大学生在试用期都想给单位同事留下好印象，但过犹不及，做得过火也会留下"隐患"。学校里学到的可能跟实际情况有出入。有些事你不懂很正常，重要的是多问问有经验的人。那么，初入职场的大学生在职场中有哪些需要注意的呢？

（一）缺乏礼貌

礼貌是多方面的，包括语言、行为、举止，甚至包括暗示性、职别性的礼貌。对于礼貌方面的考虑，大学生们相当欠缺，而这却是职场上影响升迁的最大因素。没有人希望培养提拔一个不懂礼貌的职员。

（二）没有纪律

一般大学生认为，在实习期间或者试用期间，只要把自己的工作做好就可以了，跟其他人无关。但在职场上并非如此，从整体组织出发，纪律性是单位正常生产的基本保证。如果纪律问题不首先处理好，大学生依然自由散漫，不注意融入团队，那么，团队的集体能力就始终无法得以体现。

（三）自行其是

职场上的人都希望达到自己期望的职业高度，但我们不能只是简单地做，不去想怎样做是最好的。我们自己在做的同时，更多地要去听职业长者们的话，并加以分析，形成自己的东西，这样的学习提高方式才是我们最需要的，而不是做一个只知道闭门造车、我行我素的人。另外，与职业长者们在一起，更容易寻找出素养差距，更容易发现自己的弱点，然后设法去弥补、去提高。

（四）传话筒

一些大学生，往往想到什么就说什么，很少认真仔细地去想一想自己所说的话是否确实合理，尤其是对一些小道消息，最是热衷。然而，他们却不知道，小道消息很有可能是某些人故意放风出来的，如果你跟着继续放风，实际上等于是被人利用充当了一次工具，不但害人而且害自己。所以，传话筒的角色在职场中是不可能受到重用的。

（五）过于拘谨

在职场中，有不少人过分谨慎，遇到任何事都谨小慎微，前怕狼后怕虎，说话婆婆妈妈，办事唯唯诺诺。在公共场合，拘谨者在他人面前往往显得腼腆猥琐，神态不自然，手足无措，不敢落座，不敢抬头，不敢大声说话或说话含糊不清，有时甚至答非所问，心理上总是怯于与人交往，总是缺少合得来的伙伴和知音，经常孤身一人被遗忘在不为人注意的角落，给人以拒人于千里之外的感觉。

（六）厌职情绪

每个人在刚跨入职场之初，不但干劲十足、激情高涨，而且对自己的职业前途寄予厚望但是过了不久，就会感觉到自己像机器人一样，这就是所谓的厌职情绪。厌职情绪会严重地影响到我们的工作和生活，使我们失去了工作的乐趣。消除厌职情绪的一个主要方法就是保持良好的工作心态，合理安排工作和生活，试着喜欢上自己的职业，这样才能找回一个原本充满激情与活力的自己。

第二节　职场应聘

求职应聘是每一个现代人职业生涯的开始。每一个人都想找到一个理想的、能发挥自己特长的、未来发展潜力大的工作。在整个人生的经历中，可能会经历数次求职应聘，这其中可能成功也可能失败。要想提高面试成功率，就需要注意求职的准备、面试、签约等一些重要环节。

一、求职准备

求职准备包括对应聘单位信息的准备、自身的心理准备，以及求职的资料准备，等等。

（一）信息准备

（1）了解应聘单位

可以通过大众传播媒介，如电视、电台、报纸、杂志或互联网等了解应聘单位的信息,也可亲自到用人单位,借助亲朋好友等其他途经来了解应聘单位的信息,如公司的性质、特征、发展前景、所聘职务、待遇、薪金甚至公司领导的喜好等,越详尽越好,以使自己有备而去。

(2)了解自己

应聘的时间一般都比较短,所以要充分利用此次机会,给主考官留下积极、肯定、深刻的印象。"知己知彼,百战不殆",既要了解自己的长处,又要了解自己的短处。对自己的性格、气质、能力、心理、兴趣爱好等各方面都尽可能详细罗列,从而使自己在应聘中扬长避短,促使应聘取得成功。

(二)心理准备

求职的经历中可能会遇到无数次的失败,只要从头再来,做好诚信、自信、谦虚、尊敬他人的心理准备,才有可能成功。这需要平时注意道德修养的积累。同时,顺利时不放松、不掉以轻心;遇到困难时不急躁、不轻言放弃,要积极寻求可行的办法予以解决。

(三)资料准备

资料准备包括求职函和履历表的准备。

(1)求职函

求职函在书写时包含以下内容:写信的动机,即为什么写这封信;在求职函中对个人情况进行介绍,如年龄、学历、资历、能力等;在求职函中要争取获得面谈的机会。求职函的书写要求如下:

1.纸张的选用。应选用厚、重、质地上乘的纸。纸的颜色应是白的,最好不要印有格子,印有信头的公文笺是绝对不能用的。

2.信封。信封的颜色和质地都必须与信纸相匹配,信封的大小尺寸要恰当。信封上的地址、收信人的姓名一定要写完整、清晰,绝不能出现错误;

3.书写。亲笔书写时,字体要清晰整洁,不能涂改。书法不漂亮的要打印,但要注意字号及字体的选用,要求是清晰明了,而且书写的文法、标点、拼写都不能出现错误。整个版面的设计要美观大方;要全面真实地介绍自己的情况;书写内容简明扼要、重点突出,而且不要过分地强调学习成绩,应多强调自己完成工作的能力;书写的篇幅在两页以内,太长了,对方没时间看;太短了,自己的情况介绍不够详细,不易引起对方的注意。

4.格式。求职函一般分为三个部分:开头部分说明写信的目的,主体部分阐述谋职资格和工作能力,结尾部分请示对方给予面试的机会。

开头首先写上用人单位的称呼,填入合适的问候语,并说明在什么地方了解用人单位的招聘信息,或直接写出这封求职信的具体目的,表明你想寻找什么类型的工作和自己所具备的从事这项工作的知识及能力。

求职信的主体部分要概述自己所具有的对目标工作有用的知识和技能，主要包括求职资格、工作经验、相关社会活动经历和个人素质等，还应该提及你的个人简历，提示对方查阅相关资料，以便于进一步加强对你的了解。

结尾部分主要是请求目标单位做出进一步的反应，给予面谈的机会。写作口气要自然，不可强人所难。

初次应聘者除了准备求职信外，还应提供给对方一份自己的履历表。

（2）履历表

履历表是一种书面的自我介绍，应力求简练，不能出现文字或语法错误。应避免使用第一人称，而且要实事求是，应尽可能展现自己最优秀的一面。履历表的作用是通过它争取抓住面试的机会。个人履历表应包含以下内容：

1.基本情况介绍：包括姓名、性别、年龄、身高、籍贯、政治面貌、毕业学校等。

2.学习情况介绍：几年间总的学习课程、学习成绩、主攻方向。要有选择性地列出自己所学的课程。

3.实习实践情况：现代社会强调实践经验及动手能力，单纯学习好的学生，不一定能够得到用人单位的认可，因此在履历表中要介绍自己的实习实践情况，如自己发表文章的情况、在企业实习的情况以及社会实践情况等。

4.专长爱好：选择有说服力的，尤其是用人单位所需求的特长，但一定要实事求是，不弄虚作假。

5.获得奖惩情况。

6.通信地址及联系方式。

二、面试技巧

求职是大多数人都要面对的一步，是求职者自由选择工作的好机会。求职者能否受到用人单位的青睐，从根本上讲取决于自身的基本素质、基本条件是否符合招聘单位的要求。在求职过程中，求职者能不能积极主动地推销自己，会不会巧妙自如地展示自己的优势，从而给招聘者留下良好的印象，将直接关系到求职的成功与否。求职者的这种能力和水平包括展示自我、回答问题以及通过招聘交谈的语言能力和技巧水平。

（一）展示自我

展示自我即自我介绍。自然、大方、得体的自我介绍，既能使招聘者迅速而全面地了解你的具体情况，又会对你产生良好的第一印象。自我介绍是否得体，主要靠日常知识的积累，风度涵养的培育，对准备好的内容是否了如指掌，以及临场的发挥。如果你平常不善社交、口舌笨拙、语言能力较差，然而文字能力却很好，那么，可适时地递上介绍自己的文字材料、证明、实物等，待招聘者对你产生良好印象后再谈，这样会有助于你因为语言表达能力不强而可能给招聘者造成的不良印象。自我介绍时应注意以下几点：

（1）面带温和、友善的微笑，两眼热情地直视对方，几秒钟即可。

（2）突出闪光点和优势，淡化缺点和弱点。

（3）避免过分炫耀自己的博学多才，否则会显得锋芒毕露，令人生畏，还会给在场的人以夸夸其谈、华而不实的感觉。

（4）自我介绍时要注意繁简结合。

（二）回答问题

一般来说，招聘者提出的问题可分为两类：一类是规定性提问，也就是招聘者事先准备好的对每一位招聘者都要发问的问题；另一类是无规定性提问，这类提问往往是千变万化、涵盖宽泛的，招聘者可从应聘者不经意的回答中窥视其闪光点或缺点。但无论是哪一类问题，应聘者在回答时都应把握以下几条基本原则：不要遗漏表现自己才能的重要资料；保持高度敏锐和机敏灵活的思维状态；回答既要表现自己的个性气质，又要表现出对招聘者的尊重与服从；认真倾听对方的提问，并注意对方的反应，以便及时调整自己不恰当的回答；避免提到"倒霉""晦气""不幸""疾病"之类可能招致对方忌讳的字眼。

除此之外，应聘者还应该灵活掌握与运用突出个性、扬长避短、虚实并用、适度激将等相应的策略与技巧。

（三）语言交谈技巧

交谈是求职者与招聘者相互间心灵沟通的过程。当你说话的时候，不仅要表达清楚你自己的思想，还应该考虑怎样使对方感兴趣，并根据对方的反应来调整自己的谈话内容和方式。下面是一些在面试中要注意使用的语言技巧，对于每个求职者来说，或许会起到意想不到的作用。

（1）使用礼貌用语

求职者与招聘者相见、交谈，表现得客客气气、彬彬有礼会使招聘方感到舒服、愉快，能融洽气氛，从而会有利于语言交流。礼貌语言内容广泛，不仅仅包括"谢谢""对不起""非常感激"之类的客套话，还应把握好说话的语气，在不同的环境下语气的不同，也会让同一词产生歧义，千万不要因为语气不合适或是过于生硬而使面试效果打折扣。

（2）确立对方意识

面试时语言交谈相对重要的一个原则是要有对方意识，要从对方的角度来说话。但是不少求职者在面试中，总是一个劲地谈"我"，比如，"我"的文凭、"我"的才能、"我"的要求……，"我"的什么都谈了，就是没有谈坐在面前的招聘者。他们忘了最关键的一点，重要的是招聘者"他"的想法，而不是"我"的想法。

（3）语言要形象生动，富于情趣

在面试交谈中，求职者每时每刻都应注意使自己的语言表现得形象生动和富于情趣，使讲出的话带有表情渲染的风味，让人感到你通情达理，讲的话令人信服。如果应试者谈笑风生，说话不呆板、生硬，语言充满幽默感，将会给对方留下一个精明强干、精力充沛、能力极强的良好印象。

（4）表达简洁清晰

说话与表达，是面试交谈中应特别注意的事情。应试者有时有意或无意间使自己的语言与要表达的含义之间出现了差距，这无疑是件憾事。因此，求职者的讲话和表达的思想应该做到简洁、直率、清晰、准确。

（5）使用正确的角色语言

在交谈过程中，言语切莫太随便。首先要注意使用敬语，如"您""请"等，这是有文化、有修养的表现，切不可将同学之间、同事之间、家庭成员之间、朋友之间使用的随便语言用于面试，市井街头常用的俗语更要尽量避免，以免被认为是油腔滑调。

另外，应聘时还需准时、守信、语言简练，在初次面试时不要率先提问一些敏感性的问题，如薪金、福利、待遇、就业日期，等等。

三、就职签约

每年夏季是传统的求职高峰和签约旺季，很多用人单位都会选择在这个季节广纳人才。由于谋求一份职业不容易，因此，许多学生不敢多提自身权益方面的问题。按规定，毕业生在毕业前就到录用单位实习，应该和录用单位签订一份由教育部门制订的关于工作岗位、报酬待遇、违约责任等方面的"就业协议。待毕业正式上班后，应再签订正式的劳动合同，当然，这份合同比原先的就业协议要详细、全面得多。

在就业协议签约中，就业者尤其要注意试用期、工资福利，违约责任等条款约定，以防自身劳动权益受到损害。对于违约问题，毕业生签订协议前一定要慎重考虑后再签，否则一旦违约，必须承担相应的责任，同时也表明自身的诚信度不够。

第三节 公务活动

一、公务会议

公务活动中，召开会议是实施管理的重要形式，会议效果既看会议内容也讲究会议组织程序。一般来说，正式会议前应有所准备，如确立会议议题、中心；拟发会议通知，确定会议议程；根据会议的规模大小来选择、布置会场；做好迎接接待工作；准备会议物品，同时还应提供接送服务、会议设备及资料、公司纪念品等。在会议完毕之后，还要将会议内容形成文字材料，对客人赠送公司的纪念品要妥善处置，安排客人参观公司或厂房等。如有必要，可以合影留念，还可安排车辆、人员送客人到机场、车站。

（一）公务会议一般程序

（1）会前准备

1.确立会议议题、中心，每一个会议都有其目的、重点，大到全国人民代表大会，小到班组学习座谈会，都必须在会前明确议题，目的不明确、可开可不开的会议，还是不开的好。

2.拟发会议通知，确定会议议程。一方面要及早通知客人参加会议的时间、地点、主题和议程；另一方面，还应准备发言材料、学习资。对于远道而来的与会者，还应安排食宿。总之，整个会议议程要事先拟定，以确保会议能够有条不紊地进行。

3.安排布置好会场。根据会议的规模大小来选择会场。一般来说，对于规模较大，或场合正式的会议，会场布置要和会议内容相统一，主席台上方要悬挂会议名称的横幅，会场中要有宣传会议的标语、主席台人员的名单牌、参加会议代表团的标牌、指示路线的路标及表示欢迎的室外标语。还要事先装配、调试会场灯光、音响设备，以及准备会场茶水、饮料等物品，必要时，还得配备保安、医务人员及有关设施。

4.做好迎送接待工作。凡是一些大型、中型的会议，一定要安排好与会前的迎送接待工作，要不然，与会者不知如何报到、食宿、回程，容易延误会议，对客人来说也是十分不礼貌的，所以，会议组织者一定要安排好这一项工作。如果对方是德高望重的领导或是老弱病残者，还应该安排车辆、人员前往机场、车站接送。会议期间的食宿起居应安排专职人员服务。

5.会议物品的准备。根据会议的类型、目的，确定需要哪些物品，如纸、笔、笔记本、投影仪，是不是需要用咖啡、小点心等，同时还应提供接送服务、会议设备及资料、公司纪念品。

6.在会议进行当中，我们需要注意会议座次的排定。一般情况下，会议座次的排定有以下几种方式：

方桌式。一般情况下，会议室中是长方形包括椭圆形的桌子，也就是所谓的方桌会议。方桌可以体现主次。在方桌会议中，特别要注意座次的安排。如果只有一位领导，那么他一般坐在长方形桌子短边的一边，或者是比较靠里的位置，即以会议室的门为基准点，在里侧是主宾的位置。如果是由主客双方来参加的会议，一般分两侧来就座，主人坐在会议桌的右边，而客人坐在会议桌的左边。

圆桌式。为了尽量避免这种主次的安排，而以圆形桌为布局，就是圆桌会议。在圆桌会议中，则可以不用拘泥于这么多的礼节，主要记住以门作为基准点，比较靠里面的位置是相对主要的座位就可以了。

（2）出席会议

与会者参加会议，应衣冠整洁，按时到会场。进入会场时应听从会务人员的安排，在事先排好或临时指定的位置上就座。落座后，不要忽站忽坐，东张西望。当发言人开始发言和发言结束时，要鼓掌致意。发言人发言时要认真倾听，而不要与邻座交头接耳，以免影响别人听。若无特殊情况，不要中途退场。如有需要提前离会，应事先打招呼，或幕后向有关人员说明原委。同时，作为与会者，对会议组织者在接待方面存在的不足要予以谅解，可以在合适的场合向东道主提出改进工作的建议，但不要当众非议东道主。

会议的主持人，一般由具有一定职位的人来担任，其礼仪表现对会议能否圆满成功有着重要的影响。首先，会议主持人衣着整洁，大方庄重，精神饱满，应提前到会，以便做好相应的准备和安排。开会时，由主持人介绍会议主题及有关程序，介绍来宾和发言人等。当发言人开始发言和发言结束时，主持人应带头鼓掌致意，按时结束会议。

（3）会后结束

在会议完毕之后，我们应该注意以下细节：

会谈要形成文字材料，落实到纸面上。

客人赠送公司的纪念品的处置。安排客人参观，如参观公司或厂房等。

如有必要，合影留念。

安排车辆、人员前往机场、车站送客。

（二）常见公务会议

（1）例会

例会是一种制度化的会议，开会时间、地点、人员均固定，以讨论工作、沟通信息为会议内容《例会的程序如下：

一般不发通知和告示，所有参加者应准时赴会，特殊情况一定要事先通知相关人员。

座位安排应围桌而坐，以便与会者发言或倾听别人的发言。

会议时间不宜过长，"短小精悍"是例会的基本风格。

（2）座谈会

座谈会是邀请有关人员参加座谈、讨论某一议题的会议。

座谈会应事前通知与会者会议的时间、内容等，一般邀请时间应提前三天。

会议要营造轻松、热烈的气氛，座位安排应围桌而坐，大家在会场上可尽情交谈，主持人适时归纳总结，并调动大家思路，使大家踊跃发言，知无不言，言无不尽。

（3）讨论会

讨论会是针对某一专题问题而召集有关人员探讨的会议。

讨论会也应及时通知与会者。

讨论会规模视会议内容可大可小，同样应创造一种畅所欲言的环境。

讨论会上应做会议记录，会后编写会议纪要，总结讨论结果。会议纪要的拟写要真实、全面和准确。

（4）表彰会

表彰会的会场布置要体现热烈、隆重的氛围。

布置横幅、彩旗、标语等，可以用音乐烘托气氛。

表彰会始终都要适时地播放乐曲，主持人要引导鼓掌以便渲染气氛。

具体的表彰要由领导宣布。

会后可安排联欢会、舞会、宴会或电影招待会，与大会相呼应。

（5）新闻发布会

新闻发布会是邀请各新闻媒体参加并公布有关信息的会议，其特点是传播快、正式而隆重，它具有社会性，成本也高。新闻发布会的常规程序如下：

主持人宣布开会。

介绍应邀参加会议的政府官员和主要发言人。

说明记者提问时间、提问规则。

主持人要尊重记者的发问，并控制好会场秩序。宣布提问开始，并指定提问记者。宣布提问时间到，提问结束。

发言人须具备发言权威，能够代表会议主办方的意图，能准确恰当地传达需公布的信息，随机应变能力强，表达能力强，思路清晰，口齿伶俐。

组织参观或宴会。

（6）茶话会

古往今来，以茶待客是我国的传统习惯和礼节。现在，这种简便的方式仍被广泛采用。比如，逢年过节时全体同学欢聚一堂，虽是清茶一杯，但其浓厚的氛围也会感染参加聚会的每一位同学。有时，学校及院系有关组织为了征求广大同学对学校办学的意见，也常采用茶话会的形式，邀请部分同学一聚。茶话会的基本议程如下。

宣布茶话会开始前，主持人要请与会者各就各位。宣布开始后，主持人可对主要与会者略加介绍。

主办单位的主要负责人讲话。讲话应以阐明这次茶话会的主题为中心内容，还可以代表主办单位，对全体与会者表示欢迎和感谢，并且恳请大家给予一如既往的理解和支持。

与会者发言。这些发言在任何情况下都是茶话会的重心。为了确保与会者在发言中直言不讳，畅所欲言，通常主办单位事先不对发言者进行指定和排序，也不限制发言的具体时间，而是提倡与会者自由地进行即兴式的发言。一个人还可以多次发言，来不断补充、完善自己的见解、主张。

主持人总结。主持人略作总结后，可以宣布余话会结束。

茶话会应注意的其他事项。参加茶话会的要求很多。当你接到邀请后，一定要准时参加，不要迟到或早退。如果是本班自己组织的茶话会，还应主动参加各项准备工作，比如布置会场、打开水、购买物品等。在茶话会进行中，要大胆发言，不能自顾自地埋头吃东西而一言不发。别人发言时，要专心致志地倾听，不要随意打断他人的讲话，也不要显露烦躁、心不在焉，更不要妄加评论他人的话。自己讲话时要适量适度，不能滔滔不绝地说个不停，要给别人发言的机会。茶话会结束后，要主动留下来收拾东西，打扫卫生，尽自己的一点职责。

（7）洽谈会

如果是东道主安排洽谈，那么在洽谈会的台前幕后，恰如其分地运用礼仪，迎送、款待、照顾客人。在洽谈会上，不仅应当布置好洽谈的环境，预备好相关的用品，而且应当特别重视座次问题。只有小规模洽谈会或预备性洽谈会，才可以不用讲究。

洽谈会的座次安排。举行双边洽谈时，应使用长桌或椭圆形桌子，宾主应分坐在桌子两侧。桌子横放的话，应面对正门的一方为上，属于客方。桌子竖放的话，以进门的方向为准，右侧为上，属于客方。在进行洽谈时，各方的主谈人员在自己一方居中而坐，其余人员则应遵循右高左低的原则，依照职位的高低自近而远地分别在主谈人员的两侧就座。如果有翻译，可以安排就坐在主谈人员的右边。

举行多边洽谈时,为了避免失礼,按照国际惯例,一般要以圆桌为洽谈桌来举行"圆桌会议",这样一来,尊卑的界限就被淡化了。即便如此,在具体就座时,仍然讲究各方的与会人员尽量同时入场,同时就座。最起码主方人员不要在客方人员之前就座。

洽谈时要礼敬对手。礼敬对手,就是要求洽谈者在洽谈会的整个过程中,要排除一切干扰,始终如一地对自己的洽谈对手讲究礼貌,时时、处处、事事表现得对对方不失真诚的敬意。在洽谈过程中,不管发生了什么情况,都始终坚持礼敬对手。

洽谈时要依法办事。在商务洽谈中,利益是各方关注的核心。对任何一方来说,大家讲究的都是趋利避害。在不得已的情况下,则会两利相权取其大,两害相权取其轻。虽则如此,商界人士在洽谈会上,既要为利益而争,更需谨记依法办事。

洽谈时要平等协商。就是有关各方在合理、合法的情况下,进行讨价还价,最终达成某种程度上的共识或一致的过程。

二、庆典及仪式

庆典是各种庆祝仪式的统称。在商务活动中,商务人员参加庆祝仪式的机会是很多的,既有可能奉命为本单位组织一次庆祝仪式,也有可能应邀去出席外单位的某一次庆祝仪式,就内容而论,商界所举行的庆祝仪式大致可以分为四类:(1)本单位成立周年庆典;(2)本单位荣获某项荣誉的庆典;(3)本单位取得重大业绩的庆典;(4)本单位取得显著发展的庆典。就形式而论,各类庆祝仪式都有一个最大的特色,那就是要务实而不务虚。

组织庆典与参加庆典时,往往会有多方面的不同要求。

(一) 组织筹备庆典

组织筹备庆典如同进行生产和销售一样,先要草拟一个总体的计划。总体计划有两大要点:一要体现出庆典的特色;二要安排好庆典的具体内容。

(1) 庆典特色

庆典既然是庆祝活动的一种形式,那么它就应当以庆祝为中心。庆典所具有的热烈、欢快、隆重的特色,应当在其每一项具体内容的安排上得到全面的体现。不论是举行庆典的具体场合、庆典进行过程中的某个具体场面,还是全体出席者的情绪、表现,都要体现出红火、热烈、欢乐的气氛。只有这样,庆典的宗旨——塑造本单位的形象、显示本单位的实力、扩大本单位的影响,才能够真正得以贯彻落实。

（2）庆典内容安排

如果站在组织者的角度来考虑，庆典的内容安排至少要注意出席者的确定、来宾的接待、环境的布置以及庆典的程序等四大问题。

第一，应当精心确定好庆典的出席人员名单。确定庆典的出席者名单时，始终应当以庆典的宗旨为指导思想。出席庆典的人员名单一旦确定，就应尽早发出邀请或通知。一般情况下，不到万不得已，均不许将庆典取消、改期或延期。

第二，应当精心安排好来宾的接待工作。

第三，来宾的陪同。对于某些年事已高或非常重要的来宾，应安排专人陪同始终，以便关心与照顾。

第四，来宾的招待。即指派专人为来宾送饮料、上点心以及提供其他方面的关照。

第五，音响的准备。在举行庆典之前，务必要把音响准备好，尤其是供来宾们讲话时使用的麦克风和传声设备。在庆典举行前后，播放一些喜庆、欢快的乐曲，对于播放的乐曲，应先期进行审查。

第六，应当精心布置好举行庆祝仪式的现场。举行庆祝仪式的现场，是庆典活动的中心地点，对它的安排、布置是否恰如其分，往往会直接关系到庆典留给全体出席者的印象好坏。

（3）组织者应考虑的问题

依据仪式的有关规范，在布置举行庆典的现场时，组织者需要通盘思考的主要问题有如下几点：

地点的选择。在选择具体地点时，应结合庆典的规模、影响力以及本单位的实际情况来决定。本单位的礼堂、会议厅，本单位内部或门前的广场，以及外借的大厅等，均可选择。不过在室外举行庆典时，切勿因地点选择不慎，从而制造噪声，妨碍周边市民的交通或治安。

环境的美化。在反对铺张浪费的同时，应当量力而行，着力美化庆典举行现场的环境。可在现场张灯结彩，悬挂彩灯、彩带，张贴一些宣传标语或大型横幅

场地的大小。在选择举行庆祝仪式的现场时，应当牢记并非愈大愈好。从理论上说，现场的规模应与出席者人数的多少成正比。也就是说场地的大小，应同出席者人数的多少相适应。

应当精心拟定好庆典的具体程序。一次庆典举行得成功与否，与其具体的程序不无关系

（4）庆典程序

依照常规，一次庆典大致上应包括下述几项程序。

1.请来宾就座，出席者安静，介绍来宾。

2.宣布庆典正式开始，全体起立，奏国歌、唱本单位之歌。

3.本单位主要负责人致辞。其内容包括对来宾表示感谢，介绍此次庆典的缘由，等等，重点是报捷以及庆典的可"庆"之处。

4.邀请嘉宾讲话。出席此次庆典的上级主要领导、协作单位及社区关系单位，均应有代表讲话或致贺词，不过应当提前约定好。对外来的贺电、贺信等，可不必一一宣读，但对其署名单位或个人应当公布。在进行公布时，可依照其"先来后到"顺序，或是按照其具体名称的汉字笔画的多少进行排列。

5.安排文艺演出。这项程序可有可无，如果准备安排，应当慎选内容，注意不要有悖于庆典的宗旨。

6.邀请来宾参观。如有可能，可安排来宾参观本单位的有关展览或车间，等等。当然，此项程序有时也可省略。

在以上几项程序中，前四项必不可少，后两项可以酌情省去。

（二）参加庆典

参加庆典时，不论是主办单位的人员还是外单位的人员，均应注意自己临场之际的举止表现，其中，主办单位人员的表现尤为重要。作为东道主的主办单位人士在出席庆典时，应当严格注意以下问题：

（1）仪容整洁。参加庆典的本单位人员，事先要洗澡、理发，男士应刮胡须。不允许本单位的人员蓬头垢面、胡子拉碴、浑身臭汗。

（2）服饰规范。有统一式样制服的单位，应要求以制服作为本单位人士的庆典着装。无制服的单位，应规定届时出席庆典的本单位人员必须穿着礼仪性服装，即男士应穿深色西装套装，配白衬衫、深色领带、黑皮鞋，女士应穿深色西装套裙，配长筒肉色丝袜、黑色高跟鞋，或者穿深色的套裤。

（3）遵守时间。上到本单位的最高负责人下到级别最低的员工，都不得姗姗来迟、无故缺席或中途退场。如果庆典的起止时间已有规定，则应当准时开始，准时结束。

（4）表情庄重。在举行庆典的整个过程中，都要表情庄重、全神贯注、聚精会神。庆典过程中安排了升国旗、奏国歌等程序，一定要依礼行事：起立，脱帽，立正，面向国旗或主席台行注目礼，并且认认真真、表情庄严肃穆地和大家一起唱国歌。

（5）态度友好。主要是对来宾态度要友好。遇到来宾，要主动热情地问好。对来宾提出的问题，都要立即予以友善的答复。当来宾在庆典上发表贺词，或是随后进行参观时，要主动鼓掌表示欢迎或感谢。

（6）行为自律。在出席庆典时，主办方人员在举止行为方面应当注意的问题有：不要在庆典举行期间到处乱走、乱闯。不要找周围的人说悄悄话、开玩笑，不要有意无意地做出对庆典毫无兴趣的姿态。

（7）发言简短。本单位员工在庆典中发言，应谨记以下四个重要的问题：一是上下场时要沉着冷静。走向讲坛时，应不慌不忙。在开口讲话前，应平心静气。二是要讲究礼貌。在发言开始，勿忘说一句"大家好"或"各位好"。在提及感谢对象时，应且视对方；在表示感谢时，应郑重地欠身施礼。对于大家的鼓掌，则应以自己鼓掌来回礼。在讲话末了，不忘说一声"谢谢大家三是发言一定要在规定的时间内结束。四是应当少做手势。

（三）常见的庆典仪式

（1）开业庆典

开业仪式，是指在单位创建、开业项目完工、落成，某一建筑物正式启用，或是某项工程正式开始之际，为了表示庆贺或纪念，按照一定的程序隆重举行的专门仪式。有时开业仪式亦称作升业典礼，它包括开业仪式的筹备、开业仪式的运作两项基本内容。

筹备工作。在举办开业仪式时，首先要对所需使用的用具、设备，必须事先进行认真的检查、调试，以防其在使用时出现差错。其次做好接待服务工作。在举行开业仪式的现场，一定要有专人负责来宾的接待服务工作。在接待贵宾时，须由本单位主要负责人亲自出面。在接待其他来宾时，则可由本单位的礼仪小姐负责此事。若来宾较多时须为来宾准备好专用的停车场、休息室，并安排饮食。第三，做好礼品馈赠工作。根据常规给来宾赠送礼品。不过，馈赠的礼品应具有宣传、荣誉和独有的特征，使人一目了然，过目不忘。第四，做好程序拟定工作。在筹备时，必须要认真草拟具体的程序，并选定好称职的仪式主持人。

开业仪式。开业仪式的主要运作程序共有五项。

第一项，宣布仪式开始，全体肃立，介绍来宾。

第二项，邀请专人揭幕或剪彩。揭幕的具体做法是：揭幕人行至彩幕前恭立，礼仪小姐双手将开启彩幕的彩索递交对方，揭幕人随之目视彩幕，双手拉启彩索，令其展开彩幕。全场目视彩幕，鼓掌并奏乐。

第三项，在主人的亲自引导下，全体到场者依次进入幕门。

第四项，主人致辞答谢。

第五项，来宾代表发言祝贺。

（2）剪彩仪式

剪彩仪式，严格地讲是商界的有关单位，为了庆贺公司的设立、企业的开工、宾馆的落成、商店的开张、银行的开业、大型建筑物的启用、道路或航线的开通、展销会或博览会的开幕等而隆重举行的一项礼仪性程序。因其主要活动内容是约请专人使用剪刀剪断被称之为"彩"的红色绸带，故被人们称为剪彩。

一般来说，剪彩仪式宜紧凑，忌拖沓，不宜超过一个小时。按照惯例，剪彩既可以是开业仪式中的一项具体程序，也可以独立出来，由其自身的一系列程序所组成。剪彩仪式通常应包含如下六项基本的程序：

1. 请来宾就位。在剪彩仪式上，通常只为剪彩者、来宾和本单位的负责人安排座席。

2. 宣布仪式正式开始。在主持人宣布仪式开始后，乐队应演奏音乐，现场可燃放鞭炮，全体到场者应热烈鼓掌。此后，主持人应向全体到场者介绍到场的重要来宾。

3. 奏国歌。此刻须全场起立。必要时可随之演奏本单位标志性歌曲。

4. 发言。发言者依次应为东道主单位的代表、上级主管部门的代表、地方政府的代表、合作单位的代表，等等。代表发言的内容应言简意赅，每人不超过3分钟，重点分别应为介绍、道谢与致。

5. 剪彩。此刻，全体应热烈鼓掌，必要时还可奏乐或燃放鞭炮。在剪彩前，须向全体到场者介绍剪彩者。当主持人宣布剪彩之后，礼仪小姐即应率先登场。在上场时，礼仪小姐应排成一行行进，可从两侧同时登台，也可从右侧登。登台之后，拉彩者与捧花者应当站成一行，拉彩者处于两端拉直红色缎带，捧花者各自双手手捧一朵花团。托盘者须站立在拉彩者与捧花者身后一米左右，并且自成一行。在剪彩者登台时，引导者应在其左前方进行引导，使之各就各位。剪彩者登台时，宜从右侧出场。当剪彩者均已到达既定位置之后，托盘者应前行一步，到达剪彩者的右后侧，以便为其递上剪刀、手套。

剪彩者若不止一人，则其登台时亦应站成一行，并且使主剪者行进在前。在主持人向全体到场者介绍剪彩者时，剪彩者应面含微笑向大家欠身或点头致意。剪彩者行至既定位置之后，应向拉彩者、捧花者含笑致意，当托盘者递上剪刀、手套，亦应微笑着向对方道谢。

在正式剪彩前，剪彩者应首先向拉彩者、捧花者示意，待其有所准备后，集中精力，右手手持剪刀，表情庄重地将红色缎带一刀剪断。若多名剪彩者同时剪彩时，其他剪彩者应注意主剪者的动作，与其协调一致，力争大家同时将红色缎带剪断。按照惯例，剪彩以后，红色花团应准确无误地落入托盘者手中的托盘里，切勿使之坠地，为此需要捧花者与托盘者的合作。剪彩者在剪彩成功后，可以右手举起剪刀，面向全体到场者致意，然后放下剪刀、脱下手套置于托盘之内鼓掌。接下来，可依次与主人握手道喜，并列队在引导者的引导下退场。退场时，一般宜从右侧下台。待剪彩者退场后,礼仪小姐方可列队由右侧退场。

进行正式剪彩时,剪彩者与助剪者的具体做法必须合乎规范,否则就会使其效果大受影响。

6.参观。剪彩之后,主人应陪同来宾参观被剪彩之物,仪式至此宣告结束。随后,东道主单位可向来宾赠送纪念品,并设宴款待全体来宾。

三、商务谈判

所谓谈判,其一般含义,就是在社会生活中,当事人为满足各自需要和维护各自的利益,双方妥善解决某一问题而进行的协商。商务谈判,是指买卖双方为实现某种商品或劳务的交易,就多种交易条件进行的协商活动。

(一) 商务谈判的类型

(1) 按照谈判地点的不同来划分

1.主座谈判。所谓主座谈判,指的是在东道主单位所在地举行的谈判,通常认为,此种谈判往往使东道主一方拥有较大的主动性。

2.客座谈判。所谓客座谈判,指的是在谈判对象单位所在地举行的谈判。一般来说,这种谈判显然会使谈判对象占尽地主之利。

3.主客座谈判。所谓主客座谈判,指的是在谈判双方单位所在地轮流举行的谈判。这种谈判,对谈判双方都比较公正。

4.第三地谈。所谓第三地谈判,指的是谈判在不属于谈判双方所在单位所在地之外的第三地点进行。这种谈判,较主、客座谈判更为公平,干扰甚少。

显而易见,上述四类谈判对谈判双方的利与弊往往不尽相同,因此各方均会主动争取有利于己方的选择。

(2) 根据商务谈判的座次不同划分

1.双边谈判。双边谈判,指的是由两方面的人士所举行的谈判。在一般性的谈判中,双边谈判最为多见。双边谈判的座次排列,主要有两种形式可供酌情选择:

横桌式。横桌式座次排列,是指谈判桌在谈判室内横放,客方人员面门而坐,主方人员背门而坐。除双方主谈者居中就座外,各方的其他人士则应依其具体身份的高低,各自先右后左、自高而低地分别在己方一侧就座。双方主谈者的右侧之位,在国内谈判中可坐副手,而在涉外谈判中则应由译员就座。

竖桌式。竖桌式座次排列,是指谈判桌在谈判室内竖放。具体排位时以进门时的方向为准,右侧由客方人士就座,左侧则由主方人士就座。在其他方面,则与横桌式排座相仿。

2.多边谈判。多边谈判，在此是指由三方或三方以上人士所举行的谈判。多边谈判的座次排列，主要也可分为两种形式。

自由式。自由式座次排列，即各方人士在谈判时自由就座，而无须事先正式安排座次。

主席式。主席式座次排列，是指在谈判室内面向正门设置一个主席之位，由各方代表发言时使用。其他各方人士，则一律背对正门、面对主席之位分别就座。各方代表发言后，亦须下台就座。

（二）商务谈判过程

（1）谈判准备

第一，商务谈判之前要确定谈判人员，与对方谈判代表的身份、职务要相当。

第二，谈判代表要有良好的综合素质，谈判前应整理好自己的仪容仪表，穿着要整洁正式、庄重。男士应刮净胡须，穿西服必须打领带；女士穿着不宜太性感，不宜穿细高跟鞋，应化淡妆。

第三，布置好谈判会场，采用长方形或椭圆形的谈判桌，门右手座位或对面座位为尊，应让给客方。

第四，谈判前应对谈判主题、内容、议程做好充分准备，制订好计划、目标及谈判策略。

（2）谈判之初

谈判之初，谈判双方接触的第一印象十分重要，言谈举止要尽可能创造出友好、轻松的良好谈判气氛。谈判之初的重要任务是摸清对方的底细，因此要认真听对方谈话，细心观察对方的举止表情，并适当予以回应，这样既可了解对方意图，又可表现出尊重与礼貌。

另外，姿态动作也对把握谈判气氛起着重要作用。目光注视对方时，目光应停留于对方双眼至前额的三角区域正方，这样会使对方感到被关注，觉得你诚恳、严肃。手心冲上比冲下好，手势自然，不宜乱打手势，以免造成轻浮之感。切忌双臂在胸前交叉，那样会显得十分傲慢无礼。做自我介绍时要自然大方，不可露傲慢之意。被介绍到的人应起立微笑示意，可以礼貌地道："幸会""请多关照"等。询问对方要客气，如"请教尊姓大名"。如有名片，要双手接递。介绍完毕，可选择双方共同感兴趣的话题进行交谈，稍作寒暄，以沟通感情，创造温和的气氛。

（3）谈判之中

这是谈判的实质性阶段，主要是报价、查询、磋商、解决矛盾、处理冷场。

报价。要明确无误，恪守信用，不欺骗对方。在谈判中报价不得变化不定。

对方一旦接受价格，即不再更改。

查询。事先要准备好有关问题，选择气氛和谐时提出，态度要开诚布公。切忌气氛比较冷淡或紧张时查询，言辞不可过激或追问不休，以免引起对方反感甚至恼怒，但对原则性问题应当力争不让。对方回答查询时不宜随意打断，答完时要向解答者表示谢意。

磋商。讨价还价事关双方利益，容易因情急而失礼，因此更要注意保持风度，应心平气和，求大同，容许存小异。发言措辞应文明礼貌。

解决矛盾。要就事论事，保持耐心、冷静，不可因发生矛盾就怒气冲冲，甚至进行人身攻击或侮辱对方。

处理冷场。此时主方要灵活处理，可以暂时转移话题，稍作休息。如果确实已无话可说，则应当机立断，暂时中止谈判，稍作休息后再重新进行。主方要主动提出话题，不要让冷场持续时间过长。

（4）谈后签约

签约仪式上，双方参加谈判的全体人员都要出席，共同进入会场，相互致意握手，一起入座。双方都应设有助签人员，分立在各自一方代表签约人外侧，其余人排列站立在各自一方代表身后。助签人员要协助签字人员打开文本，用手指明签字位置。双方代表各在己方的文本上签字，然后由助签人员互相交换，代表再在对方文本上签字。签字完毕后，双方应同时起立，交换文本，并相互握手，祝贺合作成功。其他随行人员则应该以热烈的掌声表示喜悦和祝贺。

（三）商务谈判应注意事项

（1）守时践约

信守时间，信守约定，这是社交活动中的基本要求，文明礼貌的重要表现，社会越发展，越强调这一点。因此，主办各种活动都要遵守时间，按时进行。拖延时间，让客人等待是失礼的行为

（2）礼宾次序

在正式的交际场合，一般以右为大、为长、为尊，以左为小、为次、为偏。二人同行，前者、右者为尊；三人并行，中间为尊，右者次之，左又次之；三人前后行，前者为尊。

第四节　职场公文

一、通知

通知是一种在实际生活和工作中应用范围极为广泛的公文。上级机关对下级机关，机关、团体对个人，机关或单位互相之间，以及机关内部布置工作、传达事项、召开会议，往往都采用通知的形式。最常见的通知的种类有五种：（1）布置工作的通知；（2）交流信息和情况的通知；（3）转发报告、意见、请示的通知；（4）召开会议的通知；（5）发布行政法规、任免干部、传达领导意见的通知。但无论哪种通知，都必须包括以下几个方面的内容，即被通知的单位、个人，通知的目的、要求，通知的事项，通知单位和日期，在这一共同要求下，每种类型的通知，在写法上又各有其特点。

（一）布置工作的通知

一般在上级对下级、组织对个人的情况下使用。这是带有指示性、指导性，必须贯彻执行的通知，因此在写法上要把道理讲清楚，任务提明确，措施定具体。只有这样，才便于付诸实施，达到通知的预期目的。

（二）传达事项、交流信息的通知

可以在上下级之间使用，也可在同级之间使用。这类通知的主要目的是让被通知的单位和个人明了某件事情、某些情况。所以，要写得实在、具体，使被通知者不仅了解有关情况和动态，而且能从中受到启发和教益。如1948年10月10日毛泽东起草的《中共中央关于九月会议的通知》，实际上是向全党转达1948年9月在河北省平山县西柏坡村召开的中共中央政治局会议的详细情况。

（三）批转或转发有关文件的通知

这类通知使用面比较广。上级转发下级的文件叫转发，下级照转上级文件或同级之间互相照转的文件，也叫转发。这类通知的写法，一般是写明被通知的单位，批转、转发文件的名称，希望和要求，然后附文件全文。如属上级批转下级文件，还要表明对下级文件的肯定评价。比较常见的写法有三种。

一是照批照转式的。如1958年1月25日《国务院批转水利部关于灌区水费征收和使用的几点意见的报告的通知》：国务院同意水利部关于灌区水费征收和使用的几点意见的报告，现在转发给你们。报告中所提的几点意见，希参照办理。

二是对转发、批转文件做出评价、提出要求以后，再结合本地区、本部门、本单位的实际情况，对文件的重要性或者某一方面的精神，突出加以强调，以引

起人们重视，更好地发挥转发通知的作用。这一通知，特别强调批转文件中所反映问题的重要意义，使人加深印象，以收到预期的效果。

三是转发，批转的文件本身在某些方面不够完善，往往再加以补充说明。

（四）召开各种会议的通知

这类通知应用范围极为广泛，写法上也比较自由。但一般都要包括被通知的人或单位，会议的名称，开会的时间、地点，对参加会议者的要求（如携带物品、钱粮、材料）等。

如某党校吸收新学员开学的通知如下。

××同志：

根据市委指示，党校第四批"十八大"文件学习班，定于三月十一日开学。希你于三月十日下午四时前到市委党校报到，学习时间二十天。报到时携带党员临时关系介绍信、必备书籍（书目附后）、文具、行李、洗漱用具、钱和粮票。

特此通知。

××党委组织部二〇一七年三月五日

二、通报

通报，即上级机关把有关的工作情况、工作的成功与失误、经验与教训等用书面形式告知下级机关的文件。它的内容很广泛，主要有工作中的新情况、新问题、新经验，科学研究的动态和成果，需要表彰宣传的好人好事，应当引起注意的不良倾向和恶性事故等，用以教育干部、群众，推动工作的开展。

（一）通报的格式

（1）标题。一般采用的形式是"关于"某某事项的通报，如《关于处理分房建房中违纪事件的通报》《关于科学技术新成果推广应用的通报》《关于情况的通报》，也有的用《第××号通报》，或者只写《通报》。

（2）正文。即通报的事项，一般包括被通报的人和事。属于表扬的，要求人们学习什么；属于批评的，教训在哪里，都要一一写出。有的还要写出对被通报对象奖励和惩处的办法。

（3）结尾。注明制订本通报的单位以及制订通报的时间。有的还要注明该通报发放的范围。

（二）通报的分类

常用的通报，按内容分，大体有三类：

（1）交流情况的通报。首先要把需要告知的事项一一列出，讲清情况，阐明道理。这类通报往往不提什么要求和希望，只需人们"心中有数"就达到目的了。

（2）表扬先进典型的通报。一般要讲清楚先进单位、先进个人的主要事迹，概括指出先进典型值得人们学习效仿的主要内容，最后发出号召，提出要求，或者指出学习、宣传先进典型事迹的途径和措施，以增强通报的社会效果。

（3）批评错误倾向的通报。这类通报一般先告诉人们被通报单位或个人的主要问题、重要情节以及这些错误或问题的性质，然后做出对这些错误、问题的处理决定，指出人们应当从中吸取的教训，或者提出希望和要求，以防止类似事件的发生。

（三）通报撰写应该注意的问题

第一，必须认真负责，切实把事实核对清楚，有一说一，有二说二，不夸大，不缩小。若有不切实际的地方，就会影响通报的效果，甚至会适得其反。

第二，表彰先进或处分犯错误者的通报，均属对问题的定性的文件，遣词造句必须慎重严谨，讲究分寸，反复推敲，宁可留有余地，决不可说过头话，以免留下后遗症，给工作造成被动。

三、请示

请示是下级机关向上级机关请求决断、指示、批示或批准事项所使用的呈批性公文。请示属于上行公文，其应用范围也比较广泛。请示具有针对性、呈批性、单一性和时效性的特点。

（一）请示的分类

根据内容、性质的不同，请示分为请求指示性请示、请求批准性请示和请示批转性请示三种。

（二）请示的格式

请示由首部、正文和尾部（落款）三部分组成，其各部分的格式、内容和写法要求如下。

（1）首部

首部主要包括标题和主送机关两个项目内容。

标题。请示的标题一般有两种构成形式：一种是由发文机关名称、事由和文种构成；另一种由事由和文种构成。

主送机关。请示的主送机关是指负责受理和答复该文件的机关。每件请示只能写一个主送机关，不能多头请示。

（2）正文

正文的结构一般由开头、主体和结语等部分组成。

开头。主要交代请示的缘由。它是请示事项能否成立的前提条件，也是上级机关批复的根据。原因讲得客观、具体，理由讲得合理、充分，上级机关才好及时决断，予以有针对性的批复。

主体。主要说明请求事项。它是向上级机关提出的具体请求，也是陈述缘由的目的所在。这部分内容要单一，只宜请求一件事。另外，请示事项要写得具体、明确、条项清楚，以便上级机关给予明确批复。

结语。应另起一段，习惯用语一般有"当否，请批示""妥否，请批复""以上请示，请予审批"或"以上请示如无不妥，请批转各地区、各部门研究执行"等。

（3）落款

落款一般包括署名和成文时间两项内容。标题写明发文机关的，这里可不再署名，但需加盖单位公章，成文时间××年×月×日。

（三）请示撰写应注意的问题

第一，遵守"一文一事"的原则，主旨鲜明集中。

第二，做到材料真实，不要为了让上级领导批准而虚构情况，也不要因为没能认真调查而片面地讲情况，提问题。

第三，理由要充分，请示事项要明确、具体。

第四，语气要平实、恳切，以期引起上级的重视，既不能出言生硬，也不要低声下气、讲客套话。

四、简报

简报主要是反映和交流情况，供上级领导部门及时掌握社会生活中的各种动态，供下属单位或左邻右舍有关同志了解上面和别的单位的情况、问题、经验，以作为开展工作的参考。简报必须具备快、简、新、密四个特点。简报的四个特点是有机联系、缺一不可的。这些特点正是它和评论、报告以及新闻报道等文件所区别的特征。

（一）简报的分类

简报按内容分，可以归纳为以下三类：

（1）思想动态性质的简报。即反映不同阶级、不同阶层和不同行业、地位、年龄的人，在一定时期、一定情况下的各种思想动态。

（2）工作性质的简报。用以反映各行各业工作的过程、方法、经验、问题等状况。

（3）会议情况摘要性质的简报。这类简报是会议主持者用来组织和引导会议，并向上级报告会议情况的。内容主要是会议概况、进程，会上研究和争论的问题，与会者的重要发言摘要，等等。

这三种类型只是从内容上的大体分类，并不能包括所有的简报，而且这三类简报也经常有交叉现象。比如，会议简报也反映思想动态和工作情况，工作情况性质的简报也常常含有思想动态方面的情况，等等。

（二）简报格式

简报写作方法是根据内容的需要而定的。简报以把情况简而明地说清楚为目的。因此，怎么能简单明了地说得清楚就应当怎么写。

一般来说，简报的格式分以下几方面。

（1）报头

1. 简报名称。如"简招""简讯""情况反映""内部参考""工作通讯""思想动态"等。

2. 期数。

3. 编印单位。

4. 印发日期。写在与编印单位平行的右侧。

（2）正文

1. 标题。每期正文还要有个恰当、醒目的标题，使人一看就知道这期简报的中心内容。

2. 导语。常用简明的一句话或一段话概括全文的主旨或主要内容，给读者一个总的印象。写法有提问式、结论式、描写式、叙述式等。导语一般要交待清楚谁（某人或某单位），什么时间，干什么（事件），结果怎样等内容。

3. 主体。用足够的、典型的、有说服力的材料，把导语的内容加以具体化。

4. 结尾。或指明事情发展趋势，或提出希望。

（3）报尾

末尾要注明印刷份数、发送范围，等等。

（三）简报应注意以下几个问题

第一，要从一接触实际材料就开始构思。怎样开头、结尾、穿插照应、行文过渡，各层思想中运用哪些典型材料，哪些是骨干材料要详写，哪些是辅助材料可略写，等等。

第二，按照预订的计划，一气呵成地写下去，先不管文字修饰。

第三，修改、加工。即充实和删节某些内容，发现和克服某些缺点，力求精益求精。

五、方案

（一）活动方案的格式

（1）方案名称

尽可能写出具体的方案名称，如"×年×月广西大学××活动策划书"，置于页面中央，也可以写出正标题后将此作为副标题写在下面。

（2）活动背景

根据策划书的特点在以下项目中选取部分内容重点阐述，如基本情况简介、环境特征等。如情况不明，则应该通过调查研究等方式进行分析加以补充。

（3）活动的目的、意义和目标

活动的目的、意义应用简洁明了的语言将目的要点表述清楚；在陈述目的要点时，该活动的核心构成或策划的独到之处及由此产生的意义都应该明确写出。活动目标要具体化，并需要满足重要性、可行性、时效性。

（4）资源需要

列出所需人力资源，物力资源，包括使用的地方，如教室或活动中心都详细列出。可以列为已有资源和需要资源两部分。

（5）经费预算

活动的各项费用在根据实际情况进行具体、周密的计算后，用清晰明了的形式列出。

（二）方案的内容

作为方案的正文部分，表现方式要简洁明了使人容易理解，但表述方面要力求详尽，写出每一点能设想到的东西，没有遗漏。在此部分中，不仅仅局限于用文字表述，也可适当加入统计图表等；对策划的各工作项目，应按照时间的先后顺序排列，绘制实施时间表有助于方案核查。人员的组织配置、活动对象、相应权责及时间地点也应在这部分加以说明，执行的应变程序也应该在这部分加以考虑。

（三）活动中应注意的问题及细节

内外环境的变化，不可避免地会给方案的执行带来一些不确定因素，因此，当环境变化时是否有应变措施，损失的概率是多少造成的损失多大，应急措施等也应在策划中加以说明。

六、调查报告

调查报告是对某项工作、某个事件、某个问题，经过深入细致的调查后，将调查中收集到的材料加以系统整理，分析研究，以书面形式向组织和领导汇报调查情况的一种文书。调查报告具有写实性、针对性、逻辑性的特点。

（一）调查报告的种类

（1）情况调查报告。这是比较系统地反映本地区、本单位基本情况的一种调查报告。这种调查报告是为了弄清情况，供决策者使用。

（2）典型经验调查报告。这是通过分析典型事例，总结工作中出现的新经验，从而指导和推动某方面工作的一种调查报告。

（3）问题调查报告。这是针对某一方面的问题，进行专项调查，澄清事实真相，判明问题的原因和性质，确定造成的危害，并提出解决问题的途径和建议，为问题的最后处理提供依据，也为其他有关方面提供参考和借鉴的一种调查报告。

（二）调查报告的写法

调查报告一般由标题和正文两部分组成。

（1）标题

标题可以有两种写法：一种是规范化的标题格式，即"发文主题"加"文种"，基本格式为"××关于××××的调查报告""关于××××的调查报告""××××的调查"等；另一种是自由式标题，包括陈述式、提问式和正副题结合使用三种。陈述式如《东北师范大学硕士毕业生就业情况调查》；提问式如《为什么大学毕业生择业倾向沿海和京津地区》；正副标题结合式，正题陈述调查报告的主要结论或提出中心问题，副题标明调查的对象、范围、问题，这实际上类似于"发文主题"加"文种"的规范格式，如《高校发展重在学科建设——××××大学学科建设实践思考》等。作为公文，最好用规范化的标题格式或自由式、正副题结合式标题。

（2）正文

正文一般分前言、主体、结尾三部分。

前言。有几种写法：第一种是写明调查的起因或目的、时间和地点、对象或范围、经过与方法以及人员组成等调查本身的情况，从中引出中心问题或基本结论；第二种是写明调查对象的历史背景、大致发展经过、现实状况、主要成绩、突出问题等基本情况，进而提出中心问题或主要观点；第三种是开门见山，直接概括出调查的结果，如肯定做法、指出问题、提示影响、说明中心内容等。前言起到画龙点睛的作用，要精练概括，直切主题。

主体。是调查报告最主要的部分，这部分详述调查研究的基本情况、做法、经验，以及分析调查研究所得材料中得出的各种具体认识、观点和基本结论。

结尾。结尾的写法也比较多，可以提出解决问题的方法、对策或下一步改进工作的建议；或总结全文的主要观点，进一步深化主题；或提出问题，引发人们的进一步思考；或展望前景，发出鼓舞和号召。

七、计划

计划是为完成一定时期的任务而事前对目标、措施和步骤做出简要部署的事务文书。计划具有预见性、可行性、指导性、可变性等特点。

（一）计划的种类和性质

计划的种类很多，它的名称叫法也各不相同，如"安排""意见""打算""方案""设想""规划""要点"等。预定在短期内要做的一些具体事情，一般用"安排"；预计在远期内要做的事情，但对其中的指标或实施等内容考虑得还不很周全的，一般用"打算"；"规划"所跨越的年代较长，内容范围较广，是一个地区、一个系统或一项工作全局性的战略部署，是展示发展远景与长远目标粗线条的计划；"要点""方案""意见"也属粗略线条的计划，但偏重于政策性、原则性的指导；"设想"则是初步的、尚未成熟的计划，其特点是可变性较大。

从性质上说，有工作计划、生产计划、学习计划等；从范围上说，有国家计划、部门计划、单位计划、个人计划；从内容上说，有综合性计划、专业计划等；从时间上说，有跨年度的多年计划、年度计划、季度计划、月份计划，等等。

（二）写法

计划的格式一般包括标题、正文和落款事项

（1）标题

标题一般有以下几种写法：

1.完整式标题。一般包含单位名称、时限、内容和文种，如《昆明市工商局××年财务计划要点》。

2.省略时限的标题。如《飞熊公司实行经营责任制计划》。

3.公文式计。如《×××行政学院2017年下半年公务员培训计划》。所拟计划如还需要讨论定稿或经上级批准，就应在标题的后面或下方用括号加注"草案"或"初稿"或"讨论稿"等字样。

（2）正文

正文一般包括前言、主体和结尾三个部分。

1.前言。主要是对基本情况的分析，或对计划的概括说明。如依据什么方针、政策以及上级的什么指示精神，完成任务的主客观条件怎么样，制订这个计划要达到什么目的，完成计划指标有什么意义。

2.主体。即计划的三要素：目标（做什么）、措施（怎么做）和步骤（分几步做完）。"计划三要素"繁简可以不同，但缺一不可。主体的表述方式常用的有综述式、条文式、表格式、交错式等几种。

3.结尾。可以展望计划实现的情景给人以鼓舞,也可以提出总的希望或者号召。

八、总结

总结,就是把某一时期已经做过的工作,进行一次全面系统的总检查、总评价,进行一次具体的总分析、总研究。也就是看看取得了哪些成绩,存在哪些缺点和不足,有什么经验、提高。

(一)基本情况

(1)总结必须有情况的概述和叙述,有的比较简单,有的比较详细。这部分内容主要是对工作的主客观条件、有利和不利条件以及工作的环境和基础等进行分析。

(2)成绩和缺点。这是总结的中心。总结的目的就是要肯定成绩,找出缺点。成绩有哪些,有多大,表现在哪些方面,是怎样取得的;缺点有多少,表现在哪些方面,是什么性质的,怎样产生的,都应讲清楚。

(3)经验和教训。做过一件事,总会有经验和教训。为便于今后的工作,须对以往工作的经验和教训进行分析、研究、概括、集中,并上升到理论的高度来认识。

(4)今后的打算。根据今后的工作任务和要求,吸取前一时期工作的经验和教训,明确努力方向,提出改进措施等。

(二)写好总结需要注意的问题

第一,一定要实事求是。成绩不夸大,缺点不缩小,更不能弄虚作假。这是分析、得出教训的基础。

第二,条理要清楚。总结是写给人看的,条理不清,别人就看不下去,即使看了也不知所云,这样就达不到总结的目的。

第三,要剪裁得体,详略适宜。材料有本质的,有现象的;有重要的,有次要的,写作时要去粗存精。总结中的问题要有主次、详略之分,该详的要详,该略的要略。

【想一想】

(1)就业准备

小张还剩几个月就要毕业了,对他来说,既感到欣慰又心存不安,欣慰的是经过三年多的学习,终于等到毕业的时候了,以后能够报答父母的养育之恩;可不安的是自己能找到一份满意的工作吗?为了供他上学,家里把几万块钱的积蓄都花空了，怎样才能找到一份高薪工作呢？可找一份高薪工作又谈何容易。面对现实，在理想与现实之间，小张开始面临艰难的选择……

【点评】临近毕业的大学生，应该注意眼前的事实：现在的就业环境与过去的就业环境不一样了，现在的热门专业与以前相比受欢迎程度不同了，许多岗位的待遇也与过去大相径庭，这是很正常的现象，没有必要大惊小怪。作为大学生，首先，要有足够的心理准备，适当地把期望值降低一点，认真地积累知识与技能；其次，做好定位，对自己有一个全面而清晰的认识，这十分关键。常言道：一颗聪明的脑袋远不如一颗清醒的脑袋。在就业的大环境面前，竞争无处不在。但不管怎样，要"以我为主"，在家庭、学校、社会等种种压力面前，尽量不为外界所左右，找出自己的优势，成功地实现"突围"。

（2）求职应聘

米琳上大学时就听人说就业不容易，所以毕业前就投了很多简历，可都石沉大海，没有结果。后来好不容易盼来两家单位的面试机会，可是，都因事先没有接受过面试辅导，面试出了问题。自己感觉明明不错，可就是没通过。于是找到宏威职业顾问进行咨询，才知道这里面有很多学问。于是她在做了职业生涯规划之后又加了面试辅导，从头至尾对面试前、面试过程、面试之后的所有要求、做法和问题接受了全方位辅导，又针对专业和职位进行了场景训练。再次面试时，心中有了底，心态也非常好，信心十足、面带微笑、语气和缓、应对自如，不但顺利通过面试，还得到面试官赞许的眼光。米琳高兴极了，因为她终于用专业求职者的姿态，在众多竞争者中脱颖而出，挤进了一家不错的公司，在同学中最先找到了适合自己的工作。

【点评】有一份简历，并不代表你的面试就能成功或获得一份工作，是否做好充分的就业心理准备常常会影响你的职业形象。因此，在拥有了一份完整的简历和面试前所做的充分准备后，这时就需要你的勇气、自信和胆略了。若再有一个正确的求职动机和合理的职业规划，那么，你就向用人单位的大门迈进了坚实的一步。

（3）谈判双赢

有一位妈妈把一个橙子给了邻居的两个孩子。这两个孩子便讨论起如何分这个橙子。两个人吵来吵去，最终达成了一致意见，由一个孩子负责切橙子，而另一个孩子选橙子。结果，这两个孩子按照商定的办法各自取得了半个橙子，高高兴兴地拿回家去了。第一个孩子把半个橙子拿到家，把皮剥掉扔进了垃圾桶，把果肉放到果汁机里打果汁喝；另一个孩子回到家把果肉挖掉扔进了垃圾桶，把橙子皮留下来磨碎了，混在面粉里烤蛋糕吃。

【点评】从上面的情形我们可以看出，虽然两个孩子各自拿到了看似公平的一半,然而,他们各自得到的东西却没有物尽其用。这说明,他们在事先并未做好沟通,也就是两个孩子并没有申明各自的利益所在。没有事先申明价值导致了双方盲目追求形式上和立场上的公平,结果,双方各自的利益并未在谈判中达到最大化。

我们试想,如果两个孩子充分交流各自所需,或许会有多个方案和情况出现。可能的一种情况,就是遵循上述情形,两个孩子想办法将皮和果肉分开,一个拿到果肉去喝汁,另一个拿皮去做烤蛋糕。

谈判思考的过程实际上就是不断沟通、创造价值的过程。双方都在寻求对自己最大利益的方案的同时,也满足了对方的最大利益的需要。商务谈判的过程实际上也一样。好的谈判者并不是一味地固守立场,追求寸步不让,而是要与对方充分交流,从双方的最大利益出发,创造各种解决方案,用相对较小的让步来换得最大的利益,而对方也是遵循相同的原则来取得交换条件。在满足双方最大利益的基础上,如果还存在达成协议的障碍,那么就不妨站在对方的立场上,替对方着想,帮助扫清达成协议的一切障碍,这样,最终的协议是不难达成的。

(4)成功的求职信

尊敬的领导:

您好!

从2017年1月20日的《中国××报》上得知贵公司面向全国招聘高级会计人才,我特来应聘。

我是××大学经济管理学院会计电算化的应届硕士毕业生,大学四年学习的是金融专业,研究生之所以报考会计专业,是因为我们家乡的外贸公司的一笔与外商的结算业务,深深地震撼了我。这家公司由于不懂外贸结算规则,损失了30万元。那时我上大学三年级,从此,我就下定决心一定要学好外贸和会计专业,为我们中国的公司把好关。

经过三年的学习,我在自己的研究领域特别是国际贸易结算方面,取得了比较突出的成绩,也曾为一家中外合资企业做过两年的会计顾问,并且成功地帮助该公司打赢了一场外贸结算的官司,为该公司挽回了损失。现在我一边在做我的硕士学位论文《与国际会计规则在企业的应用》,一边在寻找适合我的工作,并且我希望这份工作应该具有挑战性和创造性。而贵公司是一家在国内知名的企业,并且致力于在国际市场上有所作为,我深信:我加入贵公司将如鱼得水,贵公司也会因为我而增添一份活力。

我的简历、学历证明、会计证、经济师证、学业成绩以及在某某公司的任职证明一并呈上。如蒙慨允给我一个面试的机会,对我进行全面考察,我将十分感谢。

此致

敬礼

求职人：×××

2017年1月25日

联系地址：××××××××××

邮政编码：×××××

联系电话：×××××××××××

E-mail：×××××

【点评】求职信通常由三部分组成：确立联系，强调重点，阐述下一步计划。本书所举的这封求职信比较好地体现了这三条。第一段，是与用人单位确立联系，比较简短。第二、三段是求职信的重点，也是重点强调的段落，本文从自己的亲身经历读出了为什么选他自己所学的专业，加深了阅读者的兴趣。处理得不落俗套，又能够引起招聘者的好感。第四段简单地说出了自己的下一步计划，并婉转地提出要求面试的请求。末尾留下了自己详细的通信方式。总之，此范文是一封比较好的求职信。

第三章　法律素养

俗语说知法才能守法。大学生要成为遵法守法的合格公民，就必须全面了解我国的各种法律法规，深刻领悟这些法律法规所包含的理性精神。

本章将着重阐述根本大法宪法、基本授权性规范民法、基本禁止性规范刑法和基本程序性规范诉讼法。这些法律知识直接关系到我们的具体权利与义务，指引我们什么可为，什么不可为，以及如何通过法律手段救济自己的权利。

第一节　宪法

西方先哲亚里士多德说，人天生是社会动物，生来要过政治生活。在个体的人之上，必然存在一个众人认可的社会组织，它为了公共的安全和福利，必然地拥有个体的人所没有的某些权力。法国思想家孟德斯鸠说，"权力过分集中于一个组织，必然地会导致权力的滥用"。如何在国家权力和公民权利之间找寻一种必要的平衡，正是宪法所要解决的问题。

一、宪法概述

（一）宪法的概念及特点

孙中山说过："政治上的宪法，就是支配人事的大机器，也是调和自由和专制的大机器。"宪法是调整国家与公民的关系，平衡国家权力与公民权利，承载一国的政治价值理念，确定国家的基本制度和公民的基本权利及义务，规范国家机构的设置及职权的根本大法。公民的基本权利和义务，国家机构的设置及其职权，是宪法规范的两大基本内容。

宪法是要告诉人们：国家从何而来；政府从何而来；国家通过什么方式，按照什么原则,来组织一切国家机关的;国家是根据什么政治纲领来实现其政治统治职能的;通过建立什么社会制度来实现其公共管理职能的;国家与公民的关系如何;公民在国家的统治和管理下,处于什么样的地位。

由于国家与公民的关系是最根本的社会关系,所以宪法又被称为根本法。

它是与政治最有密切联系的法,所以人们经常"宪""政"并提。宪法又是与民主最有密切联系的法,列宁说:"宪法就是一张写着人民权利的纸。"所以人们经常把宪法的产生,作为人类历史文明与野蛮、专制与民主的界碑。

宪法在所有的法律体系中,地位非常特殊,下面把宪法与普通法律做一个简单的比较:

首先,宪法的制定和修改比普通法律要严格、复杂。根据各国的惯例,制定宪法要成立专门的制宪机构,如美国为制定1787年宪法,当年在费城设立了制宪会议;中国为制定1954年宪法,1953年在北京设立了宪法起草委员会。而普通法律的制定则只需要通过普通的立法机构就行了,如美国的参议院、众议院两院,中国的全国人民代表大会及其常委会。宪法的制定和修改程序也比普通法律严格,宪法的制定和修改,都需要与会议员或者代表的2/3以上表决同意才能通过;普通法律的制定和修改只需要1/2以上表决同意即可通过。宪法的根本法的性质,决定了它的制定和修改都必须谨慎为之,不可草率。

其次,宪法的效力比普通法律高。一位西方学者研究了190多个国家的宪法后发现,有95%左右的宪法的效力都高于普通法律。但也有一个重要的例外,那就是英国。英国宪法的效力与普通法律的效力是同等的,而且是不成文的,因此,英国宪法被称为柔性宪法。宪法至高无上的效力,主要是由其根本法的性质决定的。它反映了人们的一种心情:即希望调整国家与公民的关系的根本法应该与其他法律有所不同,应该独立于普通法律之上,享有最崇高的地位和最神圣的权威。因此,普通法律的原则和具体规定不得与宪法相抵触。

最后,宪法的内容比普通法律的内容更具原则性、抽象性。宪法是众法之母,它的内容涵盖了一个国家的政治、经济、社会、文化等各方面的制度,但都比较抽象,都是原则性的规定,真正实施起来还必须依赖普通法律的具体规定。正是宪法的这个特点,使其在我国的司法审判中往往发挥不了作用,法官更愿意引用普通法律的具体条文,作为审判案件的法律依据。但是随着2001年8月13日,应山东省高级人民法院的请求,最高人民法院下发了[2001]法释25号《关于以侵犯姓名权的手段侵害宪法保护的公民受教育的基本权利是否应当承担民事责任的批复》,宪法不作为判案依据的历史已被改写。

(二) 中国宪法的历史

中国是宪法产生较晚的国家。我国的宪法史只有不到百年的时间。在这百年间，由于政局动荡，我国制定了多达12部宪法。新中国成立以前，由于频繁的政权更迭，使大部分宪法中所承诺的民主宪政制度，由于缺乏和平的实施环境，而变得有名无实。

我国现行宪法是1982年宪法。这部宪法是在1954年宪法的基础上修改而成的，迄今为止又修改了四次。1988年第七届全国人民代表大会（以下简称全国人大）第一次会议通过了第1条和第2条宪法修正案：赋予私营经济以合法地位，私营经济是社会主义公有制经济的补充，国家保护其合法权利和利益，并对其经营活动进行正确引导、监督和管理；为促进私营经济的发展，国有土地的使用权可以合法转让。

1993年第八届全国人大第一次会议通过了第3至第11条宪法修正案。其主要内容有：中国特色的社会主义理论入宪；"社会主义市场经济"取代"社会主义计划经济"；农村家庭联产承包责任制取代人民公社和农业合作社；县级人大代表的任期从三年提高到五年。

1999年第九届全国人大第二次会议通过了第12至第17条宪法修正案。其主要内容有：邓小平理论入宪；依法治国入宪；提高私营经济的地位，规定在法律规定范围内的个体经济、私营经济等非公有制经济都是社会主义市场经济的重要组成部分。

2004年第十届全国人大第二次会议通过了第18至第31条宪法修正案。其主要内容有："三个代表"重要思想入宪；完善土地征用制度；进一步明确国家对发展非公有制经济的方针，对非公有制经济既鼓励、支持、引导，又依法监督、管理；完善对私有财产保护的规定，规定公民的合法的私有财产不受侵犯；国家为了公共利益的需要，可以依照法律规定对公民的私有财产实行征收或者征用，并给予补偿的规定；增加国家建立健全社会保障制度的规定，增加尊重和保障人权的规定，乡、镇人大的任期由三年改为五年，使地方各级人大的每届任期都为五年；以"紧急状态"替代"戒严"，扩大适用范围。

从上述的中国宪法发展历史可看出，宪法的产生都有着一个复杂的政治背景，它充分体现了不同政治派别在政治生活中的力量对比关系。宪法制定得越多，说明政治生活越不稳定，宪法修改越频繁，说明政治领域中的重大决策越多。而宪法作为根本大法，是不宜经常推翻重新制定的，也不宜经常修改。但我国由于近20年来政治经济领域的变化比较大，宪法确也需要紧跟形势不断做出修改，以适应时势的急剧发展。

（三）宪法的作用

通过简述中外宪法的历史，我们可以发现，宪法与其他法律发挥作用的领域不一样。宪法主要在政治生活中发挥重大作用。

（1）宪法是近现代国家政权合法化的必要工具。宪法是一个新政权诞生的出生证，是对外宣布其合法性的必要凭证。

（2）宪法是民主的制度化和法律化。宪法是人权的保障书，它在人类法律史上第一次把人权写入法条，把源远流长的民主思想第一次变成了人民能够切实享受的权利。宪法是人类历史民主与专制的界碑。人权是宪法的核心内容。

（3）宪法是阶级力量对比关系的体现。宪法的制定和修改最能体现近现代国家的政治、经济生活的重大变化。一个国家每一次政治纲领的重大变化，都会在这个国家的宪法的修改中反映出来。宪法是国家政治生活的晴雨表。

二、基本国家制度

（一）社会主义制度是中华人民共和国的根本制度

我国《宪法》第1条规定，中华人民共和国是工人阶级领导的、以工农联盟为基础的人民民主专政的社会主义国家。社会主义是中华人民共和国的根本制度，禁止任何组织和个人破坏社会主义制度。

（二）人民代表大会制度是我国的基本政治制度

我国《宪法》第2条规定，中华人民共和国的一切权力属于人民，人民行使国家权力的机关是全国人民代表大会和地方各级人民代表大会。人民代表大会制度是我国的基本政治制度。

我国《宪法》第3条规定，全国人民代表大会和地方各级人民代表大会都由民主选举产生，对人民负责，受人民监督。

（三）中央集权是我国基本的权力分配制度

我国《宪法》第3条规定，中央和地方的国家机构职权的划分，遵循在中央的统一领导下，充分发挥地方的主动性和积极性原则。第110条规定，地方各级人民政府对上一级国家行政机关负责并报告工作。全国地方各级人民政府都是国务院统一领导下的国家行政机关，都服从国务院。

（四）社会主义公有制是我国的基本经济制度

我国《宪法》第6条规定，在社会主义初级阶段，坚持公有制为主体，多种所有制经济共同发展的基本经济制度。

生产资料的社会主义公有制只是社会主义经济形式的主流，而不是唯一一种经济形式。非公有制经济包括个体经济、私营经济和外资经济，是社会主义市场经济的重要组成部分。国家鼓励、支持和引导非公有制经济的发展，并对非公有制经济依法实行监督和管理。

三、公民的基本权利和义务

公民是指具有一国国籍的自然人。具有中国国籍的自然人，叫作中国公民。

所谓公民的基本权利，是指维持作为人的固有的尊严，或者过着像人一样的生活所必需的权利。所谓公民的基本义务，是指为维护一国所有公民的人身和财产安全，每个公民所必须履行的义务。

（一）公民的基本权利

（1）政治权利和自由

选举权和被选举权。这是公民直接或者通过选举的代表参与公共事务的权利。我国宪法第34条规定，中华人民共和国年满十八周岁的公民，不分民族、种族、性别、职业、家庭出身、宗教信仰、教育程度、财产状况、居住期限，都有选举权和被选举权。但是依照法律被剥夺政治权利的人除外。

言论、出版、集会、结社、游行、示威的自由。这是公民表达意见的自由，但通观各国宪法的惯例和国际条约的规定可以看出，公民在行使这些自由时至少受到三个方面的限制：第一，必须保障公共秩序，不得危及国家安全；第二，必须尊重他人的权利或名誉，不得有损他人利益或人格尊严；第三，必须尊重社会公德，不得有伤社会风化。公民在行使这些权利时，要同时遵守相关的法律规定，如《集会游行示威法》《著作权法》，等等。

（2）宗教信仰自由

这是公民处理人与世界关系的自由。公民在行使这个自由时，不得利用宗教干预教育活动；不得与外国的宗教势力相勾结，从事颠覆政府、危害国家安全的活动；不得利用宗教，采用精神控制和蛊惑人心等手段，从事残害他人生命、聚敛他人钱财的邪教活动。

（3）人身权

这是维持人的固有的尊严所必需的权利。它包括以下一些内容：

人身自由。我国《宪法》第37条规定，中华人民共和国公民的人身自由不受侵犯。任何公民，非经人民检察院批准或者决定或者人民法院决定，并由公安机关执行，不受逮捕。禁止非法拘禁和以其他方法非法剥夺或者限制公民的人身自由，禁止非法搜查公民的身体。

搜查人的身体只能由侦查机关依照法定程序和职权进行，其他任何机关、单位、团体和个人都无权对人的身体进行搜查。

人格尊严不受侵犯。我国《宪法》第38条规定，中华人民共和国公民的人格尊严不受侵犯。禁止用任何方法对公民进行侮辱、诽谤和诬告陷害。

住宅权不受非法侵犯。法国有句名谚：住宅是人的安全的最后的庇护所。住宅权是一个复合权，它包括狭义的人身自由权、隐私权和财产权。我国《宪法》第39条规定，中华人民共和国公民的住宅不受侵犯。禁止非法搜查或者非法侵入公民的住宅。

通信自由和通信秘密受法律保护。通信是人沟通的一种手段，反映了人们交流的需要。通信中会产生大量的个人隐私和商业秘密，所以对通信秘密的保护其实也是对隐私权的保护。我国宪法第40条规定，中华人民共和国公民的通信自由和通信秘密受法律的保护。除因国家安全或者追查刑事犯罪的需要，由公安机关或检察机关依照法律规定程序对通信进行检查外，任何组织或者个人不得以任何理由侵犯公民的通信自由和通信秘密。

（4）监督权

基于国家的一切权力属于人民的观念（《宪法》第2条），公民有权对国家机关和国家工作人员的公共管理行为进行监督，公民对于任何国家机关和国家工作人员，有提出批评和建议的权利；对于任何国家机关和国家工作人员的违法失职行为，有向有关国家机关提出申诉、控告和检举的权利。对于国家机关和国家工作人员由于违法失职行为给公民的权利带来损害的，公民有依照国家赔偿法获得国家赔偿的权利。

（5）经济、社会、文化权利

劳动的权利和义务。劳动是人的一种生存状态，禁止一个人劳动，等于剥夺了其生存权。劳动权又叫工作权，它包含以下一些内容：平等就业权；平等择业权；依法根据劳动的质量和数量获得报酬的权利；休息的权利；享受安全、卫生的劳动设施和条件的权利；接受劳动技能培训的权利；享受社会保险和福利的权利；依法组织、参加工会的权利等。

受教育的权利和义务。孔子说：人，性相近，习相远。接受教育是公民完善自我、发展自我、实现自我的必要手段，也是公民获得基本生存技能的必要条件。公民的受教育的权利和义务有以下一些内容：平等的受教育权；接受义务教育的权利和义务；知识产权；学术自由等。

财产权。人人都应有免于匮乏的自由。财产是维持一个人基本人格尊严的物质基础。我国宪法第13条规定，公民的合法的私有财产不受侵犯。国家依照法律规定保护公民的私有财产权和继承权。国家为了公共利益的需要，可以依照法律规定对公民的私有财产实行征收或者征用并给予补偿。

（二）公民的基本义务

（1）守法的义务

我国《宪法》第53条规定，公民必须遵守宪法和法律，保守国家秘密，爱护公共财产，遵守劳动纪律，遵守公共秩序，尊重社会公德。

（2）维护国家利益的义务

我国《宪法》第52条规定，中华人民共和国公民有维护国家统一和全国各民族团结的义务。第54条规定，中华人民共和国公民有维护祖国的安全、荣誉和利益的义务，不得有危害祖国的安全、荣誉和利益的行为。

（3）服兵役的义务

我国《宪法》第55条规定，保卫祖国、抵抗侵略是中华人民共和国每一个公民的神圣职责。依照法律服兵役和参加民兵组织是中华人民共和国公民的光荣义务。

（4）纳税的义务

我国《宪法》第56条规定，公民有依照法律纳税的义务。纳税是公民的法律义务，具有强制性。国家对拒绝纳税或者偷税、骗税、抗税的行为，给予法律制裁。

四、国家机关的设置及职权

国家机构是统治阶级为实现国家职能而建立起来的一整套有机联系的国家机关的总称。我国的国家机构包括：

（一）国家权力机关

全国人民代表大会和地方各级人民代表大会是国家权力机关。人民代表大会的常设机关是人民代表大会常务委员会。国家权力机关依法行使国家立法权、重大问题决定权、人事任免权、监督权以及其他职权。

（二）中华人民共和国主席

有选举权和被选举权的年满45周岁的中华人民共和国公民可以被选为国家主席、副主席。国家主席依法行使公布法律、发布命令权，人事任免权，外交权和荣典权。

（三）国家行政机关

国务院和地方各级人民政府是国家行政机关。国家行政机关依法行使行政法规、规章的制定和发布权，行政人员的任免、奖惩权，对经济、教育、科学、文化、卫生、体育事业、城乡建设事业和财政、民政、公安、民族事务、司法行政、监察、计划生育等行政工作的管理权等。

（四）国家军事机关

中央军事委员会领导全国武装力量，是国家最高军事领导机关，负责国家最高军事决策和军事指挥。

（五）审判机关

人民法院是国家的审判机关，通过依法独立审判参与国家权力的行使。

（六）检察机关

人民检察院是国家的法律监督机关，通过独立行使检察权对各级国家机关及其工作人员、公民是否遵守宪法和法律实行监督，以保障宪法和法律的统一实施。

第二节　民法

从法学的角度看，社会生活可以分为两个领域：政治生活领域和民事生活领域。宪法调整的是政治生活领域，而民事生活领域包括全部经济生活和家庭生活领域，民法是调整民事生活的基本法。它的基本精神是保护民事权利，强调当事人在民事交往过程中的个体自治，弱化国家干预色彩。英国的历史学家梅因说："一个国家文化的高低，看它的民法和刑法的比例就能知道。大凡半开化的国家，民法少而刑法多，进化的国家，民法多而刑法少。"可以说一部民法就是一个民事权利的宣言。

一、民法总则

（一）权利之法：民法的概念和调整对象

民法是调整民事生活包括经济生活和家庭生活的法律。它的调整对象是自然人、法人和非法人团体之间的财产关系和人身关系。要注意的是，我国民法不是调整全部财产关系和全部人身关系，只是调整平等的民事主体之间的财产关系和人身关系。

（二）保护民事权利的基本原则

（1）平等原则

在民事活动中当事人法律地位平等，任何一方不得将自己的意志强加给另一方。

案例1：磨坊主诉德国皇帝威廉一世案

德国皇帝威廉一世曾在波茨坦（Ptsdam）建了一座行宫，但是一座磨坊妨碍了他登上高处远眺波茨坦市的全景。他派人与磨坊主协商，打算买下磨坊以便拆掉。但磨坊主得知买磨坊的真实意图后坚决不卖，皇帝一怒之下将磨坊强行拆除。磨坊主因此将皇帝告上法庭，法院最后判皇帝败诉，要求皇帝重建这座磨坊。数十年后，磨坊主的儿子因经营不善而濒临破产，他写信给当时的皇帝威廉二世，询问皇帝是否愿意买下磨坊。威廉二世接到此信后亲笔回信说："可爱的邻人：我怎么忍心让你丢掉这份产业？你应当竭力保住这份产业，并传之子孙，使其世世代代在你家主权之下。这件事与我们国家关系极大，这座磨坊应当长期保留下来，以作为我们国家司法独立和裁判公正的纪念。你现在很困难，我十分同情，今赠给你6000马克，供你偿还债务。你亲爱的邻人威廉复。"从本案可以看出，在物权上皇帝与平民是完全平等的。

（2）自愿原则

当事人依自己的意志决定民事权利义务关系的设立、变更和终止，任何组织和个人不得非法干预。

（3）公平原则

公平的含义是，民事法律关系的当事人在利害关系上应当大体平衡。显失公平的民事关系，当事人可以请求法院和仲裁机构予以变更或撤销。

（4）诚实信用原则

民事权利的行使和民事义务的履行，应当遵循诚实信用的原则。这既是一种法律原则，也是一种交易的道德准则。

（5）公共秩序和善良风俗原则

民事活动不得违背公共秩序和善良风俗。公共秩序和善良风俗，合称公序良俗，是现代民法一项重要的基本原则。在现代市场经济条件下，有维护国家利益、社会公共利益及一般道德秩序的功能。

案例2："第三者"继承遗产案

四川省泸州市某公司职工黄某和蒋某1963年结婚，但是妻子蒋某一直没有生育，由此给家庭笼罩上了一层阴影。1994年，黄某认识了一个比她小22岁的女子张某，并且在与张认识后的第二年同居。蒋发现后进行劝告但无效。1996年底，黄某和张某公开以"夫妻"名义租房同居。2001年2月，黄某到医院检查，确认自己已是晚期肝癌。在黄某即将离世的日子里，张某面对旁人的嘲讽，以妻子的身份守候在黄某的病床边。黄某在2001年4月18日立下遗嘱："我决定，将依法所得的住房补贴金、公积金、抚恤金和卖泸州市江阳区一套住房售价的一半（即4万元），以及手机一部遗留给我的朋友张××一人。我去世后骨灰盒由张××负责安葬。"4月20日，黄某的这份遗嘱在泸州市纳溪区公证处得到公证。4月22日，黄某去世，张某根据遗嘱向蒋某索要财产和骨灰盒，但遭到蒋某的拒绝。张某遂向泸州市纳溪区人民法院起诉，请求依据《继承法》的有关规定，判令被告蒋某执行遗嘱，同时对遗产申请诉前保全。2001年10月11日纳溪区法院以遗赠行为违反了《民法通则》第7条"民事活动应当尊重社会公德"的规定为由裁定驳回起诉。张某不服一审裁定向泸州市中级人民法院提起上诉，泸州市中院经审理后于2001年12月28日做出终审判决，仍以遗赠行为违背了民法的公序良俗原则为由驳回上诉，维持原裁定。

（6）禁止权利滥用原则

权利滥用，是指以损害他人的目的行使权利或者行使权利所得利益微小而使他人遭受重大损害的行为。一切民事权利的行使都不得超过正当界限，行使权利超过正当界限，则构成权利滥用，应承担侵权责任。

案例3：全国首例状告电信来电显示侵权案

云南的王某打电话给某人，对方有来电显示服务，遂按照显示的号码打过来。王认为自己的电话号码是隐私，不应为对方知道，因此将云南电信诉至昆明市盘龙区法院。王诉称，消费者家庭电话号码属个人隐私，而云南电信的来电显示业务，使被叫方知道了自己的电话，却未征得他是否选择向他人显示电话号码的意见，侵害了他的服务内容选择权，泄露了他的隐私，请求法院确认其对自家电话号码的使用权及支配权，并判云南电信停止侵权。法院审理认为，王某与电信公司建立合同关系后，王就享有电话使用权及支配权，"无须另行对该号码进行确权"。对于来电显示是否侵权，法院认为，云南电信开展来电显示业务的目的是推动信息社会的发展，该业务符合公共利益的需求，对社会的发展有明显的进步意义，已成为社会公共服务中被承认和固定的一项服务。根据《民法通则》第7条，禁止权利滥用原则，按照公共利益高于个人利益，个人利益让位于公共利益的原则，对原告要求被告承担侵权责任的请求不予支持。遂于2004年8月31日裁定驳回起诉。

（三）权利主体：自然人、法人和非法人团体

在民事法律关系中享有民事权利、承担民事义务的主体，我们把它叫作民事主体。主要有自然人、法人和非法人团体。

（1）自然人

自然人是指具有血肉之躯，自然而然由出生就具有民事主体资格的人。自然人享有民事权利必须具备民事权利能力和民事行为能力。自然人的民事权利能力是指自然人享受民事权利、承担民事义务的资格。这个是人人平等的。从出生时起到死亡时止，每个人都具有民事权利能力。自然人的民事行为能力是自然人独立实施法律行为、行使民事权利和履行民事义务的资格。年满18周岁的自然人为

成年人，具有完全民事行为能力。年满8周岁的未成年人、不能完全辨认自己行为的精神病人或者痴呆症患者，具有限制民事行为能力，可以独立实施与其年龄、智力或精神健康状况相适应的法律行为，其他法律行为须由法定代理人代理，或者征得法定代理人的同意。未满8周岁的未成年人、不能辨认自己行为的精神病人或者痴呆症患者，是无民事行为能力人，须由法定代理人代理实施法律行为。

对于限制行为能力人和无行为能力人，民法设立了监护制度。监护是指对未成年人和精神病人的人身、财产及其他合法权益进行监督和保护。履行监督和保护职责的人，称为监护人；被监督、保护的人，称为被监护人。无民事行为能力人、限制民事行为能力人的监护人是他的法定代理人。

（2）法人

法人是与自然人对应的另一类民事主体，是一种社会组织体。社会组织体具备法律规定的条件，被法律赋予法人资格，可以自己的名义参加经济活动，享有民事权利并承担民事义务。法人设立的条件是：依法成立，有必要的财产或者经费，有自己的名称、组织机构和场所，能够独立承担民事责任。依照法律或者法人章程规定，代表法人行使职权的主要负责人，是法人的法定代表人。法定代表人以及其他具有代表权的人以法人名义实施的民事活动，其后果应由法人承担。法人分为营利性法人和非营利性法人。企业法人是营利性法人。

（3）非法人团体

非法人团体，是指不具有法人资格但依法能够以自己的名义参加民事活动的组织。合伙是最大量的非法人团体。

（四）权利客体：物、行为、人格利益和智力成果

民事权利的客体包括：物、行为、人格利益、智力成果。物是指能够为人力控制并具有价值的有体物，包括动产和不动产等；加工承揽行为，运输行为，仓储保管行为等可以成为民事权利的客体；自然人的自由、安全、人格尊严、生命权、健康权、姓名权、肖像权、名誉权、隐私权等受法律保护，遭受不法侵害时，受害人有权请求人民法院责令加害人停止侵害、消除影响、赔礼道歉，并赔偿所造成的财产损失和精神损害。自然人享有著作权，依法取得的专利权受法律保护。

案例4：人狗同餐案

王某与妻子到宝鸡市向阳餐饮有限公司所属的向阳阁饭店就餐。正在用餐中，有两名妇女带着京巴狗，在桌上用餐厅买来的饭菜喂狗，用的是餐厅的公用餐具。王某认为自己的人格尊严受到侵害，遂以《消费者权益保护法》起诉，要求餐厅赔偿2.5万元。陕西省宝鸡市金台区法院认为，餐厅不具有故意，不符合《消法》第25条的规定，驳回原告的起诉。

案例5：郭傲天诉通州公安分局行政不作为案

2004年6月10日，原告郭傲天之父林健、母付玉红按有关规定携带全部证件到派出所给原告进行户口登记时，负责登记的警员以原告只能随父姓或随母姓，不能姓其他姓氏为由拒绝为原告进行户口登记。后原告祖父母（郭春德、林士明）又亲自到派出所处说明情况，但被告依旧拒绝为原告进行户口登记。法院向通州公安分局送达了起诉状副本后，2004年8月30日原告法定代理人及委托代理人到通州区法院申请撤诉，称被告已同意为原告以现用姓名进行户口登记。自然人享有姓名权，有权决定、使用和依照规定改变自己的姓名，禁止他人干涉、盗用、假冒。这个案子的处理结果是符合法律规定的。

（五）权利的行使：法律行为和代理

民法是权利法，权利必须要发生变动，而权利的变动必须有合法的根据——自然事件和人的行为，后者又包括事实行为和法律行为。法律行为就是民事权利发生变动的根据之一。

（1）法律行为

法律行为，是指以意思表示为要素并以设立、变更、终止民事权利义务关系为目的的行为。法律行为只有具备下列条件才发生法律效力：行为人具有相应的民事行为能力；意思表示真实；标的确定；不违反法律、行政法规的禁止性规定及公共秩序和善良风俗。法律行为可以采取书面形式、口头形式或者其他形式。法律规定是特定形式的，应当依照法律规定。无民事行为能力人的意思表示无效。限制民事行为能力人的法律行为，经法定代理人追认的有效。故意欺骗他人，使其陷于错误判断，并基于此错误判断而为意思表示的，受欺诈的对方当事人可以撤销其意思表示。以不法加害威胁他人，使其产生恐惧心理，并基于此恐惧心理而为意思表示的，受胁迫的表意人均可以撤销其意思表示。行为人因对行为的性质、对方当事人、标的物的品种、规格和质量等错误认识，使行为的后果与自己的意思相悖并造成较大损失的，构成重大误解。重大误解的一方或者双方，可以撤销其意思表示。当事人一方或他方无经验、判断力欠缺、显著意志薄弱或者处于强制状态而订立双方权利义务显失均衡的，构成显失公平，受到不利对待的他方当事人可以撤销其意思表示。

案例6：

甲去某商场男士服装商店购买名牌领带，该商店工作人员因疏忽错将一款名牌领带价格1200元标成120元。甲看到这款领带后，觉得物有所值，于是就买走了一条。第二天，售货人员发现价签标错，就派人找到甲，要求补足1200元。甲予以拒绝。理由是他按照明码标价购买。问：本案该如何处理？答：本案属于重大误解的民事行为，甲应补足领带的差价，或者将领带退还，取回120元价款。

（2）代理

自然人、法人和非法人团体可以通过代理人实施法律行为。代理人在代理权限内为被代理人利益实施法律行为，所产生的法律效果直接或者间接归属被代理人。依照法律规定或者按照双方当事人约定，应当由本人实施的民事法律行为，不得代理《代理分为法定代理、委托代理和指定代理三种。在民事交往领域最常见的是委托代理。没有代理权、超越代理权或者代理权终止后的代理行为，只有经过被代理人的追认，被代理人才承担民事责任。委托代理人为被代理人的利益需要转托他人代理的，应当事先取得被代理人的同意，事先没有取得被代理人同意的，应当在事后及时告诉被代理人，如果被代理人不同意，由代理人对自己所转托的人的行为负民事责任，但在紧急情况下，为了保护被代理人的利益而转托他人代理的除外。未经追认的行为，由行为人承担民事责任。代理人不得以被代理人的名义与自己实施法律行为，也不得同时作为第三人的代理人与被代理人实施法律行为。但纯使被代理人获得利益的行为除外。

案例7：

甲原籍山区茶乡。春节期间，甲回原籍探亲，同事乙委托甲买上等茶叶10斤，并付款1000元。春节期间因无茶叶出卖，甲将情况告诉乙，乙说你转托一个人在3月再买吧。在甲回城前的一天晚上，丙正好前来探望甲，于是甲便委托丙代乙买10斤上等茶叶，丙应允。甲将1000元放在信封里交付给丙《丙在当晚回家途中，1000元被人所抢。抢劫案未侦破。甲回城后将此事告知乙，为此引起纠纷。乙起诉到法院。问：乙的损失应当由谁承担？答：由乙本人承担。理由是：甲转托丙买茶叶的复代理行为是乙授意的，丙持钱款被抢劫并无过错，纯属意外，故损失应由乙自己承担。

（六）权利的救济：民事责任

民事责任是指因不履行法定义务或约定义务而产生的法律后果。民事责任具有财产性、补偿性和协商性。它包括侵权责任和违约责任。承担民事责任的原则有过错责任原则、无过错责任原则和公平责任原则。因正当防卫或紧急避险造成损害的，不承担民事责任。构成侵权民事责任的一般要件有四：有违法行为，有损害事实，违法行为与损害事实之间有因果关系，行为人主观上有过错。但是在特殊情况下，没有过错也要承担侵权责任，这包括：机关法人或其工作人员致人损害的民事责任，产品不合格致人损害的民事责任，高度危险作业致人损害的民事责任，环境污染致人损害的民事责任，建筑施工致人损害的民事责任，建筑物的附着物坠落致人损害的民事责任（但能够证明自己没有过错的除外），饲养动物致人损害的民事责任（由于受害人或第三人的过错造成损害的，动物饲养人或管理人不承担民事责任）》承担民事责任的方式主要有：停止侵害，排除妨碍，消除危险，返还财产，恢复原状，修理、重做、更换，赔偿损失，支付违约金，消除影响、恢复名誉和赔礼道歉。以上承担民事责任的方式，可以单独适用，也可以合并适用。

案例8：

某市市政公司为安装管道，在街道上挖掘坑道，并于坑道两侧设置了障碍物和夜间警示灯。某夜，司机许某酒后驾车，撞毁了障碍物和夜间警示灯后逃逸。随后骑自行车经过的秦某摔入坑道中，造成粉碎性腿骨骨折。问：秦某的损失应由谁承担？答：应由市政公司和司机许某承担。市政公司是施工方，承担的是无过错责任，司机许某酒后驾车肇事，承担的是过错责任。

（七）救济权利的期间：诉讼时效

诉讼时效是权利人通过诉讼手段保护权利的有效期间。超过法定期权利还未行使的，会产生对权利人不利的法律后果。这个制度的设立一方面是为了敦促权利人及时行使权利，一方面是为了避免法院查找陈年积案的困难，提高办案效率。

诉讼时效包括普通诉讼时效，短期诉讼时效，长期诉讼时效和特殊诉讼时效四种。普通诉讼时效为2年；短期诉讼时效为1年，适用于身体受到伤害要求赔偿的，出售质量不合格的商品未声明的，延付或者拒付租金和寄存财物被丢失或者损毁的这四种情况；特殊诉讼时效是指法律对诉讼时效另有规定的情况，如环境保护法规定，因环境污染损害赔偿提起诉讼的时效期间为3年。这三种诉讼时效的期间都是从权利人知道或者应当知道权利被侵害时起计算。长期诉讼时效是20年，时效期间从权利被侵害之日起计算。

普通诉讼时效、短期诉讼时效和特殊诉讼时效是可变期间，长期诉讼时效是不变期间。前者可因时效期间的最后6个月内发生不可抗力等客观因素而中止或因权利人提起诉讼、当事人一方提出要求或者同意履行义务而中断。诉讼时效发生中止的因素消失后时效继续开始计算；而诉讼时效中断后，诉讼时效期间重新计算。但是，从权利被侵害之日起超过20年权利人才行使权利的，人民法院不予保护。超过诉讼时效期间，当事人自愿履行的，不受诉讼时效限制。过了诉讼时效期间，义务人履行义务后，又以超过诉讼时效为由反悔的，不予支持。

案例9：

浙江省宁波市江北区永红村83岁的林老太被一种莫名的腹痛困扰了33年之久，直到2004年经医院检查后，她才得知导致她长年腹痛的"罪魁"，竟是1971年她被实施胆囊切除手术时，医生在她腹中留下的一块金属异物，为此，林老太将当年实施手术的医院告上法庭，索赔15万元。2005年2月，宁波市海曙区法院开庭审理此案。法院认为，由于医院的侵权行为发生在1971年，离林老太去年6月知道真相已有33年，而我国民法规定，从权利被侵害之日起超过20年的，法院不予保护。再加上，主观上怠于去医院检查，是造成林老太未能在诉讼时效内行使权利的主要原因。据此，5月20日，海曙区法院一审驳回了林老太的诉讼请求。

二、经济生活领域的民法

（一）物权法

物是民事权利的主要客体之一，包括不动产和动产。物权，则是指权利人直接支配特定物的权利，包括所有权、用益物权和担保物权。物权法就是调整平等主体之间因物的归属和利用而产生的财产关系的基本法律。

（1）所有权的概念

所有权是指所有权人对自己的不动产或者动产，依照法律规定享有占有、使用、收益和处分的权利。占有，包括有权占有和无权占有。无权占有，包括善意占有和恶意占有。善意占有是指无权处分他人动产的占有人在不法将动产转让给第2人后，如果受让人在取得该动产时是出于善意，他就依法取得该动产的所有权。赃物、遗失物、所有人不明的埋藏物、漂流物、失散的饲养动物等不适用善意占有。

（2）所有权的取得

所有权的取得方式有两种：原始取得和继受取得。原始取得是指最初取得财产的所有权或不依赖于原所有人的意志而取得财产的所有权。民事主体劳动所得，孳息所得，添附取得，国家依法所得，无主动产先占取得等都属于原始取得。继受取得，也称传来取得，是指财产所有人通过某种民事法律事实，从原所有人处取得财产所有权。买卖取得，继承取得，赠与取得，互易取得等都属于继受取得。

（3）所有权的转移

在交易过程中，按照合同或者其他合法方式取得财产的，财产所有权从财产交付时起转移，法律另有规定或者当事人另有约定的除外。

案例10：

2013年甲乙签订了一份转让房屋协议，甲将自己三间破旧私房作价3万元转让给乙。乙居住1年，于2014年又将该房以3.5万元的价格转让给丙。丙居住1年，于1994年又将该房屋以4万元价格转让给丁。上述转让均未办理私房过户手续。2016年由于该市将该房地段划为开发区，致使该房价格涨至15万元。因前述转让均未办理过户手续，甲、乙、丙、丁4人为房屋所有权发生争议。问：该房屋应归谁所有？答：该房屋应归甲所有。因为房屋在历次转让中都没有办理产权变更手续，故房屋所有权不发生转移。

（4）共有

不动产或者动产由两个以上单位、个人共有的状态叫共有。共有分为按份共有和共同共有。前者通常是由合伙关系产生的，按份共有人按照其份额对共有的不动产或者动产享有占有、使用、收益和处分的权利；后者通常是由家庭关系产生的，共有人对共有的不动产或者动产共同享有占有、使用、收益和处分的权利。

（5）相邻关系

基于所有或使用的不动产的相邻而产生的关系叫相邻关系。它包括相邻用水、排水、通行、通风、采光、防险等关系。处理相邻关系的基本原则是有利生产、方便生活、团结互助、公平合理。

案例11：

2001年初夏，70余岁的杨某在自己家的自留地里种了黄瓜、西红柿、大白菜等经济作物。可是，到了四、五月份，同村的曹某在紧挨着杨某的菜地东侧种上了杨树苗。这些小树苗长得很快，当年就长到了两三米高，使杨某地里的黄瓜、西红柿的生长受到了严重影响。2002年，杨某又种植了大白菜，而杨树苗已经长到了六七米高，成了杨树，而且很多树苗就种在两块地之间的田埂上，将白菜地的阳光遮住，使白菜无法正常采光，直到秋天收获季节，白菜还没裹紧菜心。杨某遂向北京市某法庭起诉。法庭调查后认为，曹某的杨树妨碍了杨某菜地的采光，影响了蔬菜的生长，遂判决曹某赔偿杨某经济损失500元。这是一个相邻采光关系的案例。

（二）债法

债是按照合同的约定或者依照法律的规定，在当事人之间产生的特定的权利和义务关系，享有权利的人是债权人，负有义务的人是债务人。债权人有权要求债务人按照合同的约定或者依照法律的规定履行义务。债包括法定之债和约定之债。法定之债包括：侵权之债、无因管理之债和不当得利之债。因侵权行为在加害人与受害人之间发生的权利义务关系叫侵权之债。没有法定的或者约定的义务，为避免他人利益受损失进行管理或者服务的，构成无因管理之债，管理人有权要求受益人偿付由此而支付的必要费用。没有合法根据，取得不当利益，造成他人损失的，构成不当得利之债，不当得利人应当将取得的不当利益返还受损失的人。约定之债即合同之债。债在履行过程中可以采取保证、定金、抵押、质押和留置五种方式担保债的履行。

案例12：

张某父子俩一起生活。1995年夏天,张某父子出去打工,房屋无人看守6一天,气象台预报:近期将有强台风。张家的邻居刘某见张家无人,房子又年久失修,难以经受台风袭击。于是,就花钱请人对张家的房子进行了加固,共花费了650元。但台风过后,张家的房子还是倒塌了。问:刘某花费的650元维修费应由谁承担?为什么?答:花费的650元维修费应由张家承担,因刘的行为属于无因管理。

(三) 合同法

合同是平等主体的自然人、法人、其他组织之间设立、变更、终止民事权利义务关系的协议。它是民事主体进行民事交易最便利的手段,也是最常见的法律行为。1999年]0月1日《中华人民共和国合同法》开始施行。它规定了订立合同的基本原则,合同的效力,订立合同的实质要件和形式要件,订立合同的过程,合同的履行等事项。合同法是调整平等主体之间的合同关系的基本法。

三、家庭生活领域的民法

(一) 婚姻法

关于婚姻家庭关系的基本准则叫婚姻法。它调整的对象包括婚姻关系和家庭关系。处理婚姻关系的基本原则是婚姻自由、一夫一妻、男女平等、夫妻应当互相忠实等。男满22周岁,女满20周岁,男女双方完全自愿,没有禁止结婚的近亲关系和疾病,又符合一夫一妻原则的,只要亲自到婚姻登记机关进行结婚登记,就可以结婚了。重婚,有禁止结婚的亲属关系,婚前患有医学上认为不应当结婚的疾病,婚后尚未治愈的,未到法定婚龄的,有这四种情形之一婚姻关系就归于无效。在家庭关系中,夫妻有平等的人格权,财产权,相互继承权,也有相互抚养的义务,计划生育的义务,抚养子女的义务,赡养父母的义务。婚姻关系可以因双方协商而终止,也可以通过诉讼的方式中止重婚或有配偶者与他人同居的,实施家庭暴力或虐待、遗弃家庭成员的,有赌博、吸毒等恶习屡教不改的,因感情不和分居满两年的等等,经调解无效,法院应准予离婚。但是,现役军人的配偶要求离婚,须得军人同意,但军人一方有重大过错的除外。女方在怀孕期间、分娩后一年内或中止妊娠后六个月内,男方不得提出离婚。女方提出离婚的,或人民法院认为确有必要受理男方离婚请求的,不在此限。

(二) 继承法

继承是在自然人死亡时其遗留财产所有权进行移转的法律制度。死亡时遗留财产的自然人为被继承人,依法定身份关系承受遗留财产的自然人为继承人。自然人死亡时遗留下来的个人合法财产为遗产。自然人的收入、房屋、储蓄、生活用品、林木、牲畜和家禽、文物、图书资料、著作权、专利权中的财产权利、有价证券和履行标的为财物的债权等都可以作为遗产继承。

继承法的基本原则有：平等原则，表现为继承权男女平等；保护老幼弱残原则，表现为丧偶儿媳对公、婆，丧偶女婿对岳父、岳母，尽了主要赡养义务的，作为第一顺序继承人，缺乏劳动能力又无生活来源的继承人的继承权应当得到保护，继承人以外的人在一定条件下可以取得遗产，遗产分割时，应当保留胎儿的继承份额等；权利义务相一致原则，表现为继承人所尽的抚养义务与继承权的大小成正比，继承遗产应当清偿被继承人的债务，但仅以其遗产的实际价值为限。

遗产的取得有四种：法定继承、遗嘱继承、遗赠和遗赠扶养协议。按照法律规定的继承人的范围和顺序取得遗产的是法定继承。配偶、子女、父母是第一顺序法定继承人，兄弟姐妹、祖父母、外祖父母是第二顺序法定继承人。继承开始后，由第一顺序继承人继承，第二顺序继承人不继承。没有第一顺序继承人继承的，由第二顺序继承人继承。

自然人可以立遗嘱将个人财产指定由法定继承人的一人或者数人继承，遗嘱可以采取自书、他人代书、录音、公证和口头等形式。代书遗嘱、录音遗嘱和口头遗嘱需要两个以上的无利害关系人在场见证，口头遗嘱只适用于临危时。将遗产以立遗嘱的方式赠与继承人以外的单位或个人是遗赠。受遗赠人应当在知道受遗赠后两个月内，做出接受或者放弃受遗赠的表示。到期没有表示的，视为放弃受遗赠。

自然人可以与扶养人签订遗赠扶养协议。按照协议，扶养人承担该公民生养死葬的义务，享有受遗赠的权利。在这四种取得遗产的方式中，遗赠扶养协议的效力最尚，其次是遗嘱继承和遗赠，最后是法定继承。这也是开始继承分割遗产的顺序。

第三节 刑法

刑法是关于犯罪和刑罚的法律。如果把社会喻为有机体，犯罪就是其身上的毒瘤，刑法就是切除这毒瘤的利器。没有刑法，我们这个社会难有安宁和和谐，作为一部禁止性的规范，我们需要了解哪些行为不能做，做了会有什么后果。这对我们理性选择自己的行为是有积极的指引作用的。

一、刑法的基本原则

（一）罪刑法定原则

即俗称的法无明文不为罪。法律明文规定为犯罪行为的，依照法律定罪处刑；法律没有明文规定为犯罪行为的，不得定罪处刑。

（二）适用刑法平等原则

对任何人犯罪，在适用法律上一律平等。不允许任何人有超越法律的特权。

（三）罪责刑相适应原则

刑罚的轻重，应当与犯罪分子所犯罪行和承担的刑事责任相适应。重罪重刑，轻罪轻刑，罪刑相当。

（四）罪责自负原则

罪止其身，禁止株连。

（五）惩罚与教育相结合原则

意大利的刑法学家贝卡利亚说："刑罚的目的既不是要摧残折磨一个感知者，也不是要消除已犯下的罪行。刑罚的目的仅仅在于：阻止罪犯再重新侵害公民，并规诫其他人不要重蹈覆辙。"

（六）普遍管辖原则

对于中华人民共和国缔结或者参加的国际条约所规定的罪行，中华人民共和国在所承担条约义务的范围内可以行使刑事管辖权。

二、犯罪

犯罪是指具有刑事违法性、社会危害性和应受刑法惩罚性的行为。判断一个行为是否是犯罪，应从四个方面入手，这就是犯罪构成。

（一）犯罪构成

犯罪构成是指我国刑法规定的某种行为构成犯罪所必须具备的主观要件和客观要件的总和它是区别罪与非罪的标准。

（1）犯罪主体

犯罪主体是指实施了危害社会的行为，依法应负刑事责任的主体，包括自然人和单位。自然人构成犯罪主体必须达到刑事责任年龄并具备刑事责任能力。已满十六周岁的人犯罪，应当负刑事责任。已满十四周岁不满十六周岁的人，犯故意杀人、故意伤害致人重伤或者死亡、强奸、抢劫、贩卖毒品、放火、爆炸、投毒罪的，应当负刑事责任。精神病人在不能辨认或者不能控制自己行为的时候造成危害结果，经法定程序鉴定确认的，不负刑事责任；间歇性的精神病人在精神正常的时候犯罪，应当负刑事责任；尚未完全丧失辨认或者控制自己行为能力的精神病人犯罪的，应当负刑事责任，但是可以从轻或者减轻处罚。单位犯罪的，对单位判处罚金，并对其直接负责的主管人员和其他直接责任人员判处刑罚。

（2）犯罪客体

犯罪客体又叫"法益"，是指刑法保护的而为犯罪行为所侵害的利益和价值。比如，故意杀人罪的犯罪客体是被害人的生命权，盗窃罪的犯罪客体是公、私的财产权。犯罪客体是区别此罪与彼罪的标准。

（3）犯罪的主观方面

犯罪的主观方面是指行为人对自己的危害社会的行为及其危害社会的结果所持的主观心理态度，又叫罪过。包括故意和过失。明知自己的行为会发生危害社会的结果，并且希望或者放任这种结果发生，因而构成犯罪的是故意犯罪。应当预见自己的行为可能发生危害社会的结果，因为疏忽大意而没有预见，或者已经预见而轻信能够避免，以致发生这种结果的，是过失犯罪。行为在客观上虽然造成了损害结果，但是不是出于故意或者过失，而是由于不能抗拒或者不能预见的原因所引起的，不是犯罪。

案例1：猎人在树丛中开枪打中了一个野猪，野猪受伤急奔下山，撞死了正在山下路上行走的小孩。问：猎人对小孩的死在主观上有罪过么？答：是意外事件。猎人在主观上既无故意也无过失，因为受伤野猪下山撞死小孩是一种不能预见，不能抗拒的不可抗力。

（4）犯罪的客观方面

犯罪的客观方面是指危害行为客观具体的外在表现。包括危害行为，危害后果，行为的时间、地点、方法等，以及危害行为与危害后果有因果关系。其中危害行为，危害行为与危害后果有因果关系是犯罪构成的必要条件。

（二）犯罪形态

犯罪形态是指故意犯罪所处的阶段，不同阶段的故意犯罪主观恶性和客观危害后果不同，量刑也不一样。犯罪形态包括犯罪预备、犯罪未遂、犯罪中止和犯罪既遂。我们着重讲前三种形态。

（1）犯罪预备

为了犯罪，准备工具、制造条件的，是犯罪预备。对于预备犯，可以比照既遂犯从轻、减轻处罚或者免除处罚。

案例2：某甲欲杀某乙，一天路遇某乙扬言：你看着！迟早我结果了你。问：

某甲的扬言是犯罪预备么？答：不是。甲的行为属于一般威胁，不构成犯罪。

（2）犯罪未遂

已经着手实行犯罪，由于犯罪分子意志以外的原因而未得逞的，是犯罪未遂。对于未遂犯，可以比照既遂犯从轻或者减轻处罚。

案例3：吴某去一居民家盗窃，发现一小女孩（8周岁）在家里玩文具，遂放弃犯罪。问：吴某的行为属于犯罪未遂么？答：不是犯罪未遂。因吴某放弃犯罪是自愿的，不是意志以外的原因，应以犯罪中止论。

（3）犯罪中止

在犯罪过程中，自动放弃犯罪或者自动有效地防止犯罪结果发生的，是犯罪中止。对于中止犯，没有造成损害的，应当免除处罚；造成损害的，应当减轻处罚。

案例4：甲欲毒害乙，将剧毒农药投入乙的食物内，乙刚吃下少量有毒食物，甲猛然悔悟，立即将乙送往医院，但经医生全力抢救，乙仍然中毒死亡。问：甲的行为是犯罪中止还是犯罪既遂？答：是犯罪既遂。甲投毒后虽然采取了抢救措施，但终没有挽救乙的生命，损害结果已经发生，故应以既遂论。

（三）共同犯罪

共同犯罪是指二人以上共同故意犯罪。在共同犯罪中，不同身份的人由于其所起的作用不一样，量刑也有差异。组织、领导犯罪集团进行犯罪活动的或者在共同犯罪中起主要作用的主犯，应当按照其所参与的或者组织、指挥的全部犯罪处罚；在共同犯罪中起次要或者辅助作用的从犯，应当从轻、减轻处罚或者免除处罚；对于被胁迫参加犯罪的人，应当按照他的犯罪情节减轻处罚或者免除处罚。教唆他人犯罪的，应当按照他在共同犯罪中所起的作用处罚。教唆不满18周岁的人犯罪的，应当从重处罚。

如果被教唆的人没有犯被教唆的罪，对于教唆犯，可以从轻或者减轻处罚。

案例5：甲乙因事争执互殴，甲用铁条打乙，乙遂抽刀相向，乙妻丙恐事情闹大，奋力夺下乙手中的刀，又恐丈夫吃亏，顺手拾起一木板递与其夫，乙持木板与甲相抗，不想木板上的铁钉打中甲的太阳穴，致甲死亡。问：乙、丙构成共同犯罪么？答：构成。丙提供了犯罪工具，乙实施了犯罪行为，前者是从犯，后者是主犯。

三、正当防卫和紧急避险

（一）正当防卫

为了使国家、公共利益、本人或者他人的人身、财产和其他权利免受正在进行的不法侵害，而采取的制止不法侵害的行为，对不法侵害人造成损害的，属于正当防卫，不负刑事责任。正当防卫明显超过必要限度造成重大损害的，应当负刑事责任，但是应当减轻或者免除处罚。对正在进行行凶、杀人、抢劫、强奸、绑架以及其他严重危及人身安全的暴力犯罪，采取防卫行为，造成不法侵害人伤亡的，不属于防卫过当，不负刑事责任。

案例6：宋某持三角刮刀抢劫王某财物，王某夺下宋某的三角刮刀，竟将宋某推倒在水泥地上，宋某头部着地，当即昏迷。王某随后持三角刮刀将宋某杀死。问：王某的行为是正当防卫么？答：王某夺刀的行为是正当防卫；在不法侵害人宋某倒地昏迷后王某持刀杀人的行为不是正当防卫，是故意杀人。因昏迷后的宋某已无不法侵害能力和行为。

（二）紧急避险

为了使国家、公共利益、本人或者他人的人身、财产和其他权利免受正在发生的危险，不得已采取的紧急避险行为，造成损害的，不负刑事责任。紧急避险超过必要限度造成不应有的损害的，应当负刑事责任，但是应当减轻或者免除处罚。关于避免本人危险的规定，不适用于职务上、业务上负有特定责任的人。

四、刑罚

刑罚是刑法规定的由国家审判机关依法对犯罪分子所适用的一种强制性的法律制裁措施。它是一种最严厉的强制性的制裁措施，只能适用于犯罪分子，必须由刑法明文规定且经国家审判机关依照法定程序决定后才可适用。刑罚分为主刑和附加刑，主刑包括管制、拘役、有期徒刑、无期徒刑和死刑；附加刑包括罚金、剥夺政治权利和没收财产。附加刑一般附加在主刑上适用，也可以独立适用。对犯罪分子决定刑罚的时候，应当根据犯罪的事实、犯罪的性质、情节和对于社会的危害程度，依照刑法的有关规定判处。累犯、自首和立功、缓刑、减刑、假释、数罪并罚是量刑时常见的几种适用情形。犯罪经过一定期间就不再追诉，但是逃避司法机关的侦查和审判的，被害人在追诉期限内提出控告，公、检、法机关应当立案而不予立案的，不受追诉期限的限制

第四节 诉讼法

有一个古老的法律格言说，正义不仅应得到实现，而且要以人们看得见的方式加以实现。美国大法官威廉·道格拉斯说正是程序决定了法治与任意或反复无常的人治之间的大部分差异。坚定地遵守严格的法律程序，是我们赖以实现人人

在法律面前平等享有正义的主要保证这种看得见的正义正是诉讼法赋予我们的，诉讼是国家司法机关在案件当事人和其他诉讼参与人的参与下，办理刑事、民事、行政案件所进行的一种活动。它的特点是：由多方主体参加，如法院、原告（控诉方）、被告、其他诉讼参加人（代理人、证人、辩护人、鉴定人等）；要依法定程序进行，不得恣意妄为。要有诉讼请求；要经过多个诉讼阶段；诉讼终结所形成的裁决（调解书）有法律约束力。

根据诉讼的性质，可以把诉讼分为民事诉讼、刑事诉讼和行政诉讼。民事诉讼又叫民告民的诉讼，是平等主体之间的诉讼；刑事诉讼又叫官告民的诉讼是公诉机关代表国家控诉刑事被告人的诉讼；行政诉讼又叫民告官的诉讼，是被管理的行政相对人起诉拥有行政职权的行政主体的诉讼。诉讼是维护权利、恢复正义的最后一道屏障。

本节着重讲述诉讼法的基本原则、诉讼证据和诉讼管辖制度。

一、诉讼法的基本原则

诉讼法共有的基本原则有：司法机关依法独立行使职权原则，以事实为根据，以法律为准绳原则，公民在适用法律上一律平等原则，实行合议、回避、公开审判、两审终审原则，人民检察院对诉讼实行法律监督原则等。

所谓合议制是指在审理重大案件时应当由三人以上的审判员或者审判员和陪审员组成合议庭审理，所谓回避制是指在诉讼过程中，可能影响案件公正审判的一些法定人员应当回避，不参与案件的诉讼；所谓公开审判是指除法律规定不应公开审理的案件以外，案件的审理过程和审理结果都应当公开，以保证案件的公正审理；所谓两审终审是指一个案件最多经过两个审级就终结诉讼，判决、裁定生效。

另外，在民事诉讼、刑事诉讼和行政诉讼中，还有些各自特有的原则。

民事诉讼法特有的基本原则有：根据合法和自愿的原则进行调解原则，处分原则当事人诉讼权利平等原则等。

刑事诉讼法特有的基本原则有：公、检、法三机关分别依法行使职权，犯罪嫌疑人、被告人有权获得辩护，未经人民法院依法判决，对任何人都不得确定有罪，依照法定情形不予追诉的原则等。

行政诉讼法特有的基本原则有：人民法院特定主管原则审查具体行政行为合法性原则，诉讼期间不停止具体行政行为执行原则，不适用调解原则。

二、诉讼证据制度

证据是证明案件真实情况的一切事实。它具有三个基本特征：客观性、关联性和合法性。所谓客观性是指证据必须是真实的,不能伪造;所谓关联性是指证据必须与本案待证事实相关,没有关联的事实不能作为证据;所谓合法性是指证据应当由法定人员依法定的程序收集,必须具有法定的形式,具有合法的来源,必须经过法定的程序查证属实。打官司主要靠证据,没有证据想赢一个官司几乎是不可能的。所以证据在诉讼中的作用是举足轻重的。诉讼政局主要有书证、物证、证人证言、鉴定结论、视听资料、勘验笔录,另外在民事、行政诉讼中还有当事人陈述,在刑事诉讼中还有犯罪嫌疑人、被告人的供述和辩解、被害人陈述,在行政诉讼中还有现场笔录。那么在诉讼中由谁负举证责任呢?

(一) 民事诉讼的举证责任

在民事诉讼中采取"谁主张谁举证"原则,当事人诉讼地位平等,任何一方都要就自己提出的诉讼请求拿出证据证明,不能证明的可能要承担败诉的不利后果。

(二) 刑事诉讼的举证责任

在刑事诉讼中由侦查方、自诉人对犯罪嫌疑人、被告人有罪或者无罪,犯罪情节轻重负举证责任,犯罪嫌疑人、被告人没有义务证明自己有罪或者无罪,侦查方也不能迫使犯罪嫌疑人、被告人自证其罪。侦查方在取证时严禁刑讯逼供,和以威胁、引诱、欺骗以及其他非法的方法收集证据。凡经查证确实属于采用刑讯逼供或者威胁、引诱、欺骗等非法的方法取得的证人证言、被害人陈述、被告人供述,不能作为定案的根据。不轻信口供,只有被告人供述,没有其他证据的,不能认定被告人有罪和处以刑罚;没有被告人供述,证据充分确实的,可以认定被告人有罪和处以刑罚。

(三) 行政诉讼的举证责任

在行政诉讼中,由被告即官方负举证责任,被告提交的证据应当是在做出具体行政行为时就采集的,而不是在诉讼发生后事后采集的,如果是事后采集则是一种程序倒置行为,这种证据不能采用。被告不得自行向原告和证人收集证据。但是在诉被告不作为的案件中由原告负举证责任,原告应当提供其在行政程序中曾经提出申请的证据材料。

三、诉讼管辖制度

打官司就要知道案子发生后先由谁来管,比如,刑事案件发生后是公安机关先介入还是检察机关先介入,还是法院先介入?如果是民事案件、行政案件,到哪个法院去打官司呢?这就是诉讼管辖问题。公、检、法三机关在刑事案件中的分工叫职能管辖,法院之间的在审判权上的分工叫审判管辖,其中上下级法院之间的审判权分工叫级别管辖，同级法院之间的审判权分工叫地域管辖。

(一) 民事诉讼的管辖

基层人民法院管辖第一审普通民事案件。中级人民法院管辖下列第一审民事案件：重大涉外案件；在本辖区有重大影响的案件；最高人民法院确定由中级人民法院管辖的案件。

对自然人提起的民事诉讼，由被告住所地人民法院管辖；被告住所地与经常居住地不一致的，由经常居住地人民法院管辖。同一诉讼的几个被告住所地、经常居住地在两个以上人民法院辖区的，各该人民法院都有管辖权。下列民事诉讼，由原告住所地人民法院管辖；原告住所地与经常居住地不一致的，由原告经常居住地人民法院管辖；对不在中华人民共和国领域内居住的人提起的有关身份关系的诉讼；对下落不明或者宣告失踪的人提起的有关身份关系的诉讼；对被劳动教养的人提起的诉讼；对被监禁的人提起的诉讼。公民的住所地是指公民的户籍所在地，法人的住所地是指法人的主要营业地或者主要办事机构所在地。

另外还有特殊地域管辖，就是依特定标准确定案件管辖的法院。如因侵权行为提起的诉讼，由侵权行为地或被告住所地人民法院管辖；因合同纠纷提起的诉讼由被告住所地或合同履行地人民法院管辖。法律规定某些民事案件只能由特定的人民法院管辖，其他法院无权管辖，也不允许当事人协议变更管辖。这种叫专属管辖。如，因不动产纠纷提起的诉讼，由不动产所在地人民法院管辖；因港口作业中发生纠纷提起的诉讼，由港口所在地人民法院管辖；因继承遗产纠纷提起的诉讼，由被继承人死亡时住所地或者主要遗产所在地人民法院管辖。另外，合同的双方当事人可以在书面合同中协议选择被告住所地、合同履行地、合同签订地、原告住所地、标的物所在地人民法院管辖，但不得违反本法对级别管辖和专属管辖的规定。

案例1：王某的住所地为甲县，其主要财产在乙县，他有一子一女均在丙县工作。1997年10月，他从甲县到丁县旅游，在丁县患了重病，临终前立了遗嘱，并经公证机关公证。在分割遗产时，他的子女发生争议。问：本案哪些县人民法院有权管辖？答：遗产继承纠纷属专属管辖，应由王某死亡时住所地甲县法院，主要遗产所在地乙县法院管辖。

(二) 刑事诉讼的管辖

在刑事诉讼中，公、检、法三机关是这么分工的：刑事案件的侦查由公安机关进行，法律另有规定的除外。贪污受贿犯罪，国家工作人员的渎职犯罪，国家机关工作人员利用职权实施的非法拘禁、刑讯逼供、报复陷害、非法搜查的侵犯公民人身权利的犯罪以及侵犯公民民主权利的犯罪，由人民检察院立案侦查。对于国家机关工作人员利用职权实施的其他重大的犯罪案件,需要由人民检察院直接受理的时候,经省级以上人民检察院决定,可以由人民检察院立案侦查。自诉案件,由人民法院直接受理。

在审判权的级别管辖上,基层人民法院管辖第一审普通刑事案件,但是依照本法由上级人民法院管辖的除外。中级人民法院管辖下列第一审刑事案件:反革命案件、危害国家安全案件;可能判处无期徒刑、死刑的普通刑事案件;外国人犯罪的刑事案件。在地域管辖上,刑事案件由犯罪地的人民法院管辖。如果由被告人居住地的人民法院审判更为适宜的,可以由被告人居住地的人民法院管辖。几个同级人民法院都有权管辖的案件,由最初受理的人民法院审判。在必要的时候,可以移送主要犯罪地的人民法院审判。犯罪地是指犯罪行为发生地。以非法占有为目的的财产犯罪,犯罪地包括犯罪行为发生地和犯罪分子实际取得财产的犯罪结果发生地。

案例2:杭州某高校学生甲,国庆期间回老家义乌,在参与父母与邻居乙的宅基地纠纷争斗过程中,用木棍敲击乙头部数下,致乙当场倒地死亡。案发后,司法机关依法对甲采取强制措施。问:本案应由哪个人民法院管辖?答:本案犯罪地在义乌,甲的行为又致乙死亡,可能判处无期徒刑或死刑,根据刑诉法管辖制度应由中级人民法院管辖。结合地域管辖和级别管辖的规定,应由犯罪地义乌的上一级法院金华市中级人民法院管辖。

(三) 行政诉讼的管辖

在级别管辖上,基层人民法院管辖第一审行政案件。中级人民法院管辖下列第一审行政案件:确认发明专利权的案件、海关处理的案件;对国务院各部门或者省、自治区、直辖市人民政府所做的具体行政行为提起诉讼的案件;本辖区内重大、复杂的案件。

在地域管辖上,行政案件由最初做出具体行政行为的行政机关所在地人民法院管辖。经复议的案件,复议机关改变原具体行政行为的,也可以由复议机关所在地人民法院管辖。对限制人身自由的行政强制措施不服提起的诉讼,由被告所在地或者原告所在地人民法院管辖。因不动产提起的行政诉讼,适用专属管辖,由不动产所在地人民法院管。

中篇：大学生思想政治教育

第四章　大学生思想政治教育概述

第一节　思想政治教育概述

一、思想政治教育的概念

思想政治教育概念的提出和演变有一个历史过程，早在1847年马克思、恩格斯创立第一个国际性的无产阶级政党——共产主义者同盟——时，就在同盟的章程中提出了"宣传工作"这一概念，表明无产阶级政党刚登上历史舞台就十分重视对群众的思想发动和教育工作。刘少奇曾经对这一概念做过解释，认为宣传工作就是思想工作。1902年前后，当列宁创立布尔什维克的时候，提出了"政治工作"和"政治教育工作"这两个概念。中国共产党诞生后，在很长一段时间里沿用上述各种不同的提法。1951年，刘少奇在第一次全国宣传工作会议上提出了"思想政治工作"这一概念。后来，毛泽东在《关于正确处理人民内部矛盾问题》一文中进一步阐述了这一概念。但在整个20世纪50年代，这一提法只是诸多提法中的一种，并没有成为统一的提法，直至1978年，党的十一届三中全会，"思想政治工作"或"思想政治教育"成为新时期思想政治工作领域统一的规范提法。

思想政治工作与思想政治教育，一般认为，这两个概念的含义相同，可以通用。但细辨起来，二者还是有一定区别的。前者的含义要宽广一些，后者的含义则要更狭小一些，它是思想政治工作的主要的或基本的内容，是受政治制约的思想教育，是侧重于思想理论方面的政治教育。

概括地说，思想政治教育是指社会或社会群体用一定的思想观念、政治观点、道德规范，对其成员施加有目的、有计划、有组织的影响，使他们形成符合一定社会所要求的思想品德的社会实践活动。

思想政治教育具有阶级性。思想政治教育具有明确的目的性和价值取向，它是为一定的阶级、政党、集团等的利益服务的。在阶级社会中，思想政治教育主要代表统治阶级的利益，并由统治阶级来组织实施。尽管非统治阶级也有思想政治教育，但是无论在广度、深度上还是在强度上都不能与统治阶级相比。马克思指出："统治阶级的思想在每一时代都是占统治地位的思想。这就是说，一个阶级是社会上占统治地位的物质力量，同时也是社会上占统治地位的精神力量。"这就意味着，统治阶级和被统治阶级是没有真正的平等可言的，思想政治教育所灌输的主要是统治阶级的意识形态，其目的是为了更好地维护统治阶级的地位。"在贵族统治时期占统治地位的概念是荣誉、忠诚等等，而在资产阶级统治时期占统治地位的概念则是自由、平等等等。总之，统治阶级自己为自己编造出诸如此类的幻想。"而其他阶级的思想，也主要是为本阶级服务的。

在我国现阶段，思想政治教育作为党的工作的一部分，是为实现党的路线、纲领服务的，它是党以马克思主义思想体系、共产主义信仰教育人民，提高人们的思想道德素质，动员人们为建设社会主义、实现共产主义而奋斗的实践活动。

二、大学生思想政治教育的地位

（一）大学生思想政治教育是党的工作重心

列宁曾经讲过："我们是未来的党，而未来总是属于青年的。我们是革新的党，而青年总是更乐于跟着革新者走的。"在新的历史时期，作为中国共产党这样一个大党，要全面构建和谐社会，要领导全国人民实现国泰民强的理想，保证我们中国特色社会主义事业蓬勃兴旺，必须要有青年大学生参与，也只有赢得青年，才能赢得未来。我们一定要不辱使命，为国泰民强铺好基础性、先导性和全局性的基石。这就要使这些生活在"象牙塔"里的大学生们始终保持积极进取的人生态度、健康向上的理想追求、丰富饱满的精神状态和不屈不挠的奋斗意识。

邓小平指出："思想战线上的战士，都应当是人类灵魂的工程师。在当前这个转变时期，在社会主义精神文明建设和整个社会主义建设事业中，他们在思想教育方面的责任尤其重大。作为灵魂工程师，都应当高举马克思主义、社会主义的旗帜，用自己的文章、作品、教学、讲演、表演，教育和引导人民正确地对待历史，认识现实，坚信社会主义和党的领导，鼓舞人民奋发努力，积极向上，真正做到有理想、有道德、有文化、守纪律，为伟大壮丽的社会主义现代化事业而英勇奋斗。"高校思想政治教育工作者要始终坚持运用社会主义核心价值体系引导当代大学生的心理健康教育工作。胡锦涛《在新时期保持共产党员先进性专题报告会上的讲话》中，概括了新时期共产党员保持先进性的基本要求，第一条就是要

"坚持理想信念，坚定不移地为建设中国特色社会主义而奋斗"，在高等学校中，如何加强对大学生的理想信念教育，显得尤为重要。我党始终注重高等教育的改革和发展，将人才战略确定为国家战略和时代战略，培育具有社会经济发展想适应的人才是我国建设社会主义富强国家的基础，是实现众多五年规划的坚实保障。因此加强和改进大学生思想政治教育工作一直都是我党的工作中心，定期调研大学生思想政治教育工作的现状和问题，并且发布针对改进和完善大学生思想政治教育工作的指导和意见。当前，我党提出要以科学发展观思考和面对新时期的形势，这就要求要坚持把大学生思想政治教育工作摆在重要的位置，并且长期重视和促进实施，这是时代的要求，也是构建社会主义和谐社会的必要保障。

"高校思想政治教育工作与中国最广大人民的根本利益密不可分。教育不仅可以通过发展和解放生产力，繁荣社会主义文化，不断提高人民的物质文化水平，而且还可以直接为人民服务，不断适应和满足人民日益增长的教育需求。"一个国家的繁荣和富强离不开人才的储备，不仅需要具有专业理论知识和扎实的实践技能的人才，还要求这些人才具有高尚的思想品德和道德情操，更加需要坚定的政治信仰，以保证社会的稳定发展、经济的快速增长，因此大学生思想政治教育工作是其他一切建设发展工作的核心，只要做好这项工作，才能保证其他工作的顺利开展，也就是我党的工作重心。

（二）大学生思想政治教育是提升大学生综合素质的重要途径

"青年确实是我国社会中最积极、最活跃、最有生气的一支力量，确实是值得信赖、堪当重任、大有希望的。"提升大学生的综合素质，才能使这股力量更加强劲有力，更加胜任建设富强伟大的祖国的重任。大学生思想政治教育在提升大学生综合素质方面，承担着不可替代的重要地位。高等教育的最终目的是通过全面教育，使大学生的专业技能、理论水平和思想品德、政治素养等综合素质不断发展提高，成为伟大的建设事业的建设者和接班人。而思想政治教育是高等教育的有机组成部分，缺少这方面的教育，那么教育任务就无法完成，大学生综合素质就有所欠缺。因此大学生思想政治教育是不可替代的教育过程。现代社会和人类文明不断发展，大学生以其扎实的专业知识和多元的性格特性，成为推动发展的主要动力。尽管大学生接受了良好的知识教育，但是由于缺少深厚的实践基础和经历，年龄阶段的心智不成熟等原因，仍然存在许多不稳定的因素，比如大学生容易受到外界不良消极因素的影响和干扰，特别是境外敌对势力的虚假宣传、不健康文化的侵蚀、文化垃圾的腐蚀等。这些因素削弱了大学生的思想品德和道德情操，甚至歪曲了其政治追求，导致价值取向和行为模式的错误，具体表现在一些大学生冷漠无情、不思进取、公益心淡薄、奉献意识缺失和灵魂败坏等方面，甚至还动摇了民族认同感和祖国自豪感。如果不进行有效的大学生思想政治教育，即便培育出有丰富专业理论知识的青年，也无法发挥出其建设国家、推动社会发展的功能，而且还会将整个社会的风气和环境往消极的方向发展。因此加强大学生思想政治教育是目前高等教育的重中之重，是不可忽视的一个环节。只有通过对大学生价值观念、思想品德和政治信仰的塑造和影响，才能抵抗住大学生精神世界的扭曲、拜金享乐主义的盛行等腐败错误的侵袭。在大学生接受高等教育的阶段，不仅应该注重专业课程的教育，还应该将符合社会主义价值观的教育载体融入大学生的素质教育中，帮助大学生树立正确的人格品质、培育正确的伦理道德、增强正确的法治观念、坚定崇高的政治信仰，成为具有综合素质的复合型人才。

其次大学生思想政治教育的教育内容是科学的学习方法和分析问题、解决问题的思路和能力，通过大学生思想政治教育的落实，能够让大学生掌握更加科学的学习模式和学习策略，有助于大学生在掌握科学文化知识时，更加深刻的理解和运用这些知识。"思想政治教育应把着眼点由外灌转移到内塑上，把着力点放在激起学生自我塑造的欲望上，增加他们的自我投入意识，提高他们的参与程度，锻炼他们的完善能力，指导他们形成科学的理想观念和世界观、人生观、价值观，走外引内应、内外结合的路子，发挥师生共振效应，缩小教育投入与教育成效之间的差距，真正提高思想政治教育的失效。"具体而言，大学生思想政治教育培育了大学生明确的学习目的，指导大学生通过不断的学习积累，拥有建设社会主义强国的有效工具；并且通过培育良好的学习态度，使大学生在学习中寻找成就感和快乐感，帮助他们克服学习过程中的种种问题，调动了大学生的学习积极性；最后大学生思想政治教育培养了创新意识、团队协作意识和人文关怀意识，这是我国优良的传统文化的延伸，将大学生的理论知识、实践活动和精神境界有机的结合统一到一起，不断地提升大学生的综合素质。

（三）大学生思想政治教育是构建和谐社会的重要基础

我党在改革开放和全球化发展的新时期，提出了以马列主义、毛泽东思想和邓小平理论为主要的指导方针下，全面建设具有中国特色的社会主义和谐社会的伟大愿景，要求全党和人民群众切实贯彻和落实科学发展观，尽早构建出中国特色社会主义建设事业的整体框架和总体布局，推进全面建设小康社会和实现四个现代化的战略目标。"构建和谐社会是我们党在新的历史阶段提出的新的治国理念和治国方略。高校是培养和造就德、智、体、美全面发展的社会主义事业建设者和接班人的摇篮，是构建社会主义和谐社会的重要阵地。"当前社会不断发展，外来文化不断冲击，大学生的思维模式和价值观念不断受到来自于多方面的影响。

一些负面的、消极的因素导致了大学生行为和思想的错误，造成了许多不和谐的现象。最近出现的几起恶性事件，比如上海复旦大学研究生遭到舍友投毒杀害，南京航空大学宿舍由于游戏起争执被杀害等事件，都反映出大学生在思想上存在的错误，造成了对社会层面不和谐的影响。我们知道，大学生个体在高校这个集体环境中，找到了适合自己发展的方向，学习积累到知识和技能，为将来人生的发展打下了坚实的基础，同时也为构建社会主义和谐社会提供了重要的保障，然而如果在大学这个自由的环境中，大学生没有在精神层面上得到良好的教育，造成了思想品德和道德素质的缺失，不仅不能为自身的发展打下良好的基础，甚至会破坏整个社会的和谐程度。因此加强大学生思想政治教育，不仅是站在大学生自身的个体层面上考虑，更加是为构建和谐社会的重要基础。

大学生思想政治教育的开展，不仅可以通过各种规范和条例来约束大学生的行为，还能够从校园环境、理论课程、教育工作者的引导等多个方面，对于大学生的思想品德进行教育。大学校园不仅提供了学习氛围浓郁的学习环境，还是大学生接受爱国主义、优良传统、先进社会思潮文化等积极因素的阵地，充分利用大学阶段对大学生进行思想政治教育，让大学生拥有科学的发展观，为实现自己的人生价值努力奋斗，为社会的和谐发展贡献自己的一分力量。构建和谐社会，不仅需要社会有生力量的参与，更需作为社会建设中坚力量的大学生参与进来。大学生思想政治教育工作，不仅保证了大学生学习专业知识和实践技能的实效性，同时还塑造了大学生良好的道德品质和政治素养，提高了大学生的综合素质，使得作为建设者的大学生全面发展各项能力和水平，为构建社会主义和谐社会提供坚实有力的保障，是实现具有中国特色社会主义伟大强大的重要基础。

第二节　大学生思想政治教育创新的原则

思想政治教育原则是思想政治教育过程中必须遵循的一般指导原理，它贯穿于思想政治教育的目的、任务、内容、形式和方法的整个过程。它是根据党的教育方针、教育对象身心发展的规律、思想品德生成的规律、道德实践经验、教育学和心理学的基本原理而确立的。由于这些依据在不同的时代具有不同的内容，因此，思想政治教育原则不是亘古不变的教条，思想政治教育工作者应该灵活掌握"变"与"不变"的辩证法，及时总结思想政治教育工作的新原则，实现思想政治教育的创新。本书拟在坚持马克思主义立场、观点和方法的基础上，结合时代发展的特点，对思想政治教育原则做一新的概括。

一、方向性原则

所谓方向性原则，是指在思想政治教育过程中，坚持以马列主义、毛泽东思想、邓小平理论和"三个代表"、重要思想为指导，按照完善人、发展人的总目标，在思想道德修养上为教育对象指明方向，使社会主义思想道德成为激励他们进行道德活动的精神力量。思想政治教育的方向性是由教育的阶级性所决定的。任何一个阶级社会都要求教育者按照本阶级的利益原则和价值取向确定自己的思想政治教育目标。我国思想政治教育的目标是：培养学生遵守社会公德、公民道德和良好的社会主义思想道德品质，塑造社会主义理想人格，引导正确的道德实践活动，树立以国家、人民和集体利益为重的集体主义精神，提倡大公无私、毫不利己、专门利人的共产主义思想道德品质。

思想政治教育是一个非常复杂的教育系统，具有系统的一般特点。系统论认为，系统的一个重要特征就是它的目的性（也称为终极性或方向性）。钱学森指出："所谓目的，就是在给定的环境中，系统只有在目的点或目的环上才是稳定的，离开了就不稳定，系统自己要拖到点或环上才能罢休。"一般来说，个体最初落在哪个目的点或目的环上，它就会按照这样的点或环的要求生长，沿着它所设定的目标发展。所以，在思想政治教育过程中，谁抢先把思想政治教育对象拉入自己的道德轨道，谁就拥有对该对象教育的主动权，也就获得了开展思想政治教育工作的优势条件。当代大学生从小就以社会主义思想道德要求发展自己的思想道德观念，这为我们做好思想政治教育工作提供了良好的初始条件。

二、整体性原则

所谓整体性原则，是指在思想政治教育过程中，围绕"育人"这一中心工作，遵循整体构建的思路，强调思想政治教育要素之间的协调配合，充分发挥学校、家庭、社会的教育作用，发挥政工队伍、教师队伍、服务队伍的育人功能，全方位、多角度地开展思想政治教育工作，实现"1+1>2"的教育效果。系统的整体性是指整体具有孤立的部分机械相加所不具有的特性，它主要是由系统的组成成分按照系统的结构方式相互作用、相互补充、相互制约而激发出来的，是一种结构要素之间的相干效应，其通俗表达就是"整体大于部分之和"。也就是说，系统整体所具有的新的性质不是各个要素的线性相加，而是各个要素有机整合后的"矢量和"。恩格斯说："许多人协作、许多力量融合为一个总的力量。用马克思的话来说就是造成新的力量，这个力量和它的一个个力量的总和有本质的区别。"大学生思想政治工作是一项由许多人共同实施的、由许多环节联系在一起的、由诸多因素互相影响的浩大工程，其各种成分和因素相互依赖、相互制约、相互作用，如果我们不能从总体上把它们协调一致、任其杂乱无章、各行其是，甚至互相掣肘，那么即使各个部门、各个方面、各类人员再努力，也难以达到预期的目的。因此，我们应遵循整体性原则来开展我们的思想政治工作：第一，学校教育、家庭教育、社会教育紧密结合，使三方面的教育互为补充，形成强大的教育合力；第二，学校的各个部门齐抓共管，一切活动协调配合，形成"教书育人、管理育人、服务育人"的合力体系；第三，营造适合集体发展的道德目标，实践证明，共同的道德情感可以在人与人之间相互传递与感染，在潜移默化中建立起友好的人际关系和集体氛围，改善人与人、人与组织、组织与社会的相互关系，从而使人们的思想感情和行为相互协调一致、形成一种强大的向心力、把人们凝聚在一个组织中。

三、主体性原则

所谓主体性原则，是指在思想政治教育过程中，把各种思想政治教育要素都看成思想政治教育的主体，充分发挥教师、学生乃至思想政治教育环境的主体作用，通过创设和谐、宽松、民主的思想政治教育环境，有目的、有计划地规范、组织各种思想政治教育活动，使学生自主地、能动地生成和建构符合社会与个人双重需要的道德品质。高校思想政治教育的根本任务是使学生将社会的思想道德要求转化为个体的思想品德，这一转化过程是一个极其复杂的思想内部的矛盾运动过程。这种由不知转化为知、由旧思想转化为新思想、由错误思想转化为正确思想的复杂转化过程只有靠受教育者自己去完成，不可能由教育者和任何他人去替代。因此，高校思想政治教育应该把学生视为主体，努力发展学生的主体性。实际上，高校思想政治教育完全可以充分发挥学生的主体作用，因为主体的本质决定了他不会消极地适应现有的道德关系，也不会满足于自身已经达到的思想道德境界，他会在把握思想道德内在规律的基础上，按照社会和自己的双重目的和要求，采取适当的方式、方法和手段，自主地、能动地生成和建构自己的精神世界，实现道德的自由发展。所谓的"道德自由"就是在承认客观的道德的必然性基础上，个体内在的道德需要和外在的社会伦理要求和准则所达到的高度统一和本质上的一致，是道德主体积极性、目的性的充分体现。因此，高校思想政治教育应该发展、解放、帮助学生，引导他们追求幸福生活、开拓美好未来，它应该是与学生的自我发展生涯联系在一起的一种积极活动，而不应该成为禁锢学生、束缚学生的途径。

四、利益关怀原则

所谓利益关怀原则，是指思想政治教育要重视人的利益需要，在关注社会共同利益的基础上关怀个人的正当利益，实现义利的完美结合。义利关系一直是伦理学中激烈论争的一个重大问题。伦理道德是在利益的基础上产生的关于善与恶、正义与非正义、公正与偏私等观念形态，人们的思想道德行为每时每刻都存在着个人与社会、个人与集体、个人与他人之间经济利益上的矛盾。因此，思想政治教育应该调整、处理好个人利益与社会整体利益之间的关系，帮助教育对象分析利益关系，使他们树立国家、集体、个人利益三者兼顾的利益观，做出符合其根本利益和长远利益的选择。在思想政治教育过程中，我们既要重视集体利益的优先性，又要承认个人正当利益的合理性，在强调个人利益合理性的时候一定要注意不以侵犯社会整体利益和他人利益为前提，因为"每一个人的利益、福利和幸福同其他人的福利有不可分割的联系"。道德一开始就是一种调整个人利益与社会利益的行为规范。道德原本的用意在于维护社会共同利益的尊严。实际上，道德的崇高和价值就在于它是共同利益的维护者。

五、"黄金法则"原则

所谓"黄金法则"原则，是指在思想政治教育过程中，教育者按照"黄金法则"的基本要求开展思想政治教育工作，向教育对象传授"黄金法则"，使他们能准确地运用这一原则来指导自己的思想道德实践。在许多道德教育学家的著作和几乎现存的每一种宗教里，都有关于"黄金法则"的表述，在此，我们采用一种流行的说法，即："像你期望别人对待你的方式对待别人。"世界上许多教育学家和心理学家非常注重道德教育和道德发展中的"黄金法则"问题，都把"黄金法则"视为道德教育的根本，如皮亚杰的经典性著作《儿童的道德判断》就体现了这一重要思想。一直以来，"黄金法则"被人们当作最基本的伦理和道德教谕，所以也被人称为"道德金律"。我们在运用这一原则时，要注意以下两个问题：第一，我们要向学生传授积极的"黄金法则"。"黄金法则"具有三种形式（积极、消极和报复形式），类似基督教的教义"无论何事，你们愿意人怎样对待你，你也要怎样待人"被认为是积极的形式，类似儒家的"己所不欲，勿施于人"被视为消极的形式，而类似"以其人之道还治其人之身"则被视为报复的形式。我们要倡导积极的形式，尽量避免消极的形式，反对报复的形式。第二，要让学生正确理解"黄金法则"的意义。由于每个人的社会背景、生活环境、家庭教养、个体修为、兴趣爱好等的不同，导致每个人看问题的角度不同。"黄金法则"要求我们进入他人的角色，超越自我偏见，超出个人的主观性，达到道德评判上的客观性，不偏不倚。

六、生活—实践原则

所谓生活—实践原则,是指在思想政治教育过程中,通过丰富多彩的生活实际,采取教育对象乐于接受的方式方法,让他们在生活实践中体验道德、发展道德,达到思想政治教育的目的。思想政治教育过程实际上是人的道德社会化的过程,而人的社会化只有通过社会生活才能实现由"自然人"向"社会人"的转变,著名教育家陶行知先生一生致力于生活教育的研究,他认为"生活即教育","生活与生活摩擦才能起教育的作用,我们把自己放在社会的生活里,即社会的磁力线里转动,便能通出教育的电流,射出光,放出电,发出力。"离开了社会生活实践,思想政治教育就成了无源之水、无本之木。社会上大量涌现的新问题、新现象、新思想、新道德都来源于生活,都是生活诸形式的具体体现。因此,生活对人的教育是最直接、最有价值的,它既有利于学生对道德情感的真实体验,又避免了思想政治教育过程的"假、大、空"。所以,思想政治教育应从生活出发,采用生动活泼的、学生喜闻乐见的、富有艺术魅力的形式,以生活为中心来加以推行。只有这样,学生的思想道德认识才最深刻,思想道德行为才最自然,才能使思想道德观念更有效地内化为自己的思想道德信念,自觉实现由他律向自律的转变,达到道德自由发展的境界。

七、层次—活力原则

所谓层次—活力原则,是指在思想政治教育过程中,承认思想道德的层次性,允许思想道德追求多样化,使具有不同思想道德层次(指与社会主义思想道德相容的道德层次)的人都能在社会中找到适合自己生存与发展的空间,找到激发自己不断向高一级层次思想道德目标前进的动力,把思想政治教育工作保持在具有层次性的复杂阶段,从而保持思想政治教育工作蓬勃向上的青春活力。传统的思想政治教育观认为,道德或伦理就是纯而又纯、高而又高的东西,似乎只有先人后己、无私奉献才是道德的。其实不然,道德是具有层次性的。如果思想道德要求只是"大一统"的高标准,那么,人们的价值追求就会趋向于同一目标,这样就容易引发人与人之间的冲突。如果承认思想道德的层次性,则以将人们的思想道德追求分散为各种层次,这就大大降低了人与人之间的冲突概率,无形中也就增加了思想政治教育的吸引力和活力。我们以往的思想政治教育工作缺乏吸引力和活力,不是因为我们的理想太高,而是因为没有注意层次性;不是因为我们的导向不准,而是因为不允许多元思想道德观念的存在;不是因为我们的教育观念落后,而是因为教育方式方法的死板;不是因为我们的理论不科学,而是因为我们缺乏创新。在新的形势下,我们的思想政治教育工作需要讲究层次性,讲究创新，讲究活力，不能把思想政治教育对象管得过于严格，应该激活他们的思想，增加各种思想道德层次的吸引力，让他们多一些自由思考的时间，使他们在不同层次上表现出不同的青春活力，使思想政治教育工作保持旺盛的生命力。

八、冲突—进化原则

所谓冲突—进化原则，是指在思想政治教育过程中，正视思想道德观念多元化的冲突，注重思想道德冲突的存在，在教育者正确引导的前提下，通过创设各种不同的道德情境，让学生走进道德冲突场合，间接体验各种场合道德，辨析各种道德的利害实质，然后理性地走出冲突，树立正确的人生观、价值观和道德观。按照进化论的观点，进化的过程是一个不断出现冲突，不断选择又不断化解冲突的过程。同样，道德的进步也是在道德冲突中理性选择的结果。恩格斯指出："历史是这样的创造的，最终的结果总是从许多单个的意志的相互冲突中产生出来。"在经济全球化的历史条件下，各种道德观念，生活理念的冲突到处存在，各种思想道德的影响也同时存在于学生的头脑中。在这种挑战面前，我们不能畏缩不前，而应该积极在思想道德观念冲突的环境中开展教育工作，使学生在处理现实的思想道德问题，体验思想道德冲突的过程中增加对社会主义思想道德规则的认识和理解，不断提升自己的思想道德境界。

第三节　大学生思想政治教育发展历程

大学生思想政治工作从形成、发展、成熟到继承、改革、创新，近80年来呈现在我们面前的是一幅前进与曲折，成功与失败复杂交织的画面。这里确实有值得珍视的东西，应该把它作为民族的精神财富载入史册，同时又有值得永远记取的历史性教训，需要我们去揭示蕴含在它的后面的历史法则。

一、中华人民共和国成立前党对高校学生的思想政治教育（—1949年）

中国共产党一贯重视对高等学校学生的思想政治教育工作。建党初期，党在高等学校学生中进行了普及马克思主义的宣传，发动学生开展反帝反军阀的斗争，组织学生到工农中去进行宣传教育，推动工农运动的发展。第一次国共合作之际，在上海大学、黄埔军校的青年学生中宣传马克思主义，进行革命形势和任务的教育，培养了许多革命事业所急需的干部。土地革命时期，党在革命根据地创办了苏维埃大学、中国工农红军大学等学校。在抗日战争时期和解放战争时期的国民党统治区里，党创办了抗日军政大学、陕北公学、鲁迅艺术文学院等高等学校，还包括在东北等新解放区接管了一批高等学校。党在这些高等学校中创建了学生思想政治教育工作，团结了广大青年学生，聚集进步力量，配合抗日战争和解放战争，进行战争形势和党的主张的宣传，揭露国民党的腐朽统治，提高广大青年学生的觉悟，从而开辟了第二战线，为革命事业培养出大批的人才，投入反帝、抗暴的爱国斗争中，迎来了中华人民共和国的诞生。

近30年间，党对高等学校学生开展的思想政治教育工作，创造了许多成功的历史经验，在军队中创建了一整套思想政治教育工作制度，之后又根据不同时期和不同地区的特点，对青年学生进行了卓有成效的思想政治教育，为革命事业培养了一大批党、政、军干部，形成了一系列优良的历史传统，使大批高等学校学生投身革命事业，为中华人民共和国的建立做出了重要贡献，更为建国后社会主义大学的思想政治教育工作奠定了扎实基础。

二、中华人民共和国成立初期的高校思想政治教育（1949—1956年）

1949年10月1日中华人民共和国的成立，开创了我国历史的新纪元，也开创了我国高等教育包括它的重要组成部分思想政治教育的崭新篇章。

从中华人民共和国的成立到1956年基本完成社会主义改造的7年时期，党和国家领导全国各族人民经历了土改、镇反、抗美援朝和三反、五反等政治运动，有步骤地实现了从新民主主义到社会主义的转变，迅速恢复了国民经济并开始了有计划的经济建设，在全国绝大部分地区基本上完成了对生产资料私有制的社会主义改造。

与这一时期相适应，我国高等学校顺利地完成了改造旧教育制度的任务，实现了由新民主主义教育到社会主义教育的转变。这一时期的思想政治教育既承担着改造旧教育的任务，更肩负着创新教育的重任。党和国家继承和发扬老解放区学校教育和长期形成的思想政治教育工作的优良传统，全面开展了新民主主义思想教育，主要锋芒指向封建的买办法西斯主义思想，确立思想政治教育在高校中的重要地位，形成了以普遍开设马列主义理论课程为主体、密切结合各项政治运动而进行思想政治教育的体系。

从1949年9月29日《共同纲领》的制定，到1949年12月第一次全国教育工作会议召开，到1952年高等学校试行政治工作制度、政治辅导处的设立，再到1953年清华大学政治辅导员职位的确立，这一系列具体措施让我们看到无论从思想教育的方针、任务到内容、方法上，都基本符合当时我国高等教育的实际，建立了思想政治工作的机构和制度，使高等学校思想政治教育工作逐步走上了系统化、正规化道路，逐步创建了社会主义高等学校思想政治教育的新体制、新格局。

三、开始全面建设社会主义时期的高校思想政治教育（1957—

1966年)

　　1957—1966年，是我国社会主义改造基本完成，进入社会主义初级阶段，开始全面建设社会主义的10年。在这10年的探索实践中，广大群众的社会主义热情十分高涨，高等教育事业迅速发展，思想政治教育累积了丰富的经验教训。但是这10年中，党的工作在指导方针上出现了"左"倾错误，政治上的反右派斗争扩大化，经济上"大跃进"造成了严重失误，导致这一时期的全党工作，包括高等学校的思想政治教育受到了严重影响，经历了曲折发展的过程。

　　在生产资料所有制的社会主义改造基本完成之后，如何正确分析我国社会的主要矛盾和大学生思想政治状况，是高等学校思想政治教育的基本出发点。高校把阶级斗争作为主课，"左"的倾向愈演愈烈，对思想政治教育的任务、内容、方法、途径提出了一系列"左"倾的错误决策，使思想政治教育遭受重大的曲折和损失。为了探索建设我国社会主义教育的经验，在高等教育领域进行改革是必要的。当时党中央提出"教育为无产阶级政治服务，教育与生产劳动相结合"的教育方针，也是基本符合我国教育的实际的。这一时期，思想政治教育继续沿着马克思列宁主义、毛泽东思想的轨道前进，用马克思主义理论武装头脑。

四、改革开放以来的高校思想政治教育（1977—）

（一）改革开放初期的高校思想政治教育

　　党的十一届三中全会的召开是我国实行改革开放的历史标志，也是高校思想政治工作的一个新的开端。这一时期高校思想政治教育的显著特点是，随着党的"解放思想、实事求是"的思想路线的重新确立，实现了思想认识领域的拨乱反正，并由此展开了全方位的建设。在指导思想上，十一届三中全会明确了党的思想政治工作在新时期的任务，它要求思想政治工作从"以阶级斗争为纲"的轨道转移到服从和服务于新时期经济建设这个中心上来。1981年6月，党的十一届六中全会通过了《关于建国以来党的若干历史问题的决议》（以下简称《决议》），它标志着党的指导思想上的拨乱反正任务已经完成，也为高校思想政治教育进行新的探索指明了方向。同年8月，教育部为贯彻《决议》精神在北京召开了全国学校思想政治教育工作会议。会议特别强调，要以《决议》为教材，加强学生的思想政治工作，全面贯彻党的教育方针，积极引导学生德、智、体全面发展，走又红又专的道路。

　　高校思想政治教育队伍和机构得到恢复和发展。"文化大革命"中，高校思想政治教育队伍和机构遭到严重的破坏。为此，1980年4月29日教育部、共青团中央发出《关于加强高等学校政治思想工作的意见》，强调必须建立一支坚强的、有战斗力的政治工作队伍，校系两级都要有一名副书记主管学生的思想政治工作；党委可根据具体情况，设立学生政治思想工作机构。

这一时期高校思想政治教育的另一重要内容和特点是，思想政治教育成为一门学科的确立。十一届三中全会解除了人们长久以来禁锢的精神枷锁，对外开放扩大了大学的思想资源和知识资源，伴随着西方现代文学、史学、哲学思潮的大量涌入，在嗅觉灵敏的青年学生中掀起了一轮又一轮的"学习热""读书热"，与之相伴的是各种西方现代理论思潮的轰动传播，诸如"萨特热""尼采热""弗洛伊德热"等。高校思想政治教育的环境、任务、对象发生了极大的变化。这种状况迫切要求高校积极开展大学生思想特点及其规律的研究，高校思想政治教育科学化问题被提到议事日程。这主要表现在高校思想政治教育课程和专业学科建设两个方面。

（1）在高校思想政治教育课程建设方面

1982年10月8日教育部发出《关于在高等学校逐步开设共产主义思想品德课程的通知》（以下简称《通知》）。《通知》指出，为了把学生培养成为有理想、有道德、有文化、守纪律的又红又专的人才，有必要把共产主义思想品德课作为一门必修课程，纳入教学计划。这一课程的教学，由主管学生思想政治工作的部门组织实施。从此，思想品德课在全国各高校迅速开展，成为对学生系统进行人生观、道德观方面教育的一门重要课程。为了进一步搞好这门新课的建设，教育部于1984年9月12日下发了《关于高等学校开设共产主义思想品德课的若干规定》。该规定提出的教学原则是：坚持理论联系实际的方针；课堂讲授与生动活泼的教育活动相结合；注意引导学生进行自我教育。并提出共产主义思想品德课应纳入教学计划，并考核学习成绩。同时对教师队伍、教学机构设置提出了相应要求。

（2）在专业学科建设方面

理论来源于实践，思想政治教育学的产生源自于对高校思想政治教育工作的深化。"思想政治教育学科的形成，是以马克思主义的世界观、方法论为指导，揭示这一特定领域客观规律性而产生的理论形态的集中体现。"以这一学科为依托的思想政治教育专业也得到了迅速发展。1984年4月教育部召开座谈会，提出了《教育部在十二所院校首批设置思想政治教育专业的意见》，决定在南开大学、武汉大学等12所院校首批增设思想政治教育专业。1988年，又开始在复旦大学、南开大学等10所院校招收硕士研究生。

总的来看，改革开放初期的高校思想政治教育理论建设，尤其是20世纪80年代高校思想政治理论课的几次改革，适应了社会的不断变化发展，为我国推进思想政治教育学科科学化奠定了良好的基础。但是从实际效果来看，高校思想政治教育在与学生的互动中，却更多地处于被动地位，即使有中央文件的统领，情况也不乐观。据1986年北京高校政治理论课的教学改革情况问卷统计，大学生对目前政治理论课"很满意""满意"的占6%，"比较满意"的占16.4%，这两项相加只占22.4%；而"不够满意"的占42%，"不满意"的占34%，两项相加占76%。这说明有三分之一的学生不满意高校的政治理论课。调查显示主要原因是，高校思想政治教育课的内容与现实严重脱节，既没有对众多社会现象做出合理的解释，也没有给予大学生切合实际的理念导向。政治课作为大学生思想政治教育的主渠道，它不仅仅是完成理论知识的传授，更重要的是要对学生的人生观、价值观、世界观产生影响，而且从根本上来讲，政治理论课的目的就是"育人"，就是促进学生健康人格的养成。

（二）经济体制转变时期的高校思想政治教育（1984—1989年）

20世纪80年代中后期，中国经济体制改革进入关键时期。1984年10月，党的十二届三中全会通过了《中共中央关于经济体制改革的决定》，明确提出了社会主义经济是"在公有制基础上的商品经济"的论断，标志着中国经济体制改革走向深入。1985年中央又先后颁布了《关于科技体制改革的决定》《关于教育体制改革的决定》，相继开展科技体制和教育体制的改革。1984—1989年，面对社会结构和经济体制的急剧变化，社会上出现了文化多元化引发政治多元化的舆论导向，大学文化出现了"全盘西化"的倾向，由于高校思想政治教育的弱化，资产阶级自由化思潮趁机泛滥。这一时期，高校思想政治教育的特点主要表现在以下几点。

（1）组织学生参加经常性的社会实践活动

在这个阶段，高校逐渐认识到社会实践活动对思想政治教育课堂教学补充和延伸的重要作用。针对大学生脱离实践，对国情民情了解不够，容易受资产阶级自由化思潮影响的弱点，1987年6月，国家教委和团中央联合发出了《关于广泛组织高等学校学生参加社会实践活动的意见》。明确强调了组织学生到建设、改革的第一线去，深入群众，了解实际，向工农学习，向实践学习；并要逐步建立社会实践基地，保证活动经常化、制度化。当年暑假全国有100多万师生参加了社会实践活动。

（2）高校思想政治教育教学工作改革

1985年是思想政治教育教学工作的一个重要转折点，中共中央发出了《关于改革学校思想品德和政治理论课程教学的通知》（以下简称《通知》），规定了高校思想品德课和马克思主义政治理论课的课程设置、教学内容，并要求编写教材；要求各级学校贯彻执行理论联系实际的方针，以面向现代化、面向时代、面向未来为指导思想，尽量实行启发式的教学方法。《通知》发布后，引起了广泛反响，各地高校进行了传达、学习，并依据大纲精神，编写了多套教材。为了积极稳妥地把教学工作推向前进,国家教委于1986年3月20日发出了《关于在高等学校进一步贯彻〈中共中央关于改革学校思想品德和政治理论课程教学的通知〉的意见》(以下简称《意见》)。计划从1986年起,用3—5年的时间进行政治理论课教学改革工作,逐步开设出新的课程。课程包括:中国革命史、中国社会主义建设、马克思主义原理、世界政治经济和国际关系。另外,《意见》对于在部分高校开设的共产主义思想品德课予以充分肯定,并进一步强调要"因校制宜"加强对学生进行共产主义思想品德教育。

  总的来说,这些工作在一定程度上对资产阶级自由化思潮在高校的泛滥起到了遏制作用。但是由于多种因素的影响,这一时期思想政治教育工作在全国范围内呈现出低回、迷惘。除去特定历史时期国内外政治、经济、社会的影响因素,单从高校思想政治教育本身的角度着眼,改革开放以来高校在思想政治教育的建设和探索过程中,对其复杂性、艰巨性缺乏必要的认识和思想准备,进而导致高校思想政治教育失控的弊病暴露出来。但是从另一方面,更证明了高校思想政治教育的特殊重要地位,也要求党和国家把高校思想政治教育摆到全党工作的重要位置,认真研究总结其经验教训。

(三)调整时期的高校思想政治教育(1989—1992年)

  1989年6月23—24日中国共产党召开了十三届四中全会。这次会议确立了以江泽民为核心的新的中央领导集体,重申了十一届三中全会以来党的路线、方针、政策,提出了改革、发展、稳定的大政方针,把加强思想政治工作、反对资产阶级自由化作为中心议题。十三届四中全会的召开是高校思想政治教育史的一个重要分界线,标志着高校思想政治教育进入了一个不同于以往的新阶段。

  反思改革开放以来社会主义精神文明建设和高校思想政治教育的经验教训,增强坚持四项基本原则教育的自觉性,这是高校思想政治教育在这一时期的重点。

  这一时期高校思想政治教育还注重了学校教育和社会教育相结合,使社会实践活动成为高校思想政治教育的重要途径。1992年6月中共中央办公厅、国务院办公厅发出《关于转发中宣部、国家教委、共青团中央〈关于广泛深入持久地开展高等学校学生社会实践活动的意见〉的通知》,明确要求"各级党委、政府应从培养社会主义事业建设者和接班人的战略高度予以足够的重视,把社会实践活动列入议事日程,切实加强领导。"思想政治工作者提高了对大学生社会实践活动重要性的认识,强化了社会实践活动的德育功能,认为社会实践活动是"不可替代的教育形式",是"思想政治教育的有效途径",是"提高业务素质的课堂"。更为重要的是,大学生参加社会实践活动,不仅加深了对中国现状和国情的了解,提高了对党的路线、方针、政策与自身的认识,而且使大学生在社会实践中不断成熟起来。

（四）建立社会主义市场经济体制过程中的高校思想政治教育（1992—1997年）

以1992年邓小平南行讲话和十四大为标志，我国改革开放和社会主义建设事业进入了一个新的发展阶段。与此相适应，在全面反思的基础上，20世纪90年代高校思想政治教育作为一种相对独立和完整的教育形态也进入了一个新的发展时期——健康发展阶段。

中共十四大确立的建立社会主义市场经济体制的改革目标引起了一场深刻的社会革命，促使人们在思维方式、思想观念、价值取向、人生态度等方面发生了一系列变化。对于尚处在世界观、人生观、价值观形成中的大学生来说，影响更大。一方面"社会主义市场经济体制，提出了许多新的反映时代特点的道德要求，如自我意识、竞争观念、法制观念、效益观念等，这些是推动学生成长的积极因素。"另一方面，"市场经济也存在负面影响，导致一些学生道德选择的多样化和对集体、国家责任感的淡化等。"

江泽民强调："要积极探索在社会主义市场经济条件下，搞好精神文明建设的新思路、新方法，逐步形成有利于社会主义现代化建设的舆论力量、价值观念、道德规范和文化条件。"因此，这一时期高校思想政治工作紧密围绕如何适应社会主义市场经济体制；如何增强思想政治教育的针对性、科学性、系统性；如何整体规划学校思想政治教育工作、创建高校思想政治教育新格局等重大问题而展开。

这一时期高校思想政治教育的实践特征主要表现在以下几方面。

（1）高校思想政治教育的最主要变化就是对现实的贴近以及现实感的增强

从某种意义上说，高校思想政治教育变得更真实。其中，市场经济的力量是不容忽视的。市场经济对高校思想政治教育发展的最积极意义就在于增强了思想政治教育与社会的联系，使得大学提供的思想政治教育更加符合社会的需求，从而增强了大学对社会发展的促进作用。比如，随着1993年毕业生分配制度的改革，大学生就业逐渐变成了自主择业、自谋出路。就业成为大部分大学生在校期间首要考虑的问题，形成沉重的思想压力。因此，职业观教育成为高校思想政治教育工作者的一项新的任务。

（2）突出爱国主义、集体主义、社会主义主旋律教育，消解市场经济对大学生的负面影响

爱国主义是思想政治教育的基础性内容，在建立社会主义市场经济体制过程中加强爱国主义教育具有重要的意义。1994年9月中共中央颁发了《爱国主义教育实施纲要》（以下简称《纲要》），这是"建国以来关于爱国主义教育的一个最

为完整的文件,是我国爱国主义教育史上的一个里程碑"。《纲要》指出:爱国主义的重点是广大青少年,要培养广大青少年的爱国主义感情,提高其爱国主义觉悟,引导他们树立正确的理想、信念和人生观、价值观。1996年10月十四届六中全会通过了《关于加强社会主义精神文明建设若干重要问题的决议》,提出了在改革开放和现代化建设过程中思想道德建设的基本任务,即坚持爱国主义、集体主义、社会主义教育,加强社会公德、职业道德、家庭美德建设。并再次强调,爱国主义是精神文明建设的一项重要内容,加强爱国主义教育,要贯穿社会主义现代化建设的全过程。

(3) 加快思想政治教育的基础建设,不断提高高校思想政治教育的科学性和系统性

新时期社会政治、经济的改革给高校思想政治教育带来新的挑战,也有力地促进了高校思想政治教育的改革。1993年2月中共中央、国务院通过了《中国教育改革与发展纲要》(以下简称《纲要》),确定了到20世纪末教育改革和发展的目标与任务。《纲要》对思想政治教育的内容、教材、方法改革,以及思想政治教育管理和队伍建设提出了明确的要求,对高校思想政治教育工作的改革与发展起到了及时的指导作用。1994年中共中央发布了《关于进一步加强和改进学校德育工作的若干意见》(以下简称《意见》),第一次把大、中、小学思想政治教育作为整体考虑。《意见》强调要遵循青少年学生思想品德形成的规律和社会发展的要求,根据德育工作的总体目标,科学地规划各教育阶段的具体内容、实施途径和方法。为贯彻落实《意见》和《纲要》,保证高等学校思想政治教育的有效实施,1995年11月国家教委发布了《中国普通高等学校德育大纲(试行)》(以下简称《德育大纲》),这是我国第一部全面、系统地规范高校德育工作的重要文件。《德育大纲》的颁布实施,使我国高校思想政治教育工作走上了"依纲管理、依纲育人、依纲考评"的科学化、规范化的道路。在这一系列方针政策的指导下,20世纪90年代高校思想政治教育作为一种相对独立和完整的教育形态进入了一个新的发展时期。

(五) 深化改革、全面建设小康社会过程中的高校思想政治教育 (1997—)

从20世纪末开始,伴随着党的十五大、十六大的胜利召开,中国社会的政治主题词发生了引人注目的变化,以德治国、科学发展观、全面建设小康社会,犹如一条完美的弧线勾勒出中国社会在新世纪发展的轨迹与取向。与此同时,中国社会的急剧变迁也带来了各种社会问题。从社会道德的普遍滑坡、国企职工的下岗到高校的扩招、毕业生分配制度的改革,从经济全球化步伐的加快到信息化、

网络化为特征的知识经济的悄然临近，在这样的大背景下，高校思想政治教育开始了更深层次、更全面的变革。

这一时期，素质教育纳入高校思想政治教育的目标体系，思想政治教育的目标、任务不断明确，内容、形式不断发展，并日趋多样化。在思想政治工作中，既重视政治思想教育，又加强大学生的道德品质教育；既注重发挥思想政治理论课教学的主渠道作用，又不断拓展有效途径。

（1）全面推进素质教育

这一时期，高校思想政治教育一个重大变化就是确定了思想政治教育在全面素质教育中的地位，进一步完善了思想政治教育的目标体系。1998年教育部颁布了《面向21世纪教育振兴行动计划》，将大力推进素质教育列为高等教育近期发展目标。江泽民在全国第三次教育工作会议上特别强调指出："思想政治教育，在各级各类学校都要摆在重要地位，任何时候都不能放松和削弱。思想政治素质是最重要的素质，不断增强学生和群众的爱国主义、集体主义、社会主义思想，是素质教育的灵魂。"1999年6月中共中央、国务院发布的《关于深化教育改革，全面推进素质教育的决定》明确提出："实施素质教育，就是全面贯彻党的教育方针，以提高国民素质为根本宗旨，以培养学生的创新精神和实践能力为重点，造就有理想、有道德、有文化、有纪律的，德智体美等全面发展的社会主义事业建设者和接班人。"由此看来，学生各方面素质的协调发展和进步是培养新世纪社会主义事业建设者和接班人的根本要求。

进入新世纪以来，思想政治教育如何体现对人的需要和价值的关照，是高校思想政治教育工作亟待解决的重大问题。2004年10月至2005年1月不足半年的时间内，中共中央、国务院发布了《关于进一步加强和改进大学生思想政治教育的意见》（以下简称《意见》），胡锦涛在全国加强和改进大学生思想政治教育工作会议上发表了《进一步加强和改进大学生思想政治教育工作大力培养造就社会主义事业建设者和接班人》重要讲话，为当前和今后高校学生思想政治教育工作指明了方向。《意见》和"讲话"紧紧把握科学发展观的核心，明确把以人为本作为加强和改进大学生思想政治教育的中心思想，从新的高度重申了大学生的全面发展是思想政治教育的根本目标。

（2）推进课程教学改革，把邓小平建设有中国特色社会主义理论作为高校马克思主义理论教育的中心内容

为了贯彻落实党的十五大精神，1998年6月中央宣传部、教育部印发了《关于普通高等学校"两课"课程设置的规定及其实施工作的意见》（即"98"方案），明确规定高校本科课程要设置马克思主义理论课和思想品德课课程，并强调指出"要以邓小平理论为中心"，使邓小平理论"进教材、进课堂、进学生头脑"。此

后，教育部又于2003年2月发布了《关于进一步深化"三个代表"重要思想"三进"工作的通知》，对高校"两课"教学中深化"三个代表"重要思想的"三进"工作提出明确要求。2005年3月，根据中央16号文件精神，中央宣传部、教育部颁发了《中共中央宣传部教育部关于进一步加强和改进高等学校思想政治理论课的意见》，明确了2005年高校思想政治教育理论课程改革新方案，把"马克思主义基本原理""毛泽东思想、邓小平理论和三个代表重要思想概论""中国近现代史纲要"和"思想道德修养与法律基础"4门课程，规定为高校本科的思想政治理论课的必修课。至此，一个结构合理、功能互补的马克思主义理论教育和思想品德教育的课程体系已经形成。

（3）心理健康教育备受重视

20世纪90年代后期，心理咨询作为思想政治教育的一种新的运作方式，已经进入越来越多的高校。2002年教育部下发的《普通高等学校大学生心理健康教育工作实施纲要》明确指出："大学生心理健康教育工作是高等学校德育工作的重要组成部分。各地教育工作部门和各高等学校，要切实加强对大学生心理健康教育工作的领导，把心理健康教育工作纳入学校德育工作管理体系中，积极支持开展大学生心理健康教育工作。"长期以来，思想政治教育工作在认识上存在两个误区：一是认为学生的所有问题都是政治思想问题和道德问题；二是认为解决学生的问题只有靠政治教育的手段去完成。这些都错误地理解了思想政治教育的内涵，过高估计了政治教育的作用，这实质上淡化了思想教育、品德教育和心理教育的相对独立性，从而降低了思想政治教育的社会认同度。实践证明，将心理健康教育纳入思想政治教育体系，有利于全面推进素质教育的目标，有利于提高高校思想政治教育的实效性，有利于大学生个体人格的发展。

（4）高校思想政治教育的形式更加多样化

除了结合政治理论课以及各学科教学来进行思想政治教育，加强校园文化建设也普遍受到重视。比如，以校团委、学生会为主导举办文化节、科技节和体育竞赛等文化科技活动，营造活跃、健康的校园环境。另外，许多高校都成立了大学生马列主义研究会，组织学生学习马克思主义经典著作，开展学术讨论等。这里最有特色的还是思想政治教育网络被一些高校所运用。一些高校积极实施"绿色校园网络"计划，开展健康向上、丰富多彩的网络文化活动，对大学生进行"无形教育"，不断增强思想政治工作的辐射力、吸引力和感召力。

第四节 大学生思想政治教育面临的挑战

当前我国思想政治教育面临的挑战，集中体现在四个方面：市场经济的影响；

网络带来的难题；四个多样化的冲击；经济全球化的挑战。

一、市场经济的冲击

由传统的计划经济体制向社会主义市场经济体制转变，是发展我国社会生产力，改善和提高人民生活水平，加快社会进步的必然要求。改革开放20多年来的社会巨变向国人充分昭示了这一伟大变革的辉煌成就。

但是，在物质文明提高的同时，物质主义、享乐主义、个人主义的盛行，在某种程度上已经暴露出现代人精神价值的失落，人与人的关系被物化为一种商品关系与金钱关系。现代生活从整体上表现为价值的失落及人与崇高的疏离。现代化运动本质上是一个世俗化或物质化的过程。正是物质活动与物质需求的过分张扬，以及它对精神活动与精神需求的排斥，致使人的物质性维度得到彰显，精神维度被隐匿，最终导致人与崇高的疏离。人与崇高的疏离是现代化的运动的一个副产品。人的生活的表浅化是人与崇高疏离的表现之一。人们无暇探求生活的意义与价值，不再追问什么是美好生活。人们强烈地追求感性的刺激，生活中充斥着色情、暴力、酗酒、吸毒、同性恋。人的伦理性与精神性维度的隐匿是人与崇高疏离的又一种表现。追求财富的欲望使人成了一个终日忙碌而冷漠的逐利者，人的精神性与伦理性则几乎失去了发展与培育的机会。在人的物质性维度过度膨胀的同时，人的精神性与伦理性在逐渐凋敝，而人的精神性与伦理性是人走向崇高，实现价值的人性基础，也是人相互理解和认同的人性基础。

人与崇高的疏离在当前的教育中则体现为教育的功利主义取向。实用知识、职业技能、教育证书等成为接受教育的全部理由，而教育本身也正在成为一种工艺流程，操作固定的模式，为工业社会培养标准化的人才。人与崇高的疏离刚好与思想政治教育的方向相背。面对现代生活的这种整体性的表现，思想政治教育也显得非常困惑。

二、网络带来的难题

全球互联网的出现及迅猛发展，带来了人类生活的巨变，"数字化生存"这一巨大的神话正在成为现实。一方面，网络正在改变传统的教育形态，预示着教育信息化时代的到来；另一方面，网络也正在为思想政治教育制造一个新的难题。

多元异质道德文化对"中心—边缘"两极框架的瓦解。网络没有中心与边缘、主流与非主流之分，不同国家、不同地域的异质伦理文化，不同时段、不同类群的道德规范，都能在网上共存。这使得人们有了充足的机会去领略多样化的异质道德文化，并激起他们去进行比较与评判。在这一过程中，主流的德育话语框架很难控制受教育者的道德品性的养成，受众道德价值的"无中心化"的局面就此形成，传统道德教育所设定的"中心—边缘"两极框架被消解。所谓的"中心—边缘"两极框架就是强调主流文化与主流意识形态的导向作用，对是与非、美与丑、善与恶、先进与落后、庸俗与优雅等有着清晰的划界。当"中心—边缘"两极关系不复存在的时候，受到中国主流道德文化抵制的"道德相对主义"就开始流行，不同的人持有不同的道德判断标准的局面就此形成。

　　网络行为的自由性导致控制手段的失效。全球性的互联网是一个开放的结构，它突破了地域、国界的限制而成为一个超物理空间。同时，互联网一开始就被设计为一个分散式的体系结构，没有权力中心的控制。由于网络本身的自由开放性导致了网络行为的自由性，网络中接受信息又制造信息的行为被认为是一种私人通信行为。网络技术为网络信息的发布提供了多样的可供自由选择的手段。网络行为的自由性，必然会导致各种非法信息的充斥着网络。技术手段也许可以对网络行为的自由性进行一定的控制，但控制的结果，势必会造成"自由性"这一网络的根本特性的丧失，这是一个两难问题。网络行为的自由性会导致一些常规的控制手段对网络行为失去效力，进而导致无政府主义。无政府主义表现为对权力和规则的漠视，以及社会责任感的淡化。高校德育一直在力图控制和消除无政府主义，而网络却为其提供了一种理想的滋生场所。

　　人机交往与"网络沉溺"导致道德冷漠和心灵扭曲。人必须通过机器才能进入网络世界，网络时代人与机器的交往正逐步替代人与人之间的交往，人在成为机器的附属物；同时，人对网络的过度依赖，造成了人类生活的一种异化现象——"网络沉溺"。人机交往中缺乏人际交往中那种直接的思想、情感、知识、话语的交流与体验，而人际交往的直接感受性、可视性与亲和感的丧失，意味着一种平等互助、和谐相处的道德关系难以形成。人机过渡交往与"网络沉溺"所导致的人与人的疏离，师生共同生活在一起，却彼此之间并不真正相识，更谈不上真诚的交流与人格的相互照亮，也使得榜样示范这一经典的思想政治教育方法失效。另外，传统思想政治教育力图去建立的所谓共同理想、共享的价值观也会成为一场空想。

三、"四个多样化"的影响

　　随着改革的推进和互联网的发展，我国的社会生活出现了经济成分和经济利益多样化，社会生活方式多样化、社会组织形式多样化、就业岗位和就业方式多样化这"四个多样化"的局面。四个多样化的出现和存在，是社会发展进步的标志，是人们生活日益丰富多彩的体现，同时也给思想政治教育造成了新的困境。具体来说，由于市场经济体制的不完善和市场经济的自身缺陷，给人们的价值观形成带来了消极的负面效应。给思想政治教育造成的困境主要表现在以下几方面。

（1）从价值观念上看，一部分人认为市场经济就是个人追求利益，他们在利益关系的驱动下，置国家利益、集体利益、社会利益于不顾，讲究所谓的"平等交易""奉献与索取等价"，走向自私自利个人主义。政治观念淡化，理想信念动摇，对建设有中国特色社会主义缺乏信心，陷入精神空虚和颓废状态。

（2）从行为规范上看，社会上的一些领域和一些地方道德失范，是非、美丑界限混淆，拜金主义、享乐主义、极端个人主义有所滋长，见利忘义、损公肥私行为时有发生，不讲信用、欺骗、欺诈成为社会公害，以权谋私、腐化堕落现象严重存在。一部分人把金钱和既得利益看作衡量价值的尺度，把知识和能力作为待价而沽的资本。这些问题不解决就会损害正常的经济和社会秩序，损害改革开放的大局。

（3）从生活方式上看，"四个多样化"促使人们的社会生活标准和方式发生了巨大的变化。追求科学、文明、健康生活方式已经成为人民群众的自觉行为。人们的生活观念和生活态度趋向更加务实和开放，生活情趣和爱好更加广泛多样，更加突出自己的个性。人们的生活节奏加快，收入提高，活动空间增大，物质文化生活更加丰富多彩，文化娱乐及休闲方式也呈现多样化的趋势。在人们生活观念和生活态度发生变化的同时，人们的衣、食、住、行、用方式也发生了根本的变化，呈现出消费方式、交往方式和社会服务方式多样化。这种变化使人们更多地向往和热爱美好的新生活。

但是，另一方面，也确实存在一些不文明、不健康的生活观念和生活方式。拜金主义必然滋生享乐主义，个人主义必然导致奢侈浮华的生活作风。市场经济条件下的这些社会弊病给思想政治教育提出了新的挑战。

四、全球化的挑战

经济全球化的历史潮流以其不可阻挡之势席卷世界每个角落。它在带给我国经济巨大发展的同时，也裹挟着世界各国各地区的思想文化、价值观念、意识形态，给我们主流的意识形态和价值观念带来强大的冲击，这无疑增加了进行思想政治教育的难度。

一方面，意识形态的斗争日益复杂化。在经济全球化的背景下，意识形态的斗争获得了新的表现形式，从政治层面走向社会层面，手法不断翻新，而且越来越隐蔽化，越来越具有欺骗性。西方国家借助与我国扩大文化艺术交流的机会，通过影视、摇滚音乐、快餐店、裸体艺术、时装等诱人的鱼饵，大力传播其价值观和生活方式，企图使我国向他们所希望的方向发展。西方敌对势力的这些意识形态渗透，必然会使一些意志薄弱者或涉世未深者受到毒害，对西方价值观念产生盲目地崇拜，背弃社会主义价值体系，对社会主义和共产主义信念产生动摇。

另一方面,全球化背景下的爱国主义教育问题难度增大。全球化浪潮席卷全球,使得国家的主权地位受到挑战,传统的国家职能越来越削弱。特别是信息与通信、技术的发展,使人们逐渐陷入网络化的社会生活中,现实世界愈来愈带有虚拟的性质,人的个性表达将越来越迁就于网络化的世界、多面向的资讯和消费选择。同时,世俗、大众化文化配合着传播媒体的改进向全球扩张,而其中的重视商业价值,追求感官享乐、个人主义等价值观将会淡化一些青年人的理想信念和集体观念,弱化他们的国家意识和爱国情感。所有这些,都将使得思想政治教育面临很大的冲击,原有的教育方式、教育内容,将会在这一全球化浪潮下受到考验。

第五节 大学生思想政治教育创新的必要性

加强和改进大学生思想政治教育工作,必须从国内和国际、历史和现实的角度,深刻分析新时期大学生的思想活动发生作用的客观环境及其基本特点,正确审视新形势下那些影响大学生思想活动的重大社会变革和现实问题,为推进新时期大学生思想政治教育的改革发展和科学创新提供切合实际的理论基础和现实依据。

一、社会经济环境的变化是大学生思想政治教育创新的现实基础

经过近三十年的改革开放和十几年社会主义市场经济的发展,我国在21世纪已进入一个战略机遇期和矛盾凸显期,社会经济环境发生了深刻变化。当代中国的经济成分和经济利益日益多样化,社会生活方式和社会组织形式日益多样化,就业岗位、就业形式和分配方式日益多样化,这是改革和发展的产物,但同时它也给人们的思想观念、价值取向、文化生活带来了多样化的挑战,甚至引发自由主义和分散主义,从而不可避免地对处在思想定型期的大学生以巨大冲击。具体表现在以下几个方面。

第一,随着社会的进步和发展,以人为本的理念日渐深入人心,特别是市场经济的发展客观上要求每一个人的个性自由发展,充分发挥个人的主观能动性,这本身无可厚非。但是有些大学生却常常会误以为个性的自由发展就可以不顾纪律和规章制度,不顾他人和社会公共利益,因而造成现在一部分大学生集体主义观念淡薄、纪律性差、社会公德缺失,使一些大学生容易产生自由主义、分散主义和个人主义的思想意识。

第二,市场经济作为一种以追求物质利益为核心的经济,每一个参与市场活动主体的价值判断将越来越趋向实用化、功利化,这种现象反映到大学生身上就

是实用主义。这种实用主义的思维方式难免会造成大学生不注意自身全面素质的提高，缺乏长远利益考虑，缺乏远大理想和信念。在当今相当一部分大学生存在迷茫、困惑、郁闷的思想状况，其根源就在于面对市场经济发展的社会，面对整个社会呈现弥漫的浮躁心理，片面地、过分地追求实用主义的结果。

第三，社会收入分配贫富差距的不断扩大，直接反映到校园中就会逐渐形成大学生的贫富分层，由于家庭贫富不均，造成贫富不同的学生生活方式、社会心理、思维方式等方面存在很大差异，从而引发一系列不利于大学生心理健康成长的问题。另外，社会上存在的权钱交易、贪污腐败、社会诚信度降低、假冒伪劣商品的横行、教育机会的不公平、黄赌毒黑等社会丑恶现象的沉渣泛起、社会治安的不稳定、人们安全感的降低等问题也在一定程度上导致有些学生对社会主义制度的优越性乃至党和政府的执政能力表示怀疑，这也是造成相当一部分大学生思想波动的重要原因。这就要求大学生思想政治教育工作必须要从现实生活出发，努力摸清大学生思想变化的深层动因，积极创新思想政治教育工作的方式方法，牢固树立阵地意识，推进大学生思想政治教育工作的健康发展。

二、多元文化形态的并存是大学生思想政治教育创新的客观需要

新时期我国文化发展的主流是健康的，马克思主义、毛泽东思想、邓小平理论和"三个代表"重要思想在意识形态领域的指导地位不断得到巩固，这种主流文化的健康发展为大学生思想政治教育工作的开展奠定了坚实基础。同时，全球经济一体化和科学技术的迅速发展为文化多样性的发展创造了良好的条件，各种文化形式的并存、文化产品的增加和文化多元化局面的形成，对于丰富大学生文化生活，促进大学生思想政治素养的发展具有一定的积极意义。但就目前的文化环境而言，大学生在他们的思想品质没有成熟之前，往往会对眼前纷繁复杂的文化状况产生错误的解读，进而妨碍其树立科学的世界观和正确的人生观，影响价值取向和行为选择。

一是大众文化的流行。大众文化的兴起和发展，一方面满足了大学生的文化需求，有助于开阔大学生的文化视野，提高大学生的文化素养；另一方面，由于大众文化自身的特点和目前我国大众文化发展中存在的一些问题，给大学生思想政治教育造成了不可忽视的负面影响。如大众文化的流行，在一定程度上消解了主流意识形态对大学生的积极影响，使感官刺激、游戏娱乐取代了大学生应有的政治信仰、道德追求和理性思考，使大学生对思想政治教育持冷漠态度，甚至产生对立情绪和逆反心理。同时大众文化的庸俗化、娱乐化，则容易导致大学生逃避崇高，难辨美丑，远离经典文化和高雅文化，导致大学生"跟着感觉走"，从而降低大学生实际的文化生活质量。

二是西方文化的渗透。毋庸置疑，西方文化的引进和介绍，有助于大学生进行中西文化的比较、交流和借鉴，拓宽学术视野和文化境界。但同时我们必须看到，西方国家"西化""分化"中国的图谋一直没有停止，而其策略和手段，就目前而言主要是文化渗透、文化输出，力图通过西方文化的霸权来对抗主流意识形态的灌输和影响，弱化中国传统的道德规范、价值取向和文化精神。对此，由于一些大学生缺乏清醒的认识和足够的警醒，也就自觉或不自觉地受到了西方文化的影响。由不加选择地接受、认同到盲目推崇、践行，甚至用西方文化中的错误观念、标准和方法来评判现实、感受社会，这些往往会导致大学生媚洋心理的产生。

在当前，一些大学生不同程度地存在着政治信仰迷茫、思想信念模糊、价值取向扭曲、诚信意识淡薄、社会责任感缺乏、艰苦奋斗精神淡化、团结协作观念较差、心理素质欠佳等问题，就是这种文化多元化潮流负面影响的具体体现。引导大学生自觉抵制各种不良思想观念和文化倾向的侵蚀，积极弘扬集体主义、爱国主义、社会主义的主旋律，形成昂扬向上的精神状态和积极健康的心理素质，需要我们大学生思想政治教育工作付出更多的努力，以求取得更好的实效。

三、高等教育改革的深入是大学生思想政治教育创新的基本动力

改革开放以来，我国高等教育有了较大发展。特别是党中央、国务院1999年做出了高等教育扩招的决策，使我国高等教育进入了加速发展的新阶段。经过连续几年的扩招，我国普通高校的全日制在校生人数由1998年的340万人增长为2006年的1800万人。在规模扩张的同时，我国高等教育管理体制的改革也在不断深化，高等教育发展日益呈现出办学理念多元化、办学主体多元化和竞争日趋加剧的新特点，这些变化必然会给大学生的思想观念、心理发展带来一些负面效应。

一方面，随着招生规模的持续增长，我国高校的应届毕业生人数已由1998年的100万人增长为2006年的400万人以上，到2010年已突破600万人。人才供应的增长，其一，有利于我国人力资本积聚、就业者科学文化素质的提高以及综合国力的增强；其二，囿于我国劳动力总体供大于求，社会提供给大学生的城镇单位就业岗位的年增长量远远滞后于毕业生增长的人数，导致全国人才供求形势发生了逆转。原先的高等教育卖方市场已经转变为完全意义上的买方市场，开始出现了大学生就业难的严峻形势，由此导致大学生的就业压力前所未有地增加，校园学习和生活竞争压力更加紧张激烈，广大学生在日常学习和生活中，特别是高年级大学生面对就业压力心理负担较为沉重，更加注重和强调物质待遇和个人发展的机会，以我为主、急功近利，往往忽视了思想品德的修养和锻炼，思想滑坡现象较为明显。

另一方面，由于高校近年来连续扩招，民办高校也不断增加，高校在校生人数保持持续增长的趋势，使得大学生的年龄分段出现多层次性，致使大学生之间的交流沟通的难度相应增加。部分大学生中也出现了不和谐因素，过分强调了竞争、排斥甚至你争我夺，忽视了合作，造成人际关系的紧张。一些大学生甚至为了评上各种先进、奖学金或入党而展开不正当的竞争。再加上现在的大学生以独生子女居多，一般而言，他们自我中心意识强，团结协作能力弱，在紧张的学业和就业压力下，心理承受能力普遍较为脆弱，在挫折面前应对能力较低，容易出现心理障碍，甚至走向极端。面对高等教育改革的不断深入对大学生思想观念和心理发展所造成的巨大冲击，大学生思想政治教育工作必须适应形势发展的需要，给予积极回应，努力创新思想政治教育工作的方式方法，以更好地适应新时期社会主义人才培养的需要。

四、信息网络传播的渗透是大学生思想政治教育创新的重要挑战

当今世界科技进步日新月异，技术更新不断加速，知识经济已现端倪。知识经济时代，计算机与通信的结合、信息高速公路和多媒体技术的发展，使人类从工业社会跃进到信息社会，这必将改变人类社会的生产方式、工作方式、学习方式、生活方式及思维方式，也势必对现行的大学生教育产生重要影响。知识经济时代的到来，使思想政治教育的内容、对象、范围、环境都将因高科技手段的运用而发生重大变化。特别是信息网络技术的高速发展，现代社会跨入网络时代，人们通过网络快速交换、传递信息，分享文明与进步，互联网和信息高速公路已经成为世人关注的焦点。由中国互联网络信息中心（CNN-IC）发布的最新的《第21次中国互联网络发展状况统计报告》显示，截至2016年12月31日，我国网民总数达7.31亿人，相当于欧洲人口总量，位于世界第一位。中国网民数增长迅速，在过去一年中平均每天增加网民20万人。目前中国的网民群体仍以青年为主，总体网民中的31.8%都属于18-24岁的青年。这个年龄段的网民中，学生网民群体占据重要地位。众所周知，互联网犹如一把无形的双刃剑，在给人类交往方式、生活方式带来根本性变革的同时，也带来了传统社会所无法预知的深层负面影响。在网络社会，传统的信息提供与获取方式已被网络传播所取代，网络化以其信息容量大、内容广泛和多元化以及信息传播的即时性、开放性和交互性的特点，成为当今大学生获取知识和各种信息的重要手段。青年大学生可塑性较强，正处于世界观、人生观、价值观形成的关键时期，面对信息爆炸、知识激增、科学飞速发展的挑战，大学生所承受的影响和压力将会越来越大，在动态的、高速流动的信息社会，大学生的思想状况将会发生深刻的变化。

一是网络上各种思想观点纵横交错，对大学生的思维方式、生活方式和价值

观念产生了深远影响，颠覆了他们自小到大社会、学校和家长灌输给他们的传统道德观念。网络给大学生们带来学习和生活丰富多彩、光怪陆离的精彩世界的同时，也使许多人沉迷于其中无法自拔，忽视了虚拟世界和现实世界的区别，对网络游戏和网友的关心胜过自己的学业，甚至导致一些大学生道德观念的丧失。

二是互联网作为一种最具时效性、最有吸引力、最难以管理的高科技信息传播渠道，由于其信息传播的双向、主动和高度自由，从而使任何国家都难以按本国意志对跨国界的网络信息实行有效监控。现在网络信息传播的主导是以美国为首的西方发达国家，他们运用网络这一传播媒介作为其进行意识形态领域渗透强有力的工具，不断散播西方价值观念，冲击其他民族的传统道德和价值观念。在这种形势下，世界观还没有完全形成的大学生如长期置身网络，不可避免地面临着大量西方文化思潮和不同价值观念的冲击，一些大学生的人生观、价值观和道德观容易发生扭曲和错位，盲目效仿西方的生活方式。

三是在网络空间里，各种信息良莠共存其中，对于是非分辨能力较弱的大学生来说，也较难抵御各类诸如色情、暴力等庸俗信息潜移默化的影响和侵蚀。由此可见，面对网络社会信息膨胀及其传播途径的多样化，大学生思想意识和思维方式的个性化、多元化、复杂化也更加明显，这加剧了大学生思想政治教育工作的难度，传统思想政治教育面临空前挑战，从而对思想政治教育工作的方式方法提出了新的更高的要求。

五、思想教育功能的弱化是大学生思想政治教育创新的内在要求

改革开放以来，我国在高校思想政治教育工作方面已经积累了较为丰富的经验，但随着时代的变迁和社会的进步，在大学生群体发生明显变化的条件下，青年大学生的思想极为活跃，更需要科学有效的思想政治教育工作予以引导规范。

就宏观而言，当代大学生的群体构成日益表现出规模扩大、来源多样等特点；就微观而言，当代大学生的生理成熟期普遍前移，心理、思想和社会领域的发展是大学生人生发展的主题。在心理发展方面，当代大学生明显表现出心理成熟期后移、心理矛盾增多、心理压力加大、心理问题多发等特点；在思想行为方面，影响当代大学生思想活动的因素日趋多样，大学生思想的关注点日趋宽泛和分散，思想文化需求日趋多样，价值取向日趋多元。这些新变化和新特点，对大学生思想政治教育提出了一系列新的课题。

然而面对这些变化和挑战，当下我们的思想政治教育工作却显然有所滞后，地位有所降低，功能有所弱化，成效不甚明显，急需改进和提高。随着高校改革的深入发展，受利益驱动的影响，一些高校不能从战略高度把思想政治教育工作作为高校改革和发展的中心环节来抓，存在着思想政治教育工作"说起来重要、

忙起来不要"的状况；特别是作为大学生思想政治教育主体的高校教师，在一定程度上也存在着只重视教学科研，而忽视对学生进行思想引导的"一手硬、一手软"的不良倾向，从而不能很好地发挥大学生思想政治工作的作用。

同时，一些高校的思想政治教育工作不注重从学生的思想实际出发，一味注重灌输说教，往往处于被动应付、消极防范的滞后状态，在很大程度上存在着理论脱离实际的倾向，从而容易引发青年大学生的逆反心理而遭到抵制，思想政治工作不能体现其应有的育人作用。具体地说，大学生思想政治教育的道理讲得多、行为指导少，缺乏针对性、实效性和说服力、感染力，往往存在着"虚而不实""知行脱节"的问题，对大学生集中表现出来的不良思想意识和行为缺乏从根本上解决的机制和方法。许多高校目前普遍存在着思想政治教育工作队伍不稳和人才流失严重的问题，致使这支队伍负担沉重不能有效接续，加之工作方法陈旧、效率较低，从而导致大学生思想政治教育的导向功能不能得到有效发挥。

面对这些困难和问题，高校思想政治教育工作必须主动适应新变化、新情况，创新思想政治教育理念和管理体制，努力建构思想政治教育工作方法新体系，不断强化思想政治教育工作的导向功能，从而真正促进大学生思想政治教育工作的有效开展。

第五章 大学生思想政治教育的现状

第一节 大学生的思想状况

当代大学生的思想状况、思维方式以及行为举止等均深深地烙上了时代的印记。一方面，互联网成为当代大学生社会交往、学习、生活的主要方式己是不容争辩的事实。由此而带来的各种积极的、消极的各种因素也在时刻影响着大学生的思想状况及行为举止；另一方面，新媒体时代信息传播迅速，大学生接收信息的途径多种多样，而缺乏足够辨别是非能力、不能正确树立价值观的大学生极易受到当今社会上各类信息的影响，从而左右个人的思想和行为。

一、追求自由个性

当代的大学生，多是 90 年代中后期出生的。他们这一代是个性张扬的一代，也是自由意识较为突出的一代，而新媒体拥有海量信息，大学生可以不受时空限制，根据自我喜好自由选择想要的信息。此外，大学生不仅是信息的输入者，而且是信息的输出者。在新媒体的虚拟平台上，他们自由参与信息的传播，收获了在现实世界中无法获得的言论自由表达机会，得到了在现实世界中所无法获得的所谓的"理解"与"信任"，促使他们十分依赖于新媒体。特别是随着网络聊天及移动互联网通讯的普及，新媒体或显性或隐性地影响着当代大学生自由个性的形成与发展己是一个显著的现实。另一方面，由于对新媒体的依赖逐渐转变为信任，这反而更加刺激了当代大学生对自己自由个性的认可与追求，最终造成了当代大学生追求自由个性这样一个明显的思想状况。

二、重视虚拟沟通

随着时代的发展，论坛、邮箱、QQ、微博、微信等新媒体形式为当前大学生人际交往主要的手段和途径。在新媒体的虚拟媒体空间中，多方的交流往往是匿名的，因此便有效减少了其他社会或个体的干扰，对个人言论自由及隐私的保护起到了一定作用，在一定程度上打消了人们的思想顾虑，从而也有利于更好地传递思想交流情感。因此，网络成为了大学生表达所思所想和倾诉自我心声的理想平台，他们渴望通过即时的交流来充分表达自己的意愿和想法，获得他人的认可和尊重，同时希望与思想政治教育者尤其是辅导员老师和学校管理层平等对话，解决自身面临的实际问题。因此，重视虚拟沟通已经是新媒体时代的一个现状。

三、价值观念趋于多元化

校园信息化在一定程度上处于一种时间空间无屏障的状态，信息的发布和运用较之以往更加自由，存在较大的不确定性和不可控性，一些腐朽落后乃至违背社会公德的信息大肆传播。由于大学生的价值观体系尚未完全成熟，缺乏理性判断能力，一旦有来自外界消极信息的干扰乃至渗透，一部分大学生便容易出现主流价值观混乱、价值观主体自由化、理想信念倒退等问题，从而使得高校思想政治教育的前期效果无功而返。大学时期正值人生观、价值观形成的关键时期，其思想的可塑性很强，信息来源的多元化，打破了传统媒体时代大多由老师、家长以及主导媒体的话语权威，形成了大学生价值选择的多元化特征。

（一）自我意识增强

改革开放后，尤其是随着社会主义市场经济体制的建立和完善，当代大学生的自我意识逐渐增强。对自我需要的尊重，对自我价值实现的关注与追求，对自我价值主体地位的确定等，成为当代大学生价值取向的重要因素。尽管从主流看，大学生并没有忘记自己是社会的主体，他们追求社会价值与自我价值的统一，个人与社会的统一，认同自己的发展与社会的繁荣富强是分不开的。但自我意识的增强，在少数人身上以自我为中心的倾向不可忽视。

（二）竞争意识和效益意识增强

当代大学生受市场经济的冲击，他们的生活中无处不体现着竞争二字。例如，学生会干部的评选、奖学金的评选、各种比赛的优胜者评选以及社会工作岗位的竞争。他们不"知足常乐"，不墨守成规，有充分的表现意识，展现自身价值，不断提升自身价值。

(三) 民主法治意识增强

大学生崇尚民主、法治社会，并逐渐学会利用法律的武器来保卫自身的合法权利。他们希望国家的制度能够进一步完善，但又不希望自身的自由受到限制。民主意识的增强是当代大学生价值取向积极的表现，但也有少数学生不能处理好权利与义务、民主与法制的关系。另外，我们还应注意到当代大学生主流价值取向与社会主导价值观的背离现象，不能回避这种现象带来的消极影响。主要表现在以下几个方面：

首先是功利观念。一方面传统文化倡导青年人应该具有无私奉献的精神，重利轻义的道德风尚，另一方面，社会主义市场经济承认经济杠杆的作用，认同个人利益的合理地位，由此带来人们对功利的追逐，因而传统价值观受到功利主义的强烈碰撞。

其次是信仰危机。当代大学生越来越关切现实和自身利益，他们在日常学习生活实践中，更加注重学科专业选择的实用性，注重今后的社会地位、爱情婚姻和生活质量。他们在理想和信仰的选择上，更多的是采取实用主义态度，就业时往高收入单位挤，一段时间，"孔雀东南飞"成为当代大学生择业时价值取向的集中表现。

三是诚信和爱心的缺失。诚信和爱心是生存之本，当代大学生在诚信和爱心方面的缺失也是令人担忧的。考试抄袭之风在校园蔓延，假文凭、假证书屡见不鲜，对同学、对社会的冷漠，这些问题，暴露出他们价值取向出现了偏失。

四是责任意识淡薄。责任意识淡薄反映在部分大学生身上已经到了比较严重的地步，一些人我行我素，唯我独尊，今朝有酒今朝醉。在生活上，不珍惜父母的辛勤劳动，超现实消费，贪图享受，没有家庭责任；胸无大志，得过且过，不关心国家大事和社会的发展，没有社会责任；在个人感情问题上，不图天长地久，只图曾经拥有，缺乏自己对他人的道义责任等。

第二节 大学生思想政治教育存在的问题

当今社会环境因素与新媒体技术的双重影响，引发了当代大学生思想政治教育存在一些问题，主要体现在教育内容不具备针对性、教育载体滞后以及教育主体的优势地位受到挑战等方面。

一、教育内容缺乏针对性

传统的大学生思想政治教育与大学生思想实际不贴近，在紧扣大学生学习生活方面尚有欠缺，实效性及针对性匮乏，感召力和吸引力也不强。长期以来，思想政治教育工作习惯于提要求和讲灌输，但从学生思想状况和学习生活实际出发解决问题却比较欠缺。当代大学生面临学习、心理、权益、就业等诸多问题，相当多的学生承受着来自学习、就业、经济、人际交往等方面的压力，许多社会问题在他们身上也都有所反映，一些学生感到迷茫、压抑、焦虑，进而产生许多心理问题。故仅仅从思想方面提要求往往无助于解决一些具体问题，这使得学生感到思想政治教育工作不能适应当今社会的实际和大学生自身的实际。

在传统大学生思想政治教育中，由于教育对象的思想动态与新媒体时代具有显著的同步性，因此教育内容的单一性已经完全不适应当代大学生追求自由与多样的时代需要。此外，面对虚拟空间中层出不穷的大学生新的心理问题，传统思想政治教育只是简单地搬用以往的教育内容和教育方式，并未能设计出更有针对性的新举措。由于当代的大学生是生活在新媒体时代这个大社会环境之中的，其所受到的教育自然要针对现实环境，顺应时代的需要，从而使学生具有明辨是非的能力，进而能适应现实社会的能力。而事实上由于种种原因，目前大学生思想政治教育的现状却并非如此。主要原因可归结于，传统思想政治教育在内容方面缺乏针对性，作为当代的思想政治教育者，理应在思想理念及教育水平两方面做到与时俱进，根据新媒体时代大学生新出现的思想状况及时调整教育内容，以提升教育的针对性和实效性。

二、教育载体状况分析

传统的大学生思想政治教育载体主要包括课堂教学、班级活动、社会实践、校园文化等活动，虽然这些教育载体在一定的时代背景下显现出了其实用性，但其中还存在不少弊端。

（一）载体功能的僵化

课堂是学生学习知识、提高思想政治觉悟的主阵地。各高校中应充分利用课堂载体，坚持传授知识与提高学生思想政治素质相统一，帮助学生形成完善的人格。

首先，教学内容的滞后性。伴随新媒体技术的进步及广泛应用，许多思想政治教育者已尝试开始采用新媒体形式开展大学生思想政治教育工作，例如开设思想政治教育主题论坛，设立思想政治教育网络社区主页，开发移动互联网平台等等，这些载体形式对促进大学生思想政治教育的发展起到了一定作用。然而，许多高校思想政治教育的教育者、管理者的教育理念还偏于保守，偏爱的仍是思想政治教育的传统载体形式，他们习惯于使用传统教育手段，对新媒体技术发展的益处与前景认识不清，改革教育形式的自身动力不足，这便直接导致思想政治教育的载体选择实际上并无法充分满足当代大学生的需求，教育载体存在明显的滞后性。理论脱离现实，就会失去根基，没有说服力，这也是学生容易对政治心理课产生逆反心理、不愿接受的主要原因。

其次，教学方法的单一性。高校政治理论课教师的教学方法仍是以课堂讲授为主，一味突出教师的主导作用，仅以学生被动接受，缺乏激发学生思考、主动积极参与的方法和手段。

最后，不能与专业课课堂形成合力。学生思想政治教育工作，不应该只是思想政治理论课教师、辅导员、学生工作管理者的"独唱"，而应是全体任课教师与全体学生的"合唱"。在高校校园中存在这样的现象：一些专业课教师，随便对社会现象进行不负责任的评价，课堂上宣泄自己的情绪。这会对学生产生长久的不良影响，甚至毁掉政治课教师长期努力的成果。

（二）管理载体功能的弱化

现在大部分学生缺乏主动学习意愿，经常三分钟热情，不能够保持持久学习的状态。因此必须切实落实管理载体的作用，督促学生养成学习习惯。目前部分高校管理部门和管理者缺乏思想政治教育理论知识和自觉对学生进行思想教育的意识，把管理与思想政治教育分割开来。部分管理者认为，只要学生不出现安全事故、不违反学校规定，安心上课，顺利拿到毕业证就万事大吉了，把学生的思想问题、心理包袱完全交给辅导员与政治理论课老师。管理功能的弱化，直接影响了高校思想政治教育的时效性的发挥。

（三）活动载体的形式化

高校的学生多数在高中阶段成绩是班级的中等学生，并非各类学霸，他们往往是班级中的活跃分子，具有多种多样的才华。因此他们喜欢参加各种活动，渴望通过活动施展自己的才华并得到大家的认可。故此，活动载体是高校思想政治教育载体中最具吸引力的形式。目前，部分高校在运用活动载体时片面追求形式而非内容，使活动成为与思想政治教育无关的"装饰"或"表演"。例如：一些思想政治教育工作者在组织活动时单纯追求流行和时尚，最终起到的作用只是以乐代教而不是寓教于乐；还有些思想政治教育工作者把组织活动总体数量作为考核业绩的标准，忽略了活动的实际效果；此外一些活动存在严重的短期性、暂时性等问题，活动大张旗鼓地开始，但随后又悄无声息地结束了。活动载体的形式化，严重束缚了高校思想政治教育功能的发挥。

三、教育主体优势地位出现动摇

对于教育对象而言，传统的思想政治教育主体不仅具有其特色的理论优势，而且还富有历史、人文、社会等底蕴优势，教育者在多年知识信息积累的基础上，可以在教育过程中充分展现自我的教育魅力，也就是对于受教育者而言，他们是处于优势地位的。由于教育者对传统媒体占有量较多，他们可以及时准确地把握社会经济、政治和文化动态，并结合思想政治理论教育，从而丰富教育形式，充实教育内容，提升思想政治教育的凝聚力和向心力。因此，传统思想政治教育是在教育主体和教育客体的知识信息不对称的基础上建立起来的。不过，新媒体打破了这种传统格局，在新媒体时代，海量的知识信息传播快捷，具有大众性特征，而大学生作为新媒体运用的主要力量，可以借助新媒体快速获得各类社会信息，甚至在某些方面的了解比老师还要多，从而改变了自身在传统教育中知识信息劣势的格局。导致教师在学生心目中的形象变得不再高大无比，其在学生心目中的优势地位也开始下滑，这便对传统思想政治教育者的主体地位带来了挑战，从而使教育主体的优势地位出现动摇。

第三节　原因分析

结合理论研究以及调研、分析实际情况可知，造成新媒体时代大学生思想政治教育现状的原因是多方面的。首先是新媒体时代的影响作用；其次是新媒体技术对原有信息载体技术的强有力冲击；再者，便是新媒体社会对大学生思想政治教育的综合作用，包括对教育主体的影响、社会环境对思想政治教育的影响等方面。

一、新媒体时代的影响

新媒体时代对大学生思想政治教育的冲击力很强。事实上，每一次大众传播媒介的深刻变革，都会给人们的社会生活带来巨大的影响。而新媒体对思想政治教育的影响也不例外。在各种新媒体包罗万象的信息影响下，人们也潜移默化地改变着自己的生活方式、思维方式和价值观念。新媒体以其独特的传播方式和丰富的传播内容，对人们的思想、学习和生活方式产生着深远影响。大学生思想活跃、思维敏捷、易于接受新生事物，是时尚的永远追随者。新媒体以其信息资源的丰富和交流的便捷，必然成为大学生获取和交流信息的重要渠道，受到大学生的广泛关注和喜爱，使他们成为接触和使用新媒体最早最直接的群体之一。大学生思想政治教育工作者应充分关注网络新媒体的影响，主动、积极地利用新媒体为思想政治教育工作服务，不断丰富工作的新手段，开拓育人的新空间，从而影响现代教育的载体形式、影响教育主体的优势地位、影响新媒体时代的思想政治教育的内容。

新媒体具有互动性、多媒介、数字化、及时性等特点,对大学生发展有着重要的影响,其中有积极的影响也有消极的影响。积极的方面包括大学生能有平等交流与主动参与的机会,大学生思想的集中表达和意见的传播,社会道德、价值与法律的探讨与促进等。首先,新媒体拓宽了个人接受信息的渠道。迅捷方便的平台、海量的信息让世界变大了,距离变小了。新媒体拓宽了个人接受信息的渠道,改变了人们单单依靠传统媒体造成的信息不即时的弊端。其次,新媒体由于信息的透明公开,使传播主题大众化,大学生可以就自己身边发生的或者自己关心的事情发表意见。个人观点态度的叠加就会造成舆论的压力,对决策者的行为产生影响。

同时新媒体时代下的网络环境对大学生也有负面的影响,如信息过载的负担、自由主义和自我意识的泛滥、人际关系冷漠和情感迷失、网络舆论暴力、核心价值文化的冲突等。

二、新媒体技术的冲击

新媒体作为一种新兴的传播媒介,正在经历着一个从起步到日趋成熟的阶段。而新媒体技术的快速发展则改变了人们的生活方式,改变了人们的思维方式,改变了人们获取信息的渠道,从而在一定程度上促成了新媒体时代的思想政治教育的现状。换句话说,新媒体技术对大学生思想政治教育带来了强烈的冲击。媒体是教育进步、人类文化传播的必要手段,其进步与应用也不断地改变着、影响着思想政治教育的现状。而媒体技术本身也构成了一种新的教育内容、教育形式,它既是重要的社会惯例构成,也是工业体系的延伸。传媒加强人们新近形成的日常礼节和习俗,为人们重建认同感和记忆提供新的素材。

在全媒体时代,新的媒体技术一方面迅速刷新人们的传统认知结构,另一方面也在塑造一种崭新的文化形态。从现实来看,新媒体赋予人们话语权、生产效率、传播力,增强了公开性、透明度和创造性。教育内容与形式与信息的传播途径从来没有像今天这样丰富、多元、及时和生动,同时新媒体也从来没有像今天这样被人们与社会所关注。这样导致的结果便是新媒体技术冲击着原有的教育载体,使当今大学生思想政治教育载体严重滞后,不适应于新媒体时代教育载体的需求。因此,新媒体技术的冲击在一定程度上影响了现代思想政治教育的现状。

三、新媒体社会发展的刺激

新媒体发展到今天,和它所处的社会环境是密不可分的。新媒体环境是随着在信息技术日新月异变化的新形势下,互联网的互动、手机与互联网的互动,以及互联网络、手机网络、电视网络三网融合等形成的。随着科学技术和经济社会的发展,由网络与手机等新媒体形成的新媒体环境迅速实现了阅读、书写、运算和传播方式的重大改革,从而使教育从时间、空间和实践结果上也都引发起了一场大革命。而这场革命同时也会为新媒体社会的发展带来一定的影响;同时,社会发展的刺激作用也十分明显。比如,它使现代教育主体的优势地位变得不那么明显。作为受教育者的大学生可能在互联网、微博、论坛等方面得到的知识比作为教育主体的老师还要多,就直接导致学生对老师的尊敬程度下降,甚至怀疑老师的能力,造成老师在学生面前的优势地位产生动摇。

在目前这样一个充分多元化的利用新媒体技术而传播信息的大市场上,大一统的受众群体则越来越被分割为众多小型的、社区化的、多方向的传播交流小群体;而数字化生存、信息资源的丰富性和传播手段的多样化,将是众多纸质媒体在网络时代追求的目标。由于技术革命与技术创新所推动的发展是不可抗拒的,技术落后和生产方式的陈旧而导致的被淘汰,也是不可避免的。因此,新兴媒体的出现是对传统媒介权力的威胁。新媒体会导致新的权利中心的出现,从而在现存的主导性的威权内部引发日渐激化的紧张状态;另一方面,新媒体有时候会绕开已经建立起来的媒体传输机构,发布遭到禁止或限制的信息,通过这种方式来破坏控制社会知识的等级制度。然而,媒体被视为承担了广泛的社会利益的社会机构,其基本职能就是满足社会公众的各种精神文化需要,即"社会公器"的"公共利益"诉求。为此,媒体的内容呈现也必须符合有形或无形的社会规范,其结构组成和社会活动必须受到一定程度的限制。因此,从这个角度来理解,新媒体社会发展到今天,它对思想政治教育的刺激作用在一定程度上造成了当前的教育现状。

综上所述,新媒体时代大学生思想政治教育现状错综复杂。一方面,大学生群体是互联网络使用的主力军,其思想、行为以及心理状况均受到互联网不同程度的影响;另一方面,受新媒体技术、新媒体时代以及社会环境等因素的综合影响,大学生思想政治教育本身在教育内容、教育载体、教育主体等方面存在一些问题,影响了大学生思想政治教育的实效性及其发展。为了解决这些问题,对当前的大学生思想政治教育现状分析其成因,并根据原因实施针对性的创新策略,势在必行。

第六章 大学生思想政治教育现实对策分析

新媒体时代,大学生思想政治教育遇到了前所未有的挑战和机遇。我们应该充分认识到大学生思想政治教育所面临的新境遇,认真分析社会环境变化对大学生思想政治教育产生的深刻影响,思想政治教育在新境遇下的新变化及其呈现出的新特点等,从而寻求并创新适应新媒体时代的大学生思想政治教育新方法、新对策,促进大学生思想政治教育的不断进步与发展。

教育对策的创新,包含的范围很广。针对前面所分析的问题,目前对大学生思想政治教育的创新应主要针对以下几方面,即丰富思想政治教育内容、延展思想政治教育载体、提升思想政治教育水平、拓展思想政治教育途径。

第一节 扩充思想政治教育内容

与时俱进是马克思主义的理论品质,大学生思想政治教育同样需要与时俱进。而扩充思想政治教育内容是为原来的思想政治教育注入新鲜血液,促进大学生思想政治教育的发展,使其顺应新媒体时代发展的潮流,确保大学生思想政治教育做到与时俱进。大学生思想政治教育发展到当今的新媒体时代,其教育内容需要丰富与创新。新媒体时代的冲击会对原有的教育内容造成影响,使之不再适应、或者说不再完全适应当今时代的发展需求;当代大学生的思想行为"日趋宽泛和分散,思想文化需求日益多样,价值取向日趋多元"这些现状,也造成了原有的教育内容不能充分满足当代大学生适应于社会的需求。加之原有的教育内容在当今社会看来过于单一与陈旧,的确需要吸收新鲜成分。因此,扩充大学生思想政治教育内容是正确的选择。应从以下方面考虑丰富其教育内容。

一、发挥内容实效性

理论联系实际，是马克思主义的基本原则，是实事求是思想路线的要求，是马克思主义学风的体现。而理论联系实际，就是要从马克思主义基本原理出发，联系社会实际与国内外大局，继而去发现和分析问题。而在当前新媒体时代背景下，大学生渴求自由个性，思想状况层次不一，因此必须从学生具体实际出发，制定并围绕不同的教育目标来设计创新教育内容，积极开展贴近学生的教育引导活动。

发挥内容实效性必须紧扣大学生身心发展实际特点，从改革开放和社会主义现代化建设的实际出发，从大学生的思想实际出发，将时代特征与世界观、价值观、人生观教育紧密结合，联系思想教育与知识传授，例如开发"时政教学"模式，挖掘时政新闻与教材知识的交汇点，将国家要事、社会大事、百姓难事融入到思想政治教育中来，成为一部生动的现实教材。

二、创设内容层次性

在新媒体的时代背景下，思想政治教育不能仅停留在澄清价值与教授知识的表层，而要走向价值抉择与理念明确的里层，这便要求思想政治教育的内容不能只做门面功夫，而是要做到层次分明，内涵丰富。有学者曾将思想政治教育内容分为三个层次。第一层次是以"马克思主义基本原理概论""毛泽东思想和中国特色社会主义理论概论""思想道德修养与法律基础"等思想政治理论课为主，这一层次居于思想政治教育内容的核心地位；第二层次是以参考资料、典型案例以及与其相关的链接网站等与核心内容相符合的背景知识介绍和述评为主，这一层次居于次要地位；第三层次是以大量集合新的观点、优秀成果和名师讲座等形式为主，主要目的为拓宽学生的视野，将教育居于内容本身的延伸线上。

创新思想政治教育内容可以充分发挥新媒体优势，利用逐步渗透、层层递进的方式，构建传统思想政治教育内容与创新型思想政治教育内容相结合的体系，其中既有中国特色社会主义理论体系的思想教育，党的基本纲领、基本理论、基本经验教育，中国革命建设及改革开放的教育，民族及时代精神教育，社会公德、家庭美德、职场道德教育，也有健康教育、人文精神及科学素质教育、法制道德教育、心理健康教育。将思想政治教育与大学生特色及新媒体时代需求结合起来，才能更好地发挥教育的更大功能。总而言之，创新思想政治教育内容必须以受教育者的背景、喜好及需求为基础，创设层次多样的教育内容，提升思想政治教育内容的针对性。

三、重视内容服务性

就本质而言，思想政治教育其实更像是一种提升大学生思想素质的服务，思想政治教育内容需要一定的说教成分，但更应包含心理层面的辅助，着力扭转大学生在世界观、人生观、价值观方面遭遇的迷茫环境，全力解决大学生在学习、事业、爱情等方面遇到的困难问题，立足尊重、信任与关怀，帮助大学生树立正确的价值观念，使其成为明辨是非的主体，使其顺乎社会主流发展趋势的要求。

注重教育内容的服务性，是创新思想政治教育内容的一个较为重要的方面，是创新思想政治教育内容的可靠路径，是构建思想政治和谐教育的正确途径。思想政治教育内容的服务性应注重发挥大学生的积极个人因素，摒弃消极个人因素，用以人为本的教育理念为指导，为大学生创设倾诉与表达的平台，积极鼓励其投身社会主义主流文化的建设。

第二节　丰富思想政治教育载体

思想政治教育载体，是指在思想政治教育的过程中，能够承载和传递与思想政治教育有关的内容或信息，并为思想政治教育主体所运用，促使思想政治教育主客体之间互动的活动形式和物质实体，它包括传统载体和现代载体两种。传统载体指的是思想政治教育过程中早已产生且至今仍持续发挥作用的载体，主要包括研讨会、座谈会、面谈等形式。现代载体则指的是随着现代社会发展而产生的带有全新时代特征的载体方式，从当前来看，新媒体便是现代载体的重要部分。此外，若是从活动主体、方式的差异角度来分类，也可将载体形式分为物质载体（如校园风格）、制度载体（如学校管理规章制度）、精神载体（如校园文化活动）、传媒载体（如传统的广播、报纸、电视、书籍等传统传媒和新媒体）等等，伴随新媒体时代的降临，思想政治教育的主客体呈现多重发展趋势，丰富载体成为了进行思想政治教育工作的重要手段。

一、加强载体数字化建设

当今时代，数字化技术日新月异，蓬勃发展，对思想政治教育的革新也起到了强有力的推动促进作用，深入建设数字化教材体系，努力开发与大学生身心发展特点相匹配、与思想政治教育目标与任务相吻合的优秀新媒体教学软件，不仅是与时俱进的创举，更是发展思想政治教育载体的有效途径之一。在加强数字化载体建设的实践方面，我们可以看到许多生动而又富有实效的事例，例如清明网上公祭活动、网上党建论坛、网络党校以及虚拟班级等等，这些数字化载体的具体体现，从一个侧面反映出了新媒体时代浓浓的时代气息。

二、加深载体复合化建设

作为结合了传统媒体与现代媒体的独特的生态系统，校园载体具有整体性、开放性及动态性等特点，归结成一点便是具有极强的复合性。因此，校园载体复合化建设是否深入直接影响到其载体最大功能的发挥。加深载体复合化建设，首先必须巩固加强传统媒体教育，发挥校园电视台、广播、宣传栏、校报、校刊等宣传阵地在校园文化建设中的传统优势。其次，应在融合校园各类媒体的基础框架上，创建新的媒体环境，重新整合各类媒体，打造新的媒介形式，如可运用体育场媒体、教学楼媒体、生活区媒体、校园走道媒体等形式展开思想政治教育活动，具体媒体形式可参见表6-1。对各类校园媒体的有效运用，有利于构建意识形态及思想政治教育阵地，通过持续传递正确的思想观念及指导价值，继而营造融洽的育人氛围，促进当代大学生思想政治教育实效性效果的实现。

表6-1　校园可用来开展思想政治教育的新媒体

新媒体种类	具体内容
食堂媒体	立柱
	墙面
	镜框
	餐桌
宿舍媒体	门贴
浴室媒体	墙面
	立柱
	柜贴
公共通道媒体	楼宇展架
	灯箱
	镜框
	电梯广告框
运动场媒体	围栏
	立柱
	仪表镜
	共用电器外壳

三、加快新旧载体互动化建设

首先需要明确一点的是，新媒体的所谓"新"是相对的，它同样是在不断发展变化的。例如与报刊相较，广播是新媒体，而与电视、网络相较，广播则又退位为旧媒体了。实际上，新媒体与旧媒体长期共存，并无完全取代之说。新旧媒体只有广泛开展合作，加快互动化建设，才能适应不同文化程度、不同经济条件、不同个人偏好的大学生的个性化的需求。

这方面要做的工作我们要从以下几个方面着手：一方面是将新媒体技术与传统教育方式进行有机结合，充分发挥载体的合力作用，令传统思想政治教育得以朝着创新道路前行，从而丰富思想政治教育途径与方法，满足不同学生群体在不同阶段下接受思想政治教育的需要。另一方面，则要探索虚拟空间与现实空间相统一的工作新思路，既要通过网络、手机等新形式采集学生的心理动态，也要通过意见箱、报告会等旧形式分析处理学生的思想问题。

尽管新媒体技术在信息传播中已扮演了至关重要的角色，但传统媒体在公信力及导向性方面却始终保有自己的独特优势，在今后较长一个阶段内都不会被新媒体技术完全取代。因此，在新媒体时代背景下，只有将新媒体与旧媒体进行有效融合，才能形成良性互动、优势互补的新格局，推动大学生思想政治教育工作效率的最优化。

第三节 提升思想政治教育水平

思想政治教育水平的高低与教育者自身以及其教育工作如何开展等因素密切相关。教育者始终是教育的主力军。教育者综合能力的高低在很大程度上能够决定教育质量的好与坏。因此，为了确保和提升当代大学生思想政治教育的质量，必须要拥有一批素质高、综合能力强、创新意识突出的教育工作者。另外，为了保证教育的实效性，如何正确、合理而又有效地开展当代大学生的思想政治教育工作，也是一个关键因素。

一、切实提升大众传媒从业人员综合素质

根据传播学原理，大众传播效果的形成受到多种因素和条件的制约，但在这一过程中居于最优越地位的无疑是作为传播主体的传播者。传播者掌握着传播工具与传播的手段，还决定着传播信息内容的取舍，是传播过程的控制者，发挥着主动的作用。

当代社会，随着生活节奏的日益加速，人们的日常生活受大众传播的影响也逐渐加深。大学生的日常生活与大众传播紧密相连。大众传播在为大学生日常生活带来诸多积极影响的同时，也不可避免地带来了一些负面效应。如一些反党反人民、仇视社会主义、否认改革开放巨大成就的不良言论，会对大学生的价值理念产生干扰，而那些包含色情暴力的低级庸俗的不良信息更会侵蚀大学生的心智。

要解决这些问题，就必须牢牢把握大众传播的舆论导向，使其发挥正面的传播和教育效果。这个时候，作为控制者的大众传媒从业人员便起到了至关重要的作用。因此，只有切实提升大众传媒从业人员的综合素质，才能开辟出一条正确畅通的思想政治教育信息传播道路。

一是要进一步提高大众传媒从业人员的政治素质。由于受众复杂多样，大众传播的道路也必然是多样化，但不管怎样蜿蜒曲折，其大方向必须是始终沿着中国特色社会主义发展路径前行。因此，作为大众传播活动的引领者，大众传播从业人员必须注重培养自身政治素养。一方面，要积极主动地提高自身理论政策水平，深化思想政治意识，树立正确的传播观；另一方面，要不断努力提升道德素质和文化素质，加强自身责任感和自律性，使自己成为道德高尚的传播者，从而把积极向上的信息传播给广大大学生。

二是要完善大众传媒从业人员的自律机制。自律是社会道德责任感的一种重要体现。传播者只有遵从职业操守，恪守道德规范，实事求是地传播信息，才能在受众中产生积极影响。媒体只有发挥好监督职能，曝光不良风气，宣扬社会正能量，才能形成良好的社会舆论氛围。也只有依托优良的社会舆论环境，思想政治教育工作才能达到预期的良好效果。

二、培养专业的思想政治教育者

发挥好大众传播载体的思想政治教育功能，除了需要切实提升大众传媒从业人员的综合素质之外，对广大思想政治教育者进行培养也很必要。加强思想政治教育者队伍的培育，提高思想政治教育者的综合素质，将更有利于利用大众传媒载体落实好当代大学生思想政治教育工作。

首先要更新观念。观念促成行动，要培养专业的思想政治教育队伍，必须要以现代化的思想政治教育观念为先导，着力转变固有的旧观念。一方面，思想政治教育者要明确大众传播载体的有效地位，认清其在思想政治教育工作中起到的关键作用。大学生思想政治教育活动必须有效利用大众传播载体，调动大学生在思维模式、生活方式等方面的有效转变；另一方面，思想政治教育者也要认识到当代思想政治教育工作在新媒体时代背景下的紧迫感，必须从提升自身政治理论水平出发，牢固掌握思想政治教育规律，深度熟悉大众传播相关知识，深入把握大众传媒特点，这样才能从容应对大众传播带来的种种挑战。因此，新媒体时代的思想政治教育者要时刻带着新认识和新观念，牢牢把握住大众传播这个载体。

其次要学习传播学技巧。所谓传播技巧，指的是在传播活动中，为顺利达到说服目的而采用的方法与策略。它是通过对传播规律、原理进行灵活运用而表现出来的一种既特殊又具体的传播方法，其主旨是为传播内容服务的。传播技巧是传播理论的关键要素，是传播者理论经验与政治素养的集中体现，通过合理地运用传播技巧来组织思想政治教育信息的传播，可以有效地将要传播的信息传给受众，作为新媒体时代的思想政治教育者，在充分利用大众传播载体的同时，还应积极主动地将传播技巧整合到具体的思想政治教育活动中来，切实加强思想政治教育活动的传播效果。专业的思想政治教育者队伍的发展壮大，需要思想政治教育者们深入学习贯彻传播学知识，理解传播学技巧，利用扎实的理论知识，结合学生实际特点展开具有强烈感染力的生动活泼的思想政治工作，只有这样才能达到预期目的。

三、发挥多种媒体良性互动的综合效应

大众传播的不同传媒具有的优势和特点各不相同。如何有效地利用不同传媒的特点，形成多种媒体优势互补、良性互动的综合格局，是我们在创新大众传播载体时应大力思考的问题。

第一要了解和熟悉各类传媒的特点，有针对性地开展思想政治教育工作。不同的大众传媒具有自身与众不同的特点，不同的接受者对大众传媒的接受程度也不尽相同。例如对于报刊、书籍而言，大学生文化程度较高，对其巨大的信息量及丰富的内容能较好地理解，因此它的理论色彩可以相对浓厚一些。而电视、网络等更新速度快，应尽量避免使用晦涩难懂的表达方式，而应多采用明快简洁的语言来进行信息传递。因此，思想政治教育者应当根据不同情况，采用不同的传播方式，以期达到最优的教育目的。

第二则要多种媒体优势互补、良性互动，全方位多角度地展开思想政治教育工作。大众传媒形式多样，不论报纸、广播、电视、网络都能够独立担当思想政治教育的有益载体，并且灵活地发挥好其教育功用。因此，思想政治教育者应灵活运用各种传媒手段，加强各类媒体的导向作用，在传播中潜移默化地渗透道德素质与精神价值。此外，思想政治教育者还应协调好各种传媒方式之间相互补充的关系，发挥互补性，提高影响力。

第三是要认可教育客体的主体性，加强互动性。在大众传播活动中，尊重认可教育客体的主体性，是增强其主体意识的必然要求，也是运用好大众传播载体的客观需要。而"互动"则可以充分体现受众的利益，令受众自愿地参与到大众传播的活动中来。因此，调动大学生的主体意识，令其参与传播互动，不仅能使大学生的精神文化需求得以满足，而且也能使其利益得以体现，目的得以实现。

第四节 拓宽思想政治教育途径

大学生思想政治教育已迈入崭新的新媒体时代，大学生也开始表现出许多全新的特点。在新的时代背景下，原有的思想政治教育途径显得非常狭窄，既与当代大学生所需的思想政治教育不适应，又不利于思想政治教育在新媒体时代下的持续发展。因此，有效地利用新媒体，加强思想政治教育的实效性和针对性，对旧有的思想政治教育进行创新，拓宽思想政治教育途径，是大学生思想政治教育工作的必要举措。

一、转变观念，加强学习，实现新时代教学结合

长期以来，大学生思想政治教育多采用灌输式教育法，老师、学校、主流媒体拥有无可置喙的话语权威，对大学生的教化往往采用说教的形式，极易引发大学生受众的逆反心理。在新媒体时代的背景下，这种传统老旧的思想政治教育方式弊端尽显，已不适应如今时代的发展需要。新媒体时代，大学生思维活跃，独立思考能力强，对新媒体信息兴趣浓厚，对于新媒体技术也能快速熟练地掌握，并即时运用到自己的学习生活之中。相比之下，许多高校思想政治教育者因循守旧，接受新生事物的能力薄弱，加之受自身新媒体技术所限，思想政治教育过程中时代感不强，思想政治教育工作往往达不到预期的理想效果。因此，在新媒体时代，高校思想政治教育者必须重新考量新媒体元素的重要性，自觉将其融入到日常的思想政治教育中，紧扣大学生身心实际，有针对性地开展思想政治教育工作。根据不同学生特点适时转换教育方式，充分体现互动性，让学生们自己主动接触新媒体，通过接触来学习自己需要的知识，即做到教学结合。另外，教育者本身还需提高自身的技术水平，与时代接轨，与社会及时代发展的需要接轨。新媒体时代的思想政治教育不仅是实施教育，更是不断地进行自我教育。因此，思想政治教育者要时刻把握新媒体技术，不断更新教育观念，充分利用新媒体实现教学结合，从而使思想政治教育不断发展与创新。

二、拓宽渠道，加强引导，提升大学生媒介素养

面对具有多元化、虚拟性和自由性的新媒体，大学生思想政治教育工作者要积极拓展新的教育渠道，加强大学生的媒介素养教育。所谓媒介素养，是指人们对各种媒介信息的解读、批判能力和使信息为个人生活、社会发展所用的能力。在新媒体时代，每个人既是信息的输入者，也是信息的输出者。因此，媒介素养应包括作为输入者的素养和作为输出者的素养两方面。作为输入者，即作为接受

者，应能够有理性分析媒介信息的能力，尤其是对消极负面信息的批判抵御能力；而作为输出者，即作为传播者，则要自觉提升素养，强化自身的道德精神。面对新媒体时代的海量信息，一部分大学生因辨别能力不足，成为了消极落后信息的俘虏，甚至成为那些三俗文化的输出者。为此，思想政治教育者应拓宽渠道，加强引导，不断提升大学生媒介素养，要着重加强大学生对媒介信息的选择、处理、分析、理解、评估、运用的能力，以及输入输出媒介信息的能力。例如思想政治教育者可以将道德教育融入到课程教学中，或利用知识讲座、选修课等方式锻炼学生的媒介素养，促使学生树立正确的媒体观，提高对有害信息的免疫能力，自觉恪守道德规范与媒体守则。科学运用新媒体资源，努力营造和谐文明的校园新媒体文化氛围，从而达到提高大学生媒介素养之目的。

三、抢占阵地，增强监督，完善新媒体信息环境

新媒体来势汹汹，不仅形式生动，而且渗透力强。对此，高校思想政治教育者要学会科学利用网络信息载体，努力为思想政治教育创造便利条件。例如建立以思想政治教育为主题的网站，抢占网络思想政治教育的新阵地，使思想政治教育内容从课堂的现实空间跳跃至网络的虚拟空间中。在主题网站的基础上，还可创设如讨论吧、贴吧、微博等网络阵地，培养学生的"网络综合"能力。除了建设网站之外，还要重视后期对网站的管理和监督，运用先进的技术手段对网络的信息传播进行把关，通过设立网络监督员，对网络的一些不文明信息进行及时地处理和过滤，通过有效的监控和科学的引导，为大学生的健康成长铺开一片沃土。

另外，新媒体信息环境优化，要充分改善教育主客体周围的信息条件，综合利用积极因素，优化信息资源。完善新媒体信息环境是整个社会的责任，需要社会各层面的共同参与，政府应加强对大众传播的监察力度，保证大众传播的正确舆论导向，同时制定和完善相关法规，为大学生思想政治教育提供健康向上的社会大环境。高校则要深化对新媒体的研究，努力探索新媒体时代背景下思想政治教育工作的规律和新特点，将当代的思想政治教育内容融入到新媒体的传播路径中，加强全局管理，为高校校园带来一个积极健康的新媒体信息环境，从而促进大学生思想政治教育积极健康地向前发展。在教育者层面，高校教师应根据自己的实际情况，努力提高新媒体综合技能和专业知识，确保在学生面前的优势地位，不断创新与提高教育方法与手段，力争做到充分调动当代大学生学习思想政治教育的积极性，引导学生树立正确的科学观、人生观与价值观，坚决杜绝向学生透露不良信息、有害信息以及可能危害学生身心健康的信息，积极引导学生杜绝不良信息的侵入、提高辨别虚假信息的能力，养成拒绝接受危害自己身心健康信息的习惯，在主观上做到优化新媒体信息环境，为当代的大学生思想政治教育事业

尽自己应尽的责任与义务。

综上所述，新媒体时代下，大学生思想政治教育创新的主要关键就在于丰富思想政治教育内容，延展思想政治教育载体，提升思想政治教育水平，拓宽思想政治教育途径。对于整个大学生思想政治教育策略的创新而言，做到这些还远远不够，需要更为深入、全面的研究。

第七章 大学生思想政治教育的原则和方法

第一节 大学生思想政治教育的原则

大学生思想政治教育原则，是在大学生思想政治教育的实践中形成的，贯穿于大学生思想政治教育全过程，是开展大学生思想政治教育活动必须遵循的具体指导思想和基本要求。新时期大学生思想政治教育只有在实践中坚持思想政治教育原则，才能不断提高大学生思想政治教育的针对性和实效性。

一、大学生思想政治教育的基本原则

（一）方向性原则

方向性原则是指大学生思想政治教育的全部活动要始终与社会发展的要求相一致，坚持正确的政治方向不动摇。当前，方向性原则主要体现为大学生思想政治教育要旗帜鲜明地坚持社会主义和共产主义方向，坚持党的基本路线，要与中国共产党的纲领与宗旨相一致。坚持方向性原则对大学生思想政治教育活动具有非常重要的意义。首先，只有坚持这一原则，才能保持无产阶级思想政治教育的本质特色。其次，只有坚持方向性原则才能统一人们的思想与行动，充分发挥思想政治教育的作用。再次，坚持方向性原则是实现思想政治教育价值的根本要求。最后，思想政治教育价值的实现与否，必须以教育目的的实现程度和方向原则的贯彻程度来衡量。

要在大学生思想政治教育过程中坚持社会主义方向，首先，必须始终坚持以马列主义、毛泽东思想和中国特色社会主义理论体系作为思想政治教育的指导思想。其次，提高贯彻思想政治教育方向性原则的自觉性。邓小平指出："我们干的

是社会主义事业,最终目的是实现共产主义。这一点,我希望宣传方面任何时候都不要忽略。"作为以培育"四有"新人为己任的大学生思想政治教育,更要始终牢记这一点。要使大学生思想政治教育工作者认识到,坚持思想政治教育的共产主义方向,是有效开展大学生思想政治教育活动的根本保证,因而在实际工作中要自觉运用这一原则,将其精神贯穿在具体的思想政治教育活动中。同时,也要帮助大学生认识到,坚持正确的政治方向,有利于个人的全面发展,有利于政治与业务的统一,有利于红与专的统一、德与才的统一,从而坚持向共产主义方向前进。最后,贯彻方向性原则必须讲究科学性。要很好地贯彻方向性原则,就必须将坚定的原则性与方法的灵活性结合起来,努力使大学生思想政治教育自然地渗透到社会生活的方方面面,从而潜移默化地影响人。要努力探寻方向性原则与思想政治教育具体目标之间的契合点,并以方向原则统摄各种具体目标,使共产主义方向成为大学生思想政治教育的灵魂。

(二) 求实原则

求实原则,它体现了一种科学的工作态度。思想政治教育是一项实实在在的转变人的思想的工作,因而任何华而不实和不切实际的做法都难以取得良好的教育效果。大学生思想政治教育的一个重要特点就是具有针对性,要做到这一点,教育者必须遵循实事求是的原则。教育者在进行思想政治教育的过程中,必须从社会发展的现实和受教育者的思想实际出发,运用马克思主义的基本理论去解释分析社会问题和受教育者的思想问题,并从中寻找出解决问题的基本规律,来指导大学生思想政治教育的活动。求实原则,是指大学生思想政治教育要始终坚持"理论联系实际,一切从实际出发,实事求是"的思想路线和原则。

所谓理论联系实际,包含以下两层含义。

(一) 一定要掌握大学生思想政治教育的相关理论

大学生思想政治教育理论是从事大学生思想政治教育的重要指导,能为相关工作提供有效的方法。因此,我们必须全面地、系统地、准确地掌握大学生思想政治教育理论。

(二) 一定要从实际出发,实事求是

理论只有面向实践、指导实践、接受实践检验并随实践发展,才富有强大的生命力和战斗力。

要做到理论和实际相结合,必须坚持实事求是。大学生思想政治教育一定要坚持和发扬理论和实际相结合的原则和作风,反对理论和实际相脱离的"左"或"右"的错误倾向。

求实原则的贯彻实施要做到以下几点。

（1）自觉学习马克思主义理论。马列主义、毛泽东思想、中国特色社会主义理论是党认识世界、改造世界的强大思想武器，加强马克思主义理论的学习，有助于人们树立科学的世界观、人生观和价值观，抵制错误的思想和潮流。因此，要自觉加强马克思主义理论的学习。

（2）要一切从实际出发。一切从实际出发就是要坚持主观与客观、主体与客体的统一，按照实际情况，制定不同的工作目标和计划，选择恰当的方法。

（3）按照正确解决问题的步骤来办事。为了在大学生思想政治教育工作中坚持求实原则，就必须按照及时发现问题、确实弄清问题、正确解决问题的三个步骤来办事。

第一，要做到及时发现问题，就要做到善于调查研究，准确观察和分析问题，正视矛盾，不回避矛盾。发现思想问题和实际问题贵在及时，这样就能掌握思想教育的主动权。

第二，要做到确实弄清问题，是指发现工作中存在的实际问题后，要善于分析、研究和核实，抓住问题的核心，不为假象所蒙蔽。

第三，要做到正确解决问题，是指在弄清实际问题后，及时联系相关人员，运用相关理论，实事求是地解决问题。

（三）民主原则

民主原则，是指在大学生思想政治教育中，尊重学生的主体性地位，尊重其人格和民主权利，创造条件让大学生充分发表自己的意见并加以正确的引导。民主的实质是平等。大学生思想政治教育中的民主就是教育者与受教育者双方在充分尊重对方的人格和民主权利的前提下，创造条件让双方充分表达自己的思想和意见，并在此基础上正确处理相关问题，共同完成大学生思想政治教育的任务。大学生思想政治教育并不能直接作用于人的行为，而是先通过对象错综复杂的心理品质作用于人的意识，转而影响其行为。作为教育对象的大学生一般都是青年，他们的自我意识已经渐趋成熟，对自己以及自己和周围的关系开始有了独立的认识和评价，较少盲从，主体意识明显。因此，大学生思想政治教育的成效，在很大程度上取决于教育对象对教育内容的关心、思考和理解的积极性和主动性是否被调动起来以及被调动的程度。因此大学生思想政治教育必须坚持民主性原则，突出学生的主体地位，教育者与受教育者以平等态度交流思想，互相尊重，创造民主、平等、和谐、生动活泼的教育环境和气氛。

民主原则的贯彻实施要做到以下两点。

（1）尊重人、关心人和理解人

尊重人，就是要尊重高校大学生，尊重他们的主人翁地位，尊重他们的人格及宪法赋予他们的各种民主权利。从而充分调动、引导和提高大学生对社会主义物质文明建设和精神文明建设的积极性、创造性。关心人，即要求大学生思想政治教育者要多关注、爱护、帮助大学生，在政治上关心他们的成长，工作上关心他们的进步，生活上关心他们的困苦，使大学生感受到温暖。理解人，就是要理解大学生的具体处境和个性，承认大学生在性格、兴趣等方面的差异，以心换心进行教育。

(2) 民主原则要与严格要求相结合

坚持严格管理不能践踏大学生的人格尊严、漠视大学生的情感、无视大学生实际需要，要把严格要求同尊重人、关心人、理解人有机统一起来，使大学生思想政治教育处于升腾活跃的状态，以达到激发大学生建设中国特色社会主义的巨大热情的目的。

要把尊重人、关心人、理解人与严格管理结合起来，讲尊重人、关心人、理解人，绝不是不讲原则、放松管理、取消批评，绝不是迁就不合理的要求或容忍不守纪律的行为、奉行"好人主义"。

总之，尊重人、关心人、理解人是相互联系、相互渗透的统一体，是党的思想政治教育的优良传统，也是思想政治教育民主原则的要求。它要求大学生思想政治教育者必须以诚相待、以诚动人、以理服人、以情感人，只有这样才能振奋人心、激发热情，从而使大学生思想政治教育更富凝聚力和吸引力。

（四）教书与育人相结合原则

教书与育人相结合原则是大学生思想政治教育工作的一项基本原则。所谓教书与育人相结合，是指教师在教学过程中，通过各种教学活动和各个教学环节，全面提高学生的素质和能力。教书与育人相结合原则的贯彻实施要做到以下两点。

(1) 寓思想教育于教学之中

教书育人，教学是基础，育人是关键。我们要把思想教育工作渗透到各种教学和教学的各个环节中去，把传道、授业、解惑结合起来。这就要求教师在传授知识的过程中，要注意发挥和挖掘教材的思想性、知识性和趣味性，有机地结合社会实际和大学生思想实际，调动大学生的学习积极性，帮助大学生处理好德育与智育的关系，把思想政治教育工作渗透到大学生的各项学习活动之中，使他们酷爱学习，精于专业，从而达到我们所期待的目的。

(2) 要正确处理思想政治教育和大学生学习活动的辩证关系

教书与育人，二者是相互联系、相互促进的。无论是自然科学还是社会科学的教师，都要结合教材特点，加强对学生的全面教育和培养，自觉地做到教书育人，发挥思想政治教育对大学生学习活动的方向引导作用和内在激励作用。但不能以此孤立地过分突出思想政治工作,过多增加思想政治教育时间,而削弱了知识学习活动,搞"突出政治"的做法势必影响人才的全面发展。因此,要教好书、育好人,就要正确把握大学生思想政治教育和知识学习活动相结合的程度、方式,以利于大学生思想政治工作作用的发挥和大学生全面发展的需要。

(五) 政治理论教育与社会实践相结合原则

这是我们党长期以来,特别是改革开放以来,对大学生思想政治教育工作新经验的科学总结,具有鲜明的现实性和针对性。

在思想政治教育中既要注重理论教育,又要注重实践教育,强调行为养成,实现知行统一。理论教育是思想政治工作的基础环节,要增强对大学生理论教育的效果就要从不断地改进学习的方式方法和载体入手,要生动活泼,讲求效果,要入情入理,用事实来教育大家,通过相应的图片和声像,宣传思想理论,通过大家喜闻乐见、愿意接受的活动形式,宣传思想理论,提高大学生的马克思主义基本理论的水平,特别是加深对邓小平理论和"三个代表"重要思想的认识和掌握。但理论来自于实践又应用指导于实践,只有在实践中才能充分表现出其价值与魅力。通过组织大学生参加社会实践活动,能进一步加深对理论的认识,巩固和强化理论教育的成果,真正提高思想觉悟和认识能力。

(六) 灵活变通原则

在高校思想政治教育过程中坚持灵活变通的原则,其实质是要求将思想政治教育目标和内容的规定性与思想政治教育过程和方法的灵活性有机结合起来。大学生思想政治教育过程是沟通人的思想和交流人的情感的过程,是用正确的思想和真挚的情感影响和感化教育对象的过程,而人的思想和情感的丰富性和复杂性,就决定了在进行思想政治教育的过程中,必须避免生硬、呆板、简单、一刀切的倾向,必须根据教育对象的思想实际和个性特征,有针对性地、灵活变通地来安排教育的情境和选择教育的方法。大学生思想政治教育灵活变通原则,还要求根据时代的变化和思想政治教育任务的变化,以及大学生求新求变的思想特点,不断地解放思想,与时俱进,跟上时代发展的步伐,不断地探索高校思想政治教育的新规律,创造思想政治教育的新方法。

(七) 教育与自我教育相结合原则

教育是一种社会实践过程它是由两个相互交织的并行过程所组成的:一个是教师(包括各种教育者)的教书育人(传道、授业、解惑)过程;另一个是学生的学习、成才过程。在教的过程中要充分发挥教师教的主观能动性,而在学的过程中则要充分发挥学生学的主观能动性,二者缺一不可。因此,教育不是一个单一的社会实践过程,而是由上述两个子过程交织而成的复合过程。大学生思想政治教育也是如此。

要正确贯彻教育与自我教育相结合的原则，就要一方面加强教育，充分发挥教育的功能；另一方面，加强自我教育，发挥大学生在自我教育、自我提高中的能动作用，通过他们思想的矛盾运动来达到转变思想、提高觉悟的目的。

（1）建立平等互助的新型师生关系

在大学生思想政治教育过程中，教师与学生之间应该建立起平等互动、互相尊重、互相学习的新型关系，通过有效的交流和行动的积极参与，调动教师实施教育与学生接受教育两个方面的积极性，以收到理想的教育效果。

（2）重视大学生的自我教育

大学生要具备自我教育的能力，要求教育者在教育实践中通过多种途径主动帮助和激发大学生主体能力的构建。大学生要实现自我教育，充分发挥主体的能力，主要在以下几个方面着手。

思想政治教育者要注重启发大学生的自我教育意识，引导他们通过自主学习、自觉参与以及反省、反思、自我思想改造等自我修养途径，不断提高自己的思想道德水平。

要打好学生的理论基础。理论的学习是大学生思想政治教育中不可缺少的一环。理论教育法是思想政治教育最主要、最基本的方法，也是大学生打好理论基础最直接的方法。大学生只有具备坚实的理论基础，才能以正确的理论指引自己的行为，才能在现实中明辨是非，为自己找准努力的方向。在当代复杂多变的社会生活面前，人们比以往任何时候更加需要用科学的思想和理论来指导自己进行正确的选择和决策，以便更加有效地认识环境。

要创造有利于大学生进行自我教育的条件，积极引导大学生进行自我教育。应当通过各种渠道和形式对大学生的自我教育活动予以支持、引导和帮助，鼓励大学生开展他们热爱的、健康的、有益的、丰富多彩的各种活动，使他们在活动中自我教育，相互影响。要引导他们开展批评和自我批评，在严格的自我批评和与人为善的相互批评过程中，教育自己、教育别人、相互借鉴、共同提高。要吸收大学生参加学校的民主管理，组织大学生参加社会实践活动，使他们在民主生活和社会实践中得到锻炼，增长知识和才干，增强主人翁精神和社会责任感。要有计划地组织民主讨论，引导他们在民主的气氛中各抒己见、交流思想，坚持真理、修正错误，集思广益、互得益彰。

树立成功的榜样。榜样示范法是指通过具有典型、榜样意义的人或事的示范引导作用，教育人们提高思想认识、规范自身行为的方法。榜样教育具有形象、生动的特点，它是理论与实际的有机结合。大学生用榜样的力量激励自己，在心中树立成功的典范，为自己指明努力的方向，会产生更强的感染力和说服力，在自我教育中收到很好的效果。通过典型事迹可以使大学生看到榜样的成功之处，明确努力方向，从而努力奋斗，在改造客观世界的过程中全面提升自己的思想道德素质。必须实事求是地选择对自己有影响力的典型，否则难以真正从思想到行动上得到认同，也起不到典型引导的作用。

（八）尊重爱护原则

在高校思想政治教育过程中贯彻尊重爱护的原则，就是要求高校思想政治教育工作者必须尊重教育对象的主体地位，从关心爱护的愿望出发努力发挥他们的主观能动性，并进行启发诱导，促使他们积极地进行认识交流并提高思想认识水平。思想政治教育活动是主体之间的互动过程，要进行切实有效的思想政治教育，教育者首先在思想上必须树立以尊重爱护教育对象为前提的指导思想。思想政治教育是以帮助教育对象在政治态度、人生道德、人生价值等方面，确立与社会意识相一致的个人意识为目的的一种人类精神活动。对教育对象尊重的含义是：教育者要承认教育对象是具有自己个性特征和独立人格的主体。要能够体会教育对象的喜怒悲乐，教育者和教育对象之间应以同志式、朋友式的关系进行交流，从而建立起双方互相尊重、互相交流、互相切磋、共同提高的良好关系。只有确实尊重和爱护教育对象，以真诚关心的态度，以平等的姿态来面对教育对象，才能提高思想政治教育的效果。

（九）差异性原则

大学生思想政治教育本身就是起因于教育对象现实的思想状况与社会的期望目标之间的差异和教育对象之间的思想差异，就是因为存在这种差异，所以社会就提出了对个人进行教育的要求。大学生的思想现状与社会主义发展要求之间，既存在着总方向上的一致性，也存在着具体要求上的差异性。这种差异性是客观存在的，这就是大学进行思想政治教育的起点，差异性产生的根源和影响因素是多方面的。在高校思想政治教育过程中承认教育对象思想认识的差异性，是进行良好的思想政治教育的起点。教育者在思想政治教育中，要从大学生的思想实际出发，在密切联系学生思想实际的基础上开展活动。一方面教育者要不断深入学生，不断地研究学生的思想状况，在了解学生思想脉搏的基础上有的放矢地进行教育；另一方面教育者要把握大学生的不同思想层次，做到因层次而异，因人而异。在把握整体思想状况的前提下，教育者还应分析不同个人的层次类型，并对不同的个人和层次类型采取不同的教育方法，充分发挥教育的针对性特点，实现教育的预期目标。

二、大学生思想政治教育原则的特点

（一）辩证性

思想政治教育原则体系是以辩证唯物主义和历史唯物主义为理论指导，对思想政治教育客观规律主观认识的产物。大学生思想政治教育是一个不断发展的过程，新事物、新情况、新问题层出不穷，每个人都不可能穷尽真理认识的历史长河，加之不同个人的认识能力、认识水平又有差异，因而人们对大学生思想政治教育规律和原则的认识都具有相对性。大学生思想政治教育原则之间既有区别又有联系，对各个原则的认识也不能绝对化，要看到它们之间的相容性、交叉性、衔接性。大学生思想政治教育原则是思想政治教育系统内在本质关系的抽象，只有深刻理解思想政治教育过程中的各种关系，所确定的原则才能较为符合实际。

（二）整体性

大学生思想政治教育原则体系的整体性特征表现在以下两个方面。

（1）大学生思想政治教育原则是以大学生思想政治教育规律作为客观依据而构建起来的；各原则之间具有紧密的内在逻辑联系它们相互作用、相互补益而构成一个整体。

（2）大学生思想政治教育原则体系具有"1+1>2"的整体功能。大学生思想政治教育原则体系虽然由众多具体原则所组成，但这些原则相互关联，不可分割，在运用原则时不能顾此失彼，而应当统筹兼顾，综合运用。

（三）层次性

大学生思想政治教育原则体系是按照由整体到局部、由一般到个别、分层次有序排列的，每个层次的原则都是在一定的范围内和条件下起作用，都有自己特殊的功能和意义。

（四）动态性

大学生思想政治教育原则是一个多层次的动态体系，不是孤立静止、僵死不变的随着人们社会实践的发展，大学生思想政治教育的新经验将得到不断总结，新规律将会不断被认知，反映这些规律的新原则也就出现了。即使思想政治教育的同一个原则，其内涵会随着实践的发展而不断丰富。大学生思想政治教育原则的运用也是随着时间、地点、条件的不同而有所不同。

第二节 大学生思想政治教育的方法

一、大学生思想政治教育的过程方法

(一) 过程方法的内涵

日常生活中几乎所做的每一件事都是一个过程。组织要想有效运行，就必须对许多相互关联和相互作用的过程进行识别和管理。通常，过程是连续不断的，一个过程的输出将直接成为下一个过程的输入，从而形成过程链。运用这一管理手段，能有效地提高组织的竞争力。过程方法的基础是"所有工作都是通过过程来完成的"。每个过程都有输入，输出便是过程的结果。任何一个组织的存在都是为了实现其不同的效益（包括经济效益和社会效益），这些效益是通过一个过程网络来完成的。任何事情基本上都是由主要矛盾与次要矛盾构成的，均有矛盾的主要方面和次要方面。过程方法要求我们首先要确定所有过程中的主要过程，然后确定过程之间的"接口"、过程与过程之间的关系等。一个组织要想取得理想的效果，就应该按照过程方法来建立一个质量管理体系。通过运用过程方法体系来使组织以最高效的方法实现组织的目标。过程方法体系要求组织首先识别实现目标所需要的过程，然后了解体系所需过程的内在依赖关系，关注并确定体系内特定过程应如何运作，最后通过测量和评价持续改进体系的符合性、有效性等，也就是要按照这种方法建立和实施组织的质量管理体系0

(二) 过程方法的应用

（1）制定学校管理战略

制定学校管理战略时，必须考虑以下三个因素。

国家的法规框架，即宪法、教育基本法、学校教育法、教学大纲以及各级政府有关教育的方针、法规等。

社会的需要，即社会对教育的期望、要求。高度发展的科技和信息化、剧烈的社会变化和经济发展、人际关系和生活方式的变化、家庭环境的变化等，都向学校提出诸多课题。

学校的实际条件，即每个学校的特殊情况，包括以下四个方面。第一，教师队伍的教育观、教学观、教师观、学生观，以及对教育改革的态度等；第二，学校的学习环境、人财物的条件、信息环境，以及教风、学风、学校文化等；第5，学生的学习态度和作风、学习要求、校外生活状况以及学生个性与特长的实际情况；第四，地区社会的特性及学校与地区社会的联系情况。

上述四种特殊情况不是孤立的存在，而是一个有机的组合。制定教育目标时要以教育法规框架为背景，并立足于每个学校实际情况去把握社会、政府和家长等提出的各种要求。制定管理战略，要有认真研究问题和敢于创新的基本态度，要抛弃保守的和维持现状的消极态度。学校的自主性、特色就应体现在不断地提出问题、研究问题、解决问题以及开创新的办学路子等方面。

教师的参与，对制定学校教育目标以及教育计划具有重要的作用，而且对其实施过程有决定成败的作用。在教师的参与问题上，往往出现以下两种情况。第一，会议多，教师没有时间评价学生作业；第二，出现意见分歧和冲突。

由此可见，对教师的参与要掌握适度。鼓励教师积极参与决策，这对发扬民主是必要的、积极的举措。而意见分歧和冲突，也是学校积极发展的力量源泉。

（2）实施管理战略

教育管理过程（或者教育工作过程）大体上可简化为目标—计划—实施—评价过程。战略目标（教育目标）实现过程，也无异于此。提高学校教育目标的共识度，即做到学校教育目标广为人知，成为全体教职工以及学生的行动目标。加紧把学校教育目标具体化，即让学校教育目标变成为可操作的实践指标，并成为每个教师的实践指标。教师结合自己工作实际把学校教育目标分解为自己的工作目标，这是学校教育目标的具体化，是实现目标的一个不可少的步骤。

（3）加强对学校教学目标完成的评估

加强对学校教学目标完成的评估可以分为两步来完成：首先在计划实施过程中对计划实施的进度和质量进行跟踪评估，然后待该计划完成以后，对整个计划完成情况进行评估，并研究分析找出不足之处，加以改进。学校教育的目标不应是教条的，只有经过策划—计划—实施—评估—目标……的循环规程，才能更好地得以修正和完善。高校管理过程就本身而言是封闭系统，通过以上所述的几个环节不断循环运动，周而复始。但是这种循环又不是简单地由前一个环节直接进入后一个环节，各环节之间是有反馈回路的，以提升工作效率。不断循坏上升，不断实现学校更高层次的目标，不断发展、完善新的规范来适应社会对学校越来越高的要求。

（三）运用过程方法的要求

（1）确定组织为取得所期望的结果所必需的关键过程

过程方法要求我们不但要确定全部过程，还要确定这些过程中的关键过程或者说主要过程。组织的过程网络错综复杂，因此应该对关键过程重点控制，要抓住主要矛盾。

（2）确定主要过程之间的顺序

在识别和确定了组织为取得所期望的结果所必需的关键过程后，还必须确定这些过程之间的先后顺序。过程之间的先后顺序，有时还体现在过程专家层次上。只有确定了过程之间的顺序后，才能明确过程之间的接口，从而为管理关键过程（活动）规定明确的职责。

（3）识别组织为取得所期望的结果所必需的所有过程

即将组织为取得所期望的结果所必需的全部过程加以识别，这些过程可能有的对所期望的结果影响大，有的影响小，有的是简单过程，有的是复杂过程，可采用各种方法识别这些众多的关联过程，识别这些过程所需的输入、输出及所需开展的活动和应投入的资源。如果遗漏了某一过程，将会对"组织所期望的结果"这一目的构成负面影响。所谓识别过程包括两层含义：一是将组织的一个大过程分解为若干个子过程；二是对现有的过程进行定义和分辨。

（4）确定过程之间的接口和过程之间的相互关系

通常一个过程的输出将直接形成下一个过程的输入，为使这些过程能受到有效控制，除了对过程进行识别之外还应确定过程之间接口和过程之间的相互关系，并合理地安排过程的程序，以便容易达到过程策划的结果。

（5）测量各个过程并对各过程进行有效控制

过程一旦建立并运转，就应对其进行控制，防止其出现异常。控制时要注意过程的信息，当信息反映有异常倾向时应立即采取措施，使其恢复正常。操作人员要严格按照规定操作，避免习惯性操作，最终实现输出的增值，达到用户的满意。更重要的是要经常改进过程，通过对过程的测量和分析，发现过程存在的不足或缺陷以及可以改进的机会，对过程进行改进，提高其效率或效益。为判断这些过程是否有效运作，对其加以监控，组织必须能够获得必要的信息，通过对过程信息的测量和对测量结果的分析，以及针对分析结果而对过程实施必要的调整等，最终实现过程的策划结果和对过程的持续改进。

同时，还应通过对众多关联过程的识别，确定这些过程的顺序和相互关系，规定过程有效运行的方法和准则，测量及分析过程的信息，针对分析结果而对过程实施必要的调整，如采取纠正措施或者预防措施等，达到过程的持续改进，最终实现过程策划的结果。

（6）为管理关键过程（活动）规定明确的职责和权力

当关键过程确定后，就应该明确规定这些过程由谁负责，即明确其职责，并赋予其应有的权力。过程方法强调的是各司其职的理念，即组织的每一个人都应该首先做好自己分内的事。要把思想政治教育做到位和落到实处，就必须大力加强队伍建设，为大学生思想政治教育提供坚强的组织保证。大学生思想政治教育工作队伍主要有：学校党政干部和共青团干部、政治理论课和哲学社会科学课教师、辅导员和班主任。其中，哲学社会科学教师是大学生思想教育的主要队伍。这几类队伍担负着对大学生进行思想政治教育的主要职责。大学所有教职工都负有思想政治教育的职责，教师是人类灵魂的工程师，他们对青年学生有很强的影响力和感染力，在思想传播方面有很强的作用，因此，这支队伍的建设也具有决定性的作用，也应该明确他们的职责与权力。加强队伍建设首先要明确各自的职责和权力，才能把工作做好。

（7）保证实施各过程所需要的资源

为使过程能达到预期的目标或要求，必须对过程的输入、输出及开展的活动和投入的资源做出明确的规定，给出过程控制的准则和方法。大学生思想政治教育体系由构成立体空间的过程网络组成。高等学校为了提高思想政治教育的质量和效益，必须识别高等学校思想政治教育的过程；确定这些过程的顺序和相互作用；确定为确保这些过程有效运作和控制所需要的准则和方法；确保可获得必要的资源与信息，以支持这些过程的有效运作和监控。通过测量、监控和分析这些过程，并实施必要的措施，以实现大学生思想政治教育策划的目标和持续改进大学生思想政治教育工作。大学生思想政治教育必须依靠严格的管理制度监控整个过程，杜绝中间环节出现任何不规范行为，从而确保整个学校的教育质量，培养全面发展的社会主义事业的接班人和建设者。但是需要强调的是将过程方法引入大学生思想政治教育过程中时必须遵循以下一些科学的步骤。

1.首先确定这一系统工程的最终目标，同时也要明确每个特定阶段的中间性目标。

2.必须确定每个局部要解决的任务，研究它们相互之间和它们与总体目标之间的相互关联和相互影响，对各项具体措施以及发展趋势进行综合考察。

3.探求达到总目标以及与其相联系的各个局部任务可供选择的方案进行分析、比较，选出优化方案。

4.组织实施，并对实施情况进行综合考察和追踪，还要根据追踪情况，不断地进行调整、协调和控。

5.测量、分析和改进，从而不断地进行循环，达到持续改进，不断地接近最终目标。

二、大学生思想政治教育的系统方法

（一）系统方法概述

（1）系统方法的基本内涵

系统是由相互联系、相互依赖、相互作用的若干组成部分结合成的、具有一定结构和功能的有机整体。系统是由它的所有组成部分构成的统一整体，具有整体的结构、整体的特性、整体的状态、整体的行为、整体的功能等。系统论认为，世界万物皆系统。系统具有三个基本特征：

1. 系统是由若干元素组成的；
2. 元素相互作用、互相依赖；
3. 元素间的相互作用，使系统作为一个整体具有特定的功能。

所谓系统方法，就是根据系统的观点，从整体出发，辩证地处理整体与部分、结构与功能、系统与环境、功能与目标的关系，找到既使整体最优，又不使部分损失过大的方案作为决策的依据，以实现整体最优化的方法。系统方法要求人们把对象和过程视为一个相互联系、相互作用的整体，并且尽可能将整体作形式化的处理。系统方法所处理的对象，都是由种种关系和相互联系交织起来的网络画面，采用系统方法时，应尽可能将此画面进行组织化的科学抽象，从而具体地反映和把握世界。

（2）系统方法的基本特点

系统方法同传统方法相比，有着明显的特点，这些特点也就是我们运用系统方法研究和处理大学生思想政治教育时要把握的一些原则。

整体性。整体性是系统方法的核心。根据系统论的观点，系统是由诸多部分或要素组成的有机整体，系统的整体性质和规律，只存在于组成它的诸要素的相互联系和相互作用之中，而不等于各组成部分或要素孤立的性质和活动规律的总和，即"整体大于部分之和"。所以，在研究系统时，必须从整体出发，立足于通过整体来分析部分以及部分之间的关系，再通过对部分的分析达到对整体的深刻理解

动态性。任何现实的系统，一般来说，都是处于动态的"活系统"虽然在科学研究中，人们经常采用理想的"孤立系统"或"闭合系统"的抽象，但是实际存在的系统，无论在内环境的各要素（或子系统）之间，还是在内环境与外环境之间，都有物质、能量、信息的交换与流通。因此，从原则上说实际系统都是活系统。

最优化。最优化即通过系统的要素、结构以及与环境的关系，经过科学的计算、预测，做出系统目标的多种方案，从中选择最佳的控制和最优化的管理。当然这里的最优是一个相对的概念，只有更好，没有最好。系统的目标往往是多元化的，甚至有的是直接对立的，在对立的系统中寻找整个系统最优化总目标的确是非常困难的

综合性。综合性就是把任何整体都看作是以诸要素为特定目的而组成的综合体，要求研究任何一对象必须从它的成分、结构、功能、相互联系方式、历史发

展等方面进行综合考察,这是系统方法最为突出的一个特点。系统方法还突破了传统方法的局限性,但又不是一般的否定分析,而是把分析与综合有机地结合起来,其出发点是综合,又在综合的指导下进行分析,然后再回到综合其综合性主要表现在:它在观察和处理事务的时候,把事务的各个部分、各个方面、各个因素、各种联系和相互作用结合起来加以考察;在考察事务成分和结构的同时还考察事务的功能和产生、发展、运动、变化的历史,从而从不同的侧面、不同的层次和不同的状态综合地研究事务。系统方法的综合性原则还要求:不能单凭某一方法或某一科学知识认识和处理问题,而是要综合地运用各种方法和知识来认识和处理问题。这其中包含着社会科学、自然科学和工程技术等诸多方面的知识和技术。这就使它具有多种多样的功能:既可以用来认识事务,又可以用来解决问题;既可以用来进行定性研究也可以用来进行定量研究;既可以用来研究历史和现状,也可以用来预测未来。

模型化。运用系统方法,需要把真实系统模型化,即把真实系统抽象为模型,如放大或缩小了的实物模型、理论概念模型、数学模型、符号系统模型或其他形式化的模型等。在采用系统方法的模型化原则时,除应遵循模型方法的一般原则以外,还应使模型的形式和尺度符合人的需要。迄今为止,我们所知道的一切模型中,只有一种模型与人的自然尺度最接近。它就是用人的206块骨头组合而成的人的骨骼模型。其他不符合人的尺度和认知需要的事物,要建模型,就需要进行这样或那样的"人格化",以适合人的要求,对于复杂系统,需要在系统分析的基础上,适当地采用模糊方法,经适当简化和理想化,才能建立起系统模型。一旦建立起系统模型,就可以进行模拟实验,运用电子计算机进行系统仿真模型化原则常常是采用系统方法时求得最优化的保证。

总之,整体性、动态性、最优化、综合性和模型化都是系统方法的基本特点,也是运用系统方法的基本原则。前两个是基础,第三个是目标,后两个是手段。系统方法的广泛应用,推动了自然科学、人文社会科学、应用技术、管理科学等的新进展,同时也带来人们思维方式的变革。

(二) 系统方法的价值

(1) 可以有效地认识、调控、改造和创造复杂的系统

系统方法是扬弃了传统科学的简单性原则而产生的。20世纪30年代以前,在研究复杂事物和复杂过程时,主要采用从实体上进行还原的分析组合方法,试图在所有的现象中找到共同具有的物质实体(譬如物质性的原子),把它作为差异的共同基础,至于这些实体所形成的复杂关系则很少受到重视,基本上用线性因果关系加以处理。这就把复杂问题不适当地简单化了。而事实上,世界上的事物和

过程是复杂的,是由多种因素或子系统复杂的相互作用所构成的,所以需要系统思考。在这方面,系统方法提供了解决困难的钥匙

(2) 可以提供制定最佳方案的手段

系统方法为人们提供了制定系统最佳方案以实行组合和优化管理的手段。在认识自然和改造自然的过程中,在认识社会和改造社会的过程中,系统方法可以帮助人们制定最佳方案,优化组合与管理,取得尽可能大的效益,用最少的投入取得最大的利益。

用系统方法将相互关联的过程加以识别、理解和管理,有助于高校提高实现目标的有效性和效率。大学生思想政治教育的过程是相互关联和相互作用的,每个过程都会在不同程度上影响大学生思想政治教育的质量。要对各个过程实施系统的控制,确保大学生思想政治教育预定目标的实现,就需要建立大学生思想政治教育质量系统管理体系,运用系统体系管理的方法,实施对各个过程的控制,才能有效和高效地提高大学生思想政治教育的效果。

(3) 可以提供新思维

系统方法突破了传统的只侧重分析的机械方法的束缚,指导人们从总体上进行思维,探索科学技术发展的新思路,建立综合学科、交叉学科和边缘学科,促进自然科学与社会科学的统一,促进科学家与哲学家的联盟,帮助人们打破两种科学、两种文化的界限,建立统一的世界图景和文化图景,建立起系统的自然观、科学观、方法论和人类社会图景,防止思维的狭隘和偏激。因此,系统方法对于当代大学生思想政治教育来说尤为重要。

(三) 系统方法在大学生思想政治教育中的应用

通过以上的分析不难看出,系统方法适用于具有高度综合性和动态性的大学生思想政治教育,而且系统方法的基本原则与大学生思想政治教育的特点在许多方面相吻合。大学生思想政治教育工作需要坚持的原则有许多方面。这里主要是大学生思想政治教育方法方面的原则,主要有以下几个方面。

(1) 有序性原则

系统的任何联系都是秩序井然、有条不紊、按等级和层次进行的。而这种有序性的保障就是系统结构,因此只要把握了系统的有序性,也就把握了系统的结构。大学生思想政治教育是非常复杂的,但绝对不是杂乱无章的,而是有秩序、有规律的。各要素的相互关系运用这一原则得以揭示,正确地运用思想政治工作的规律和方法是其目的。

(2) 整体性原则

整体性原则是系统方法的核心。系统的整体功能大于其各个组成部分功能的

总和，在孤立状态中它具有各个组成部分所没有的整体特性。从整体的目标出发是系统方法整体性原则的内容，研究各组成部分相互联系和相互制约的规律是为了使整体达到最优化。但是大学生思想政治教育系统的元素众多，牵涉面广，关系复杂，相互作用繁复，因此开展和研究思想政治工作坚持整体性原则是十分重要的，要把与人思想有关系的因素，包括自身的因素、家庭的因素、社会的因素等综合起来，对问题的症结进行考察、思索，考虑所要采取的措施，增强开展思想政治工作的洞察力，提高预见性，这是最富有科学性和艺术性的方法。

坚持整体性原则，在当前最主要的是使思想教育与组织管理相统一。思想教育和组织管理是学校的两个子系统。如果这两个子系统的性能相互矛盾，必然产生内耗，使整体产生负效应。目前，思想教育功能较低的主要原因是思想教育效果在组织管理中得不到强化，在某些方面，思想教育的效能与现行的一些制度、政策所产生的效能相矛盾；理想教育与现行实践中优劣"价格"相等状况的管理制度相矛盾，对学生忠诚、献身的道德教育与单凭主观印象和个人感情喜恶的晋职、晋级的经验管理方法相矛盾，现实中甚至出现"劣币驱逐良币"的现象等。结果这些组织管理手段抵消了思想教育的效能，降低了思想教育的成效。因此，要提高思想教育的整体效应，必须把思想教育渗透到完善的、科学的制度和政策中去，把思想教育的要求与管理制度、政策中强化的目标统一起来。说理是教育，管理也是教育，而且是更重要的教育，两者都是推动人们实践的动力。从某种意义上来说制度、政策对人产生的动力要比说教大得多，思想政治教育不一定要通过说教或剥夺他人权利来进行。事实上，情感的力量、组织管理的有效、利益的给予等可以达到同样甚至更好的目的。

（3）动态性原则

任何现实的系统，一般来说，都是处于动态的"活系统"中。系统是经常处于运动之中的，系统的有序联系是在发展中进行的，系统中一种要素的变化往往会引起另一种要素甚至整个系统的变化。尤其是大学生思想政治教育更是一个动态的"活系统"。因为大学生思想政治工作的对象是活生生的人，是不断发展变化的人，是受周围环境影响的人，是处在生长发育阶段的人。大学生的思想和高校两者都是开放的系统，它和社会生活之间的关系几乎没有时间和空间的距离。从现象上看是紊乱的、无序的；从发展变化的过程来看，它也的确有过无序的状态，但随着人们对思想政治教育规律认识的提高，对学生的影响会越来越走向有序性。因此，对大学生思想政治工作规律的认识要在思想政治教育者不断地探索和发展下，及时地进行动态调节，使思想政治工作与客观的规律相吻合，要以动态的眼光来看待思想政治工作。所以运用动态原则，可以使人们在进行思想政治教育中适时地协调处于不停发展变化状态的各种要素的结构关系，防止各种元素的畸形组合，实现思想政治教育的最佳动态平衡。由此可见，系统方法不仅是唯物辩证法普遍联系原理的具体化和实际运用，而且是对这一原理的丰富和深化。它的广泛运用促使人们实现科学方法乃至一般工作方法的现代化。

大学生思想政治教育在应用系统方法时，必须遵循以下一些科学步骤。

第一，必须确定这一系统的最终目标，明确每个特定阶段的中间性目标。

第二，必须确定每个局部要解决的任务，研究它们之间和它们与总体目标之间的相互关联和相互影响，对各项具体措施以及发展趋势进行综合考察。

第三，探求达到总目标以及与其相联系的各个局部任务可供选择的方案，进行分析、比较，选出优化方案。

第四，组织实施，并对实施情况进行综合考察，还要随着方案实施状况，不断地进行调整、协调和控制。

第八章 大学生思想政治教育的实践研究

第一节 大学生思想政治教育的目标

根据中央关于加强和改进思想政治教育的一系列指导精神，分析当前思想政治教育的总体情况和存在的薄弱环节，我们要实现思想政治教育创新的目标，关键要增强思想政治教育的针对性、实效性。

一、增强大学生思想政治教育的针对性

当代大学生是在我国改革开放、经济体制转轨、社会转型的过程中成长起来的一代，是在全球化浪潮席卷世界、互联网普及、大众文化迅速兴起的背景下成长起来的一代。他们的生长环境与所处历史时期的特殊性，要求高校思想政治理论课教师认真把握他们的成长特点，因材施教。

当代大学生绝大多数是独生子女，从小受到良好的教育。他们有非常强的独立思考、接受新事物的能力，有着较强的竞争意识、自我保护意识、维权意识和参与意识等方面的优点。同时他们也存在许多的不足：一是思想道德修养还存在不足，尤其是在社会公德方面。二是在思想认识上比较片面。当代大学生关心时事政治，关心国家大事，对国家、社会及学校的各项改革有强烈的参与意识，具有满腔的政治热情，但由于阅历、学识、能力等因素的制约，他们缺乏正确的分析、判断事物的能力，不能灵活运用马克思主义的立场、观点和方法来分析和解决现实社会的各种问题。因此，其思想认识有待提高。三是过度追求个体价值，不能处理好社会价值和个人价值之间的关系。当代大学生大多遇事先为自己考虑，然后才是他人和集体。他们在专业知识上，对自己将来有用的就学没用的学科就应付了事。这反映在人际关系上，就难免趋于庸俗化和实用主义，从而影响了大

学生自身的全面发展。四是心理承受能力较弱。当代大学生思想活跃，思维敏捷，其中也有面对激烈竞争、复杂多变的社会现实感到无所适从的人。青年期的闭锁性心理使他们不愿相信别人，不善于与人沟通。他们有时心理压力很大，无法适应校园生活，这为他们日后走向社会埋下了隐患。五是缺乏责任感。随着互联网的普及，思想上尚不成熟的大学生由于远离家庭与亲人的关爱，极易迷恋网络，从而诱发责任感逐渐缺失，造成旷课、自暴自弃等一系列问题。少数大学生还可能利用网络实施侵权犯罪行为。这将不仅使大学生自己身受其害，也将造成不良的社会影响。

在新的历史条件下，广大思想政治教育工作者要避免大话、空话、套话和形式主义的现象发生，必须努力学习，扩大知识面，加强对社会环境的研究，加强对社会的变化和需求的研究，跟上形势。只有这样，思想政治教育才能对症下药，有的放矢，增强针对性。一是针对大学生的自主性特点，增强高校思想政治教育的"个性"。大学生的积极性、主动性、创造性基本源于自主性。高校思想政治教育要积极帮助大学生牢固树立自主意识，让他们珍惜自己的权利，尊重他人的权利，懂得遵守社会的规则，实现自立、自强和自主。二是针对大学生的思想独立性的特点，增强思想政治教育的主动性。高校思想政治教育必须重视大学生的独立人格，大力倡导思维创新、思路创新、方法创新，充分调动大学生学习的积极性和创造性。三是针对人的趋利性特点，增强高校思想政治教育的务实性。在新的社会发展阶段，要正确认识和处理物质与精神的辩证关系，正确认识物质利益原则在思想政治教育中的应有地位和作用，针对社会发展中人们普遍重视物质利益追求的现实，加强和改进思想政治教育，增强思想政治教育的务实性。我们在坚持物质利益原则时要突出思想政治教育的引导性。讲实惠、讲利益要全面、辩证、客观，要公平、合理、合法，要坚持社会主义义利观。思想政治教育要引导广大青年学子正确处理国家、集体、个人利益之间的关系，正确处理个人利益与社会利益的关系。

二、提高大学生思想政治教育的实效性

在高校思想政治教育过程中，实效性不强是一个比较突出的问题。工作方法简单，表面化、形式主义、脱离实际、不切合大学生的心理要求，难以收到预期效果等，严重影响了思想政治教育的实效性。提高高校思想政治教育的实效性，具体需要从如下几个方面着手：一是帮助大学生解决实际问题。许多实际问题得不到解决或没有解决成为大学生思想问题的直接诱因。思想政治教育必须把解决思想问题与解决实际问题紧密结合起来，在解决实际问题中进行思想上的教育引导，把解决实际问题的过程变为升华思想、提高觉悟的过程，营造思想引导与利

益驱动相结合的新机制、新途径。二是教师要自觉起表率作用。身教胜于言教，把言行统一、知行统一、言传与身教相统一，这是高校思想政治教育取得实效性的关键。广大思想政治教育工作者应该在艰苦奋斗、自重、自省、自励等方面做出表率，这样，思想政治教育才会具有吸引力、感染力、号召力和凝聚力。三是充分发挥文化建设在思想政治教育中春风化雨、润物无声的作用。社会文化、企业文化、校园文化、网络文化等是增强文化育人的重要手段，在增强思想政治教育的实效性方面发挥着不可替代的重要作用。我们要充分利用和发挥这些文化阵地和文化活动的作用，把高校思想政治教育的任务落实到实处。

第二节 大学生思想政治教育的内容

思想政治教育的主要内容是社会主义主流意识形态教育，主要包括理想信念教育、爱国教育、思想道德建设和人的全面发展。高校思想政治教育内容的创新，是根据社会和时代发展的需要，根据思想政治教育发展的阶段性特点，对内容体系的某些方面、某些环节，提出更新更高的要求。

高校思想政治教育要避免形式主义，紧紧围绕社会发展对人才的实际需求和大学生的思想实际来设置内容，围绕不同时期大学生关心的热点、难点和疑点问题，充实高校思想政治教育内容。实现思想政治教育，要做到"入耳、入脑、入心"，见实效；要以科学的知识体系开启大学生的心智，在加强党的理论、路线、方针、政策和法律法规正面教育的同时，要有力地批判各种错误思潮和腐朽愚昧的思想。我们要使广大青年学子树立正确的"三观"，实现人的全面发展。

一、以理想信念教育为核心，进行树立正确的世界观、人生观和价值观的教育

理想信念是人们的政治信仰、世界观在奋斗过程中的具体体现。共产主义的理想和信念是人类历史一种崭新的理想与信念，它为人类提供了其他任何信仰均无法比拟的科学的世界观、人生观、价值观。坚定正确的理想信念是思想政治教育的核心内容。

（一）把理想信念教育建立在正确认识社会深刻变革时期的时代特点上

在改革开放的实践过程中，我们要教育大学生正确认识出现的各类复杂的社会现象，包括各种消极腐败现象。一方面从主流的方面看，用长远的眼光看，改革开放对我国社会所带来的影响是积极、进步的，意义是伟大的；另一方面，改革开放是中国的第二次革命，带有很强的探索性和风险性，主要表现为体制的不

成熟和各种消极社会现象的滋生，如腐败、不公正、贫富差距、道德丧失等。对于这些消极的方面，我们要认识到它在一定的时期内是不可避免的，同时也要看到它是我们党和国家所努力克服和解决的。我们要相信随着改革的深入，新体制的完善和健全，消极腐败现象一定会得到有效治理。这样，大学生就不会被特定历史时期的某些消极现象所迷惑而动摇甚至丧失了理想信念。邓小平在1992年春的南方谈话中说："在改革开放过程中，我们不可能做到什么事都百分之百正确，什么风险和错误都没有。但是，每年领导层都要总结经验，对的就坚持，不对的赶快改，新问题出来抓紧解决。"

（二）把理想信念建立在科学的世界观基础上

坚定的理想信念是建立在科学的世界观的基础上的。科学的世界观是指对自然界和人类社会的科学认因此，高校思想政治教育一要对高校大学生认真进行马克思主义的唯物论和辩证法教育，使其通过认真学习和掌握科学知识、科学思想、科学精神和科学方法，在思想上真正划清唯物论与唯心论的界限，科学与反科学、伪科学的界限，宗教信仰与封建迷信的界限。二要对高校大学生认真进行历史唯物主义教育，使其认识到社会主义代替资本主义是人类社会的基本矛盾运动和发展的必然结果，是不以人的意志为转移的人类社会发展的必然规律。在唯物史观的学习中，要针对"马克思主义还灵不灵"的困惑，搞清搞懂三个问题：社会主义必然要代替资本主义并不等于没有曲折和反复，这是一个长期的曲折的过程；社会主义的一时挫折不等于社会主义的全部历史，社会主义曾经改写了人类历史，它引起了人类社会的重大进步和人类历史的重大发展；社会主义暂时处于低潮并不等于社会主义没有前途，苏联解体、东欧剧变给予我们的教训将使社会主义获得更加健康的发展。我们应使大学生坚信：马克思主义是科学，它运用历史唯物主义揭示了人类社会发展的规律，社会主义经历一个相当长的历史过程必然代替资本主义，这是社会历史发展不可逆转的总趋势，但其道路是曲折的。

二、以爱国主义教育为重点，进行弘扬和培育民族精神的教育

爱祖国是社会主义道德对每个公民最基本的要求，也是每个公民对国家和社会应尽的责任和义务，应具备的品格和素养。爱国主义作为社会主义道德的基本规范，是植根于社会主义社会人们的经济关系之中的，它反映了社会主义初级阶段人们的基本道德关系和道德要求。在现阶段，人们的道德关系是多层次的，但最基本的道德关系就是正确处理与祖国、与人民、与社会主义制度的关系。爱国主义是我们思想道德建设的一条"底线"，是社会主义的基本道德观。

（一）热爱祖国是中华民族的传统美德

在社会主义社会，爱祖国反映了社会主义国家的公民与祖国之间的关系，是调节公民个人利益与国家民族利益的重要因素。它既是我国各族人民团结互助、共同繁荣的道德基础和政治基础，也是每个公民的神圣职责和应尽的义务。爱国主义是指千百年来巩固起来的对自己祖国的最浓厚的感情。这种感情集中地表现为对祖国的忠诚和热爱，表现为民族自尊心、自信心和为争取祖国独立富强而英勇奋斗的献身精神。爱国主义是同人们世世代代共同生活的地域、国度，共同的生活方式和生活习惯，共同的语言等相联系的一种社会产物。它作为社会意识形态的内容，是随着国家的出现而产生的。它一经产生，就成为一个国家和民族生存、巩固和发展的精神力量，成为一面最有号召力和凝聚力的旗帜。在我国历史上，爱国主义从来就是动员和鼓舞人民团结奋斗的一面旗帜，是各族人民共同的精神支柱，它在维护祖国统一和民族团结、抵御外来侵略和推动社会进步中，发挥了重大作用。在爱国主义精神的激励下，我们的国家和民族自强不息，具有伟大的凝聚力和生命力。

在我国，爱国主义、集体主义、社会主义教育，是三位一体、相互促进的。对全民族和全体人民来说，首先要抓好爱国主义教育。世界上任何国家都很重视对人民进行爱国主义教育，我们这样人口众多的社会主义国家更应如此。我国开展爱国主义教育，其目的就是要振兴民族精神，增强民族凝聚力，树立民族自尊心和自豪感，巩固和发展最广泛的爱国统一战线，把人民群众的爱国热情引导和凝聚到建设中国特色社会主义伟大事业上来，引导和凝聚到为祖国的统一、繁荣和富强做贡献上来。我们要做有理想、有道德、有文化、有纪律的社会主义公民，为实现四个现代化，为实现21世纪的宏伟目标和振兴中华的共同理想团结奋斗。因此，作为思想道德建设的一个重要内容，加强爱国主义教育，要贯穿社会主义现代化建设的整个过程。

爱国主义是一个历史范畴，在社会发展的不同阶段、不同时期，有不同的具体内容和时代特征。爱国主义有着鲜明的时代特点，它总是随着时代的前进和历史的进步而不断丰富内容，向人民提出新的要求。我们今天讲爱国主义，就是要热爱我们伟大的社会主义祖国，在党的领导下为祖国的繁荣富强贡献自己的智慧和力量，我们要把个人的理想和事业融入祖国的社会主义现代化建设的伟大事业中。因此，在当代，爱国主义的基本内容和要求主要有以下几方面。首先，要正确认识祖国的历史和现状，增强热爱祖国的感情。其次，要把热爱祖国的深厚感情和信念转化为爱国主义的行动，努力献身于社会主义现代化建设事业。祖国的生存和发展是每个人生存和发展的前提，要教育大学生将个人的命运和国家、民族的命运联系在一起。每一个真正的爱国者都应该自觉地与祖国同呼吸、共命运，坚持国家利益高于一切，想国家之所想，急国家之所急，把个人的前途和发展融入祖国的前途和发展之中，为祖国的发展而奋斗。在日常生活中，每个大学生都应努力学习科学文化知识，把自己未来的工作岗位当作报效祖国的阵地，将爱国之情、报国之志、建国之才切实地化为效国之行，为祖国的现代化建设事业贡献自己的全部力量。最后，要自觉维护民族团结和国家的统一。维护国家独立和领土完整是每个公民应尽的责任和义务。祖国的历史和文化需要我们去保护，同样祖国的领土完整和主权独立也需要我们坚决地去捍卫。我国是一个多民族的国家，反对民族分裂和国家分裂，维护多民族的团结和祖国的统一是中华民族爱国主义的优良传统。

（二）大学生爱国主义教育实践的内容与途径

当前，爱国主义教育的内容非常广泛，按照高校思想政治理论课的教学规定，主要包括如下几方面教育实践的目标：一是要进行我国现代化建设伟大成就和宏伟目标的教育。党的基本路线和我国社会主义建设的成就是进行爱国主义教育最现实、最生动的教材。二是要进行中华民族悠久历史的教育，特别是中国近现代史的教育。要通过中国历史的教育，使大学生了解中华民族自强不息、百折不挠的发展历程，了解我国各族人民对人类文明的卓越贡献，了解我国历史上的重大事件和著名人物，了解我国人民反对外来侵略和压迫、反抗腐朽统治、争取民族独立和解放等前赴后继、浴血奋斗的精神和业绩，特别是中国共产党领导全国人民为建立新中国而英勇奋斗的崇高精神和光辉业绩。三是要进行基本国情教育。国情教育不仅要进行基本国情常识的普及，更要放在整个世界环境的大背景下进行，既要使人民看到我国的发展优势和有利条件，又要看到我们的差距和不利因素，以增强人民的使命感和社会责任感。四是进行中华民族优秀传统文化教育。中华民族的优秀传统文化博大精深，不仅包括哲学、社会科学、文学艺术、科学技术等方面的成就，而且蕴含着崇高的民族精神、民族气节和优良道德；不仅孕育了无数杰出的政治家、思想家、文艺家、科学家、教育家、军事家，而且留下了丰富的文物古迹、经典著作，这笔丰厚的遗产是进行爱国主义教育的宝贵资源和重要内容。五是要进行民族团结和祖国统一的教育。要加强马克思主义民族观、宗教观和党的民族政策、宗教政策的教育，大力宣传各族人民为维护民族团结和祖国统一做出的不懈努力和历史贡献。为了早日实现祖国统一，要进行"和平统一、一国两制"方针的教育，要全面、正确地宣传党和政府在祖国统一问题上的基本立场和基本方针政策，使大学生了解祖国统一工作的进展情况和重点。六是要进行国防教育和安全教育。要根据新时期的特点，重视现代国防教育，增强全民的国防意识和国家安全意识，提高全民族抵御外敌入侵、捍卫祖国独立，维护国家主权和领土完整的自觉性。

爱国主义既集中反映了人们对个人和祖国关系的理解认识，又寄托了人们对祖国的一种崇高感情；既是一种高度的思想觉悟，又体现在人们的具体实践之中。因此，爱国主义教育必须运用多种方法和途径，对人们进行长期的潜移默化的影响和教育。而且，爱国主义教育要突出重点对象。习近平总书记指出，要在广大青少年中开展深入、持久、生动的爱国主义宣传教育，让爱国主义精神在广大青少年心中牢牢扎根，让广大青少年培养爱国之情、砥砺强国之志、实践报国之行。对广大青少年的爱国主义教育应注意发挥思想政治理论课堂的主渠道作用，要利用各种机会，广泛渗透，连续不断。一是利用重大节日和纪念日，开展丰富多彩的教育活动。二是通过组织各种社会活动进行教育，如组织参观名胜古迹、历史文物，瞻仰革命先烈纪念馆，开展升国旗、唱国歌等活动，在丰富多彩的社会实践中，陶冶大学生的情操，净化、美化他们的心灵。三是要广泛开展校园文化教育活动，如歌咏比赛、知识竞赛、演讲、体育运动等，寓教于乐，施教于生动活泼的活动之中。四是要不断强化舆论声势，扩大覆盖面，创造浓郁的爱国主义气氛。总之，要通过各种生动活泼的形式，广泛、深入、持久地加强爱国主义教育和宣传，提高广大青年学生的民族自尊心和自豪感。

三、以道德规范为基础，进行思想道德教育创新

构建高校思想政治教育体系，必须有创新的精神，而且这也是高校思想道德教育体系的生命力之所在。改革开放以来，社会主义思想道德教育，无论是在内容上还是在形式上，都发生了一系列的变化。思想道德教育的创新和发展，是我国社会主义精神文明发展到新的历史水平的一个重要标志。

（一）社会主义道德体系的创新和发展

马克思主义认为，任何道德归根到底都是当时社会经济状况的产物。我国现阶段的社会主义道德体系也在不断创新和发展着。建立社会主义的思想道德体系，是个相当艰巨的历史任务。所以，我们应当有世界历史的眼光，善于批判地借鉴资本主义市场经济发展过程中所形成的与之相应的道德体系。我国的社会主义道德体系的理论基础是马克思主义、毛泽东思想和中国特色社会主义理论，我国的社会主义道德坚持以为人民服务为核心、以集体主义为原则。所以，为人民服务和社会主义的集体主义，是整个社会主义道德体系的基石。社会主义道德体系是立足于我国现实的经济、政治关系基础之上的，又能充分吸取人类文明发展的优秀成果、反映时代发展要求的道德体系。我们所要建立和不断完善的社会主义道德体系，应当是能够正确反映我国现阶段社会主义经济、政治关系的基本特征，

并能促进社会主义市场经济健康发展,有利于解放和发展社会主义生产力的道德体系;同时,也要与社会主义政治体制改革相适应,形成有利于促进社会主义民主政治发展的道德体系。也就是说,我国现阶段的社会主义道德体系,必然是充满生命力的、不断创新和发展着的科学的道德体系。

我国的社会主义道德体系是以为人民服务为核心、以集体主义为原则的。随着改革开放的深入,以社会主义改革为动力的社会主义道德体系有了创新和发展。

第一,竞争与协作相统一。强调竞争与协作的统一,就是在现实的市场经济活动中,贯彻社会主义集体主义道德原则的重要方式。现代市场经济的发展证明,竞争是市场经济发展的最重要的机制。因此,我们对竞争机制应当持肯定的道德评价,克服对竞争的道德偏见。但是,在自发的状态下,竞争也会产生一定的负面影响,而且消极方面也会反映到精神生活中来。这样,要使社会主义市场经济能够健康地发展,除了要加强社会主义法制建设外,还要加强社会主义道德建设。加强社会主义道德建设的具体要求,就是在建立和完善社会主义市场经济体系的过程中,积极提倡和发扬团结互助的精神,正确处理竞争与协作的关系,反对极端自私自利、损人利己的行为,逐渐形成一种与社会主义市场经济相适应的、与团结协作相统一的社会主义竞争观念。

第二,重视法制观念。在一定意义上可以说,现代市场经济是一种法制经济。市场经济的正常运行,要以稳定而合理的法律秩序作为保证。所以,我们必须把法制意识纳入市场经济的道德要求中来,就是说,每个市场经济活动的参与者严格遵守法律是道德上的要求。

第三,社会主义的义利观。在我们的现实生活中,所谓义利问题,实际上就是社会整体利益和个人利益之间的关系问题,也可以说是公与私的关系问题。在中国的传统道德观念中,古代儒家学派的重义轻利的观念曾经产生过很大的影响。随着改革开放,特别是社会主义市场经济的发展,人们的义利观发生了变化,逐渐纠正了那种重义轻利的片面观念。但是,在一部分人中也出现了严重的见利忘义的思想倾向,而且对社会生活还可能产生恶劣的腐蚀作用。义利问题是个道德问题。在发展社会主义市场经济的过程中,每个人、每个市场经济主体,都会遇到如何正确处理国家利益、人民利益、集体利益、个人利益之间的关系问题。社会主义市场经济的本质,要求人们反对见利忘义、唯利是图,形成把国家和人民利益放在首位而又充分尊重公民个人合法利益的社会主义义利观,在努力发展社会主义生产力的前提下,发扬社会主义集体主义精神。因此社会主义义利观的核心,是社会主义集体主义道德原则。

总之,随着社会主义市场经济和社会主义民主政治的发展,社会主义道德体系无论是在内容上还是在形式上,都将发生深刻的变化,出现新的面貌,成为推动社会主义社会向更高历史阶段前进的伟大精神因素。社会主义道德体系的这种创新和发展，恰恰是它的生命力之所在。

(二) 思想道德教育创新

党的十七大提出了一系列关于大学生思想政治教育的深刻理论创见，指出："坚持育人为本、德育为先""切实把社会主义核心价值体系融入国民教育和精神文明建设全过程""注重人文关怀和心理疏导"。这是我党对大学生思想政治教育提出的时代要求，对于推进大学生思想政治教育的改革创新，具有十分重要的现实意义。

(1) 实现思想政治教育的理念创新

大学生思想政治教育旨在引导大学生塑造正确的政治理想、价值目标和道德品质，树立正确的世界观、人生观和价值观。中国共产党在领导中国革命、建设和改革的实践中，始终高度重视思想政治教育，先后在不同时期提出了思想政治教育重在育人的理念。2016年12月7日至8日，全国高校思想政治工作会议在北京举行。习近平强调，高校思想政治工作关系高校培养什么样的人、如何培养人以及为谁培养人这个根本问题。要坚持把立德树人作为中心环节，把思想政治工作贯穿教育教学全过程，实现全程育人、全方位育人，努力开创我国高等教育事业发展新局面。我国高校办得怎么样，我国高等教育事业发展得怎么样，首先要看培养出来的大学生是不是合格，特别是思想政治素质是不是合格。我们只有把德育放在首位，着眼于大学生良好思想道德素质的培养，才能推动大学生思想道德素质、科学文化素质和健康素质的协调发展，多方面提升大学生的素质，促进大学生全面发展。

当今世界正在发生广泛而深刻的变化，当代中国正在发生广泛而深刻的变革。世界范围内社会主义和资本主义在意识形态领域的斗争和较量是长期而复杂的。大学生思想政治教育面临前所未有的有利条件，同时也面临前所未有的严峻挑战。要实现大学生思想政治教育的理念创新，就要坚持育人为本、德育为先。

(2) 实现思想政治教育的内容创新

党的十八大精神赋予了新时期大学生思想政治教育新的时代内涵：新时期，大学生思想政治教育工作要将中国特色社会主义道路理想信念教育、培育和践行社会主义核心价值观、促进学生面发展作为新时期大学生思想政治教育的重点内容，全面提高大学生思想政治教育质量。

党的十八大强调：一要加强社会主义核心价值体系建设。社会主义核心价值体系是兴国之魂，决定着中国特色社会主义发展方向。要深入开展社会主义核心价值体系学习教育，用社会主义核心价值体系引领社会思潮、凝聚社会共识。推进马克思主义中国化、时代化、大众化，坚持不懈用中国特色社会主义理论体系武装全党、教育人民，深入实施马克思主义理论研究和建设工程，建设哲学社会科学创新体系，推动中国特色社会主义理论体系教材进课堂进头脑。广泛开展理想信念教育，把广大人民团结凝聚在中国特色社会主义伟大旗帜之下。大力弘扬民族精神和时代精神，深入开展爱国主义、集体主义、社会主义教育，丰富人民精神世界，增强人民精神力量。倡导富强、民主、文明、和谐，倡导自由、平等、公正、法治，倡导爱国、敬业、诚信、友善，积极培育社会主义核心价值观。二要全面提高公民道德素质。这是社会主义道德建设的基本任务。要坚持依法治国和以德治国相结合，加强社会公德、职业道德、家庭美德、个人品德教育，弘扬中华传统美德，弘扬时代新风。推进公民道德建设工程，弘扬真善美、贬斥假恶丑，引导人们自觉履行法定义务、社会责任、家庭责任，营造劳动光荣、创造伟大的社会氛围，培育知荣辱、讲正气、做奉献、促和谐的良好风尚。深入开展道德领域突出问题专项教育和治理，加强政务诚信、商务诚信、社会诚信和司法公信建设。加强和改进思想政治工作，注重人文关怀和心理疏导，培育自尊自信、理性平和、积极向上的社会心态。深化群众性精神文明创建活动，广泛开展志愿服务，推动学雷锋活动、学习宣传道德模范常态化。这是我党在新的时代背景下提出的思想政治教育的新要求，也是广大高校思想政治教育工作者新的工作指针。

四、把握文化建设在思想政治教育中的重要作用，推动高校思想政治教育理论与实践的创新

中国特色社会主义文化建设，是凝聚和吸引全国各族人民的重要力量，是综合国力的重要体现。"三个代表"重要思想把代表中国先进文化的前进方向，同代表中国先进生产力的发展要求、代表中国最广大人民的根本利益统一起来，创造性地丰富和发展了马克思主义的文化理论。在我国全面建成小康社会的宏伟蓝图中，也突出强调了社会主义文化建设的战略地位，为社会主义文化发展指明了方向。我们要从党和国家事业发展全局的高度，充分认识文化建设在思想政治教育中的战略意义，采取切实有效的措施，推动中国特色社会主义文化的大发展大繁荣。

（一）深刻认识文化建设在高校思想政治教育中的战略意义

当今世界，文化不仅深深熔铸在民族的生命力、创造力和凝聚力之中，而且越来越成为一个国家综合国力和国际竞争力的重要组成部分。国家的发展和强盛、民族的独立和振兴、人民的尊严和幸福，都离不开强大文化的支撑。作为世界上最大的发展中国家，我们必须高扬自己的文化理想，高举自己的文化旗帜，在世界文化交流和竞争中把我国建设成为文化强国，使中国特色社会主义文化不仅在

中国人民中间,而且在全世界人民中间都具有强大的吸引力和感召力。

文化是民族的灵魂,是维系国家统一和民族团结的精神纽带。因此,世界上每个成熟的民族都有属于自己的特有文化形态和文化个性,而这种特有的文化就成为民族亲和力和凝聚力的重要源泉。渊源于中华五千年文明、植根于当代伟大实践的中国特色社会主义文化,是中华民族身份的象征,是最广泛团结全国人民乃至全球华人的旗帜,是激励各族人民建设伟大祖国、实现民族复兴的强大精神支柱。当代高校思想政治教育要不断增强中华民族的凝聚力、创造力的教育,培养有理想、有道德、有文化、有纪律的大学生,我们要结合新的实践和时代发展的要求,大力发展社会主义文化,建设社会主义精神文明,把广大青年学生紧紧吸引在中国特色社会主义文化的伟大旗帜下。

(二) 加强和谐校园建设,推进高校思想政治教育的理论和方法创新

在当代中国,发展先进文化,就是发展面向现代化、面向世界、面向未来的,民族的科学的大众的社会主义文化,必须坚持马克思列宁主义、毛泽东思想和邓小平理论在意识形态领域的指导地位,用"三个代表"重要思想统领社会主义文化建设。社会主义文化要坚持为人民服务、为社会主义服务的方向和百花齐放、百家争鸣的方针。社会主义文化要以科学的理论武装人,以正确的舆论引导人,以高尚的精神塑造人,以优秀的作品鼓舞人。立足改革开放和现代化建设的实践,着眼世界文化发展的前沿,我们要发扬民族文化的优秀传统,汲取世界各民族的长处,在内容和形式上积极创新,不断增强中国特色社会主义文化的吸引力和感召力,不断丰富人们的精神世界,不断增强人们的精神力量,不断满足人们的精神文化需求。

(1) 加强和谐校园建设

和谐、充满人文关怀的教育环境是高校思想政治教育工作的最佳载体,它可以给大学生以宽松、和谐、美感的人文氛围,是一种无形的力量,具有强烈的导向和规范作用,可以引导或者约束人的行为。高校校园文化作为高校中的一种文化现象,在养成大学生的健全人格、完善大学生的文化修养、培养大学生的学术品格、提高大学生的审美情趣等方面发挥着积极作用,对于高素质的人才培养有着尤为特殊的意义。因此,高校要加强营造宽松、和谐的校园环境。

我们要充分发挥高校人才和技术优势,整合校内外各类资源,用社会主义核心价值体系引领校园文化建设,以高雅的校园文化营造大学生成长的良好氛围;利用校园网络、电视、广播、展览室、图书馆等传播途径,把政治思想与道德建设内容有机融入其中,以创新内容、创新形式、创新手段等方法去积极探索参与式、体验式、互动式等新的教育方法;要组织开展文娱活动、体育活动、军训、社会调查、公益服务和丰富的社团活动，以此增强思想政治教育工作的针对性、实效性、吸引力和感染力。与此同时，我们也要加强校园传统文化的建设。高校加强传统文化教育也是一项重要任务。党的十六大报告提出，要"把弘扬和培育民族精神纳入国民教育全过程"胡锦涛在党的十七大报告中指出："当今时代，文化越来越成为民族凝聚力和创造力的重要源泉、越来越成为综合国力竞争的重要因素，丰富精神文化生活越来越成为我国人民的热切愿望"，要"弘扬中华文化，建设中华民族共有精神家园"。习近平指出，博大精深的中华优秀传统文化是我们在世界文化激荡中站稳脚跟的根基。因此，高校不仅要重视大学生的专业能力培养，还要狠抓传统文化教育，提高大学生传统文化素养和人文素养，增强民族自尊心和自信心，以使其适应新的社会建设的需要。

（2）更新教育理念

首先，高校思想政治理论课教师要更新观念。我们要牢固树立素质教育观念，坚持以大学生全面素质培养为目标，注重渗透性教育，养成性教育，注重受教育者的体会与内化过程，把素质教育贯穿到思想政治理论课教育教学的每个环节。我们要更加注重大学生人文素质的培养，推进教育教学从以科学教育为主向科学教育与人文教育相互融合转变。我们要牢固树立科学发展观，充分体现"以人为本"的要求，充分调动教与学两个积极性，着力解决理论教育的针对性、有效性和吸引力问题。

高等教育作为一种培养人才的社会实践活动，要求受教育者主动参与教学，实现教与学的双向互动。思想政治理论课教师应利用各种手段消除师生之间沟通的障碍，消除彼此的距离感，使大学生能够平等、真诚地与教师交流，而且乐于、善于与教师交流，从而使其在这种自我表达和交流中实现思想道德的提升。这就要求教师能够正确运用人文关怀的教育方法，用对话式、启发式的互动型的教育方式，针对不同学生采取不同的方式、方法开展教育引导，充分发挥思想政治素质对其他方面素质的方向指引、精神激励、价值导向、方法保障和人格塑造作用。

（3）创新教学方法和手段

大学生思想政治理论课的创新，既包括教学内容的创新，也包括教学方法的创新。教学方法和手段在教育活动中具有重要的地位，是教育基本理念的体现，也是贯彻教育基本理念的根本保证。教师要丰富和发展高校思想政治理论课教学的方式，通过多种方式进行教育教学，完成课程教育的目标。这就要求教师要树立正确的指导思想，加强对教育教学理论的学习，在实际教学的过程中，认真做好教学计划，不断总结和反思自己的教学过程，构建与学生的和谐关系，形成良好的互动。在教师与学生的共同努力下，最终实现课程的教学目标。

教师在教学方法和手段创新上，首先要找准切入点，让学生对教学内容有所期待。我们正处在一个充满活力,不断发展、变化的时代,时代的发展和变化使得思想政治教育从内容到方法、从对象到途径、从思路到规律都发生了变化,出现了新任务,因而思想政治理论课要注重吸收马克思主义最新成果,教学内容一定要体现时代特征。教师要关注学生面对的问题,把学生的所思所想、所需所盼作为思想政治教学的切入点和着眼点。教师应坚持做到学生关注什么就重点回答什么,什么问题突出就着力解决什么问题。思想政治教育研究表明,当思想理论与接受者的主观需求相吻合时,思想理论的可接受性最强。教育心理学的相关研究也表明,受教育者的接受性与个体需要成正比关系。当教育的内容与受教育者需要的内容、目标和方向不吻合时,就很难被接受。因此,思想政治教育就是要从学生关心关注的重大问题入手,抓住学生的心理特点,紧密结合社会热点,才能为学生所欢迎、所接受,从而提高思想政治理论教育的吸引力,否则就会流于形式。根据大学生求新求异的特点,教师要提升思想政治理论课的品位和趣味,切实让学生感到耳目一新。改革开放以来,人们的物质生活和精神生活发生了巨大的变化,思想政治教育一定要经常地、主动地分析不断变化着的社会环境,包括国际以及国内形势变化的新特点、新情况、新问题和新趋势,各种社会思潮及其影响,适时找出正确的方式方法引导大学生,使他们养成健康向上的心态。思想政治教育只有注重其内容的现实针对性、新颖性,才能增强自身的吸引力和说服力。教师也应具备把学生的生活经历、实践经验和集体智慧等整理为教育资源的能力,让学生感到真实可信。要围绕他们在学习、成才、健康、生活、交友、恋爱、求知、择业等方面遇到的实际问题和他们所关心的问题,有针对性地开展教学,增强思想政治理论教育的实效性。

第三节 高校思想政治教育对大学生创新素质培养的实践研究

一、在思想政治理论课教学过程中推进创新素质培养

(一)大学生创新素质的内涵

大学生创新素质包括创造力、创造性才能、创造性思维、创新意识、创新精神等方面内容。综合国内外学者的研究成果,我们认为大学生创新素质是指大学生在先天禀赋的基础上,通过学习、实践等教育活动形成并发展起来的,对大学生自身发展具有积极意义的、内在的、相对稳定的主体特性和品质。它是以创新思维为核心的智能综合系统,具体包括以下几个方面:

创新思维是指主体在一定的知识、经验和实践基础上,伴随着思维方式的变

化提出新的理论、观点和想法的思维过程。这种创造性的思维活动能够产生前所未有的成果,推动人类文明的发展。创新思维是整个创新活动智力结构的关键,是创新素质的核心。

创新意识是推崇创新、追求创新和以创新为荣的观念和意识,它以思想活跃,不因循守旧,富于创造性和批判性,具有敢于标新立异、独树一帜的精神和追求为主要特征。

大学生的创新能力是指大学生在产生新的思想、新的方法,创造新的事物过程中所必备的各种技能、技巧的总和,是大学生的心理活动在最高水平上实现的综合能力,是保证大学生的创新过程得以顺利实现的诸种能力和各种个性心理特征的有机结合。目前,我国大学生特别是普通高校大学生的创新能力还比较低下。

(二)思想政治教育对培养大学生的创新素质的路径研究

第一,营造创新氛围,增强自主意识。在校园学习和生活中,要建立和谐的师生关系。在教学过程中,师生之间要真正做到民主与平等。老师要牢固确立学生的主体地位,要求学生做到自信、自主、自强,培养学生在探索过程中知难而进、锐意进取、锲而不舍的精神,克服自卑心理和依赖思想,养成喜爱钻研的习惯,具备不满足于已有知识及解答的心理素质以及思考问题时力求深入、全面、缜密的能力。自主意识是发展创新能力的基础和前提。因此,教师要注重培养学生的自主学习与创新的意识。要鼓励学生不迷信书本,不迷信教师,敢于独立思考,树立追求真理与发展真理的信心和勇气,激励学生打开思维,积极探索,合理怀疑,追求真知。通过师生、生生间相互尊重、相互激励扶持,使学生自主成为教学主体;对学生的创新成果给予适当奖励,即使是尚未成熟的创造性设想,也要积极鼓励,保护学生创新的积极性;而学校也要在教室、图书馆、实验室等公共场所宣传创新精神,介绍有创新精神的名人事迹,形成激励创新的环境。

第二,培养观察能力,鼓励大胆想象。观察是通向创造之门的第一步。我们目前对科技的观察以及在科技方面的创新大部分来源于实验室;通过参加社会实践去观察也是有效的途径之一,借此掌握我国科技水平在生产一线的应用情况,了解科技创新对工农业发展的重要性;利用大学寒暑假的社会实践活动也可以培养学生的观察能力,进行动态观察与比较研究可以增强大学生的创新意识,提高其创新素质。创新的起点是质疑。人们往往是从实践或理论研究中发现问题、提出问题,进而去解决问题的。教师在教学过程中应从学生的知识及能力水平的实际出发,采用各种方法引导学生,使学生通过观察、分析、归纳、类比、联想产生好奇心理,大胆想象,从而发现问题、提出问题,进而去探究并解决问题。教师应当爱护、鼓励学生的好奇心及想象力,当有的学生发现和提出含有某种创新因素的"新奇"问题的时候,教师不必忙于自己去解答,应因势利导,让全体同学共同思考,这不仅鼓舞了提出问题的个别学生,还会在学生中形成一种勇于大胆想象,喜爱独立思考的良好环境,并在这种良好环境中逐步锻炼学生善于发现问题、提出问题的本领。

第三,引导放射思维,重视个性发展。教师应鼓励学生遇到问题深入思考,引导学生打破常规、运用求异思维解决问题。比如,可以启迪学生运用逆向思维,从反面去突破、寻找解决问题的办法。思维的方向变了,就易于产生新的解决问题的方法和途径。总之,思想政治教育理论工作者应提出开放性问题,促使学生养成充分思考、独立解疑、勇于打破旧框框、自主探究学习的习惯,而培养学生的创新能力,观念上的转变至关重要高校教师要力求做到不仅能发现"好"学生的缺点,还要挖掘"差"学生的强项,更要允许"奇才、怪才、偏才和狂才"的存在。从社会对人才需求的多元化和多层次文化视角出发,科学培养,正确引导,使不同层次的学生在全面发展的基础上,其个性和潜能都得到充分的发挥,这是培养学生创新素质的有效途径,也是在现代化教学中衡量高校教师的一个重要指标。

第四,夯实基础知识理论体系,培养实践能力。学生创新素质的培养是建立在扎实深厚的文化知识和专业理论知识基础之上的,这也是提高大学生综合素质的前提条件。因此,要避免学生好高骛远、急于求成,需要教师引导学生刻苦学习,努力掌握基础理论知识,认真学习文化课和专业课的相关知识体系。目前,许多大学生在科技文化课外活动中,显示了很强的组织创造力。我们提倡因人而异,就是希望在实践中让各种具有创新能力的人才不断涌现。高校如今普遍开设第二课堂,通过鼓励学生进行实验、发明以及各种科技文化创造活动,给学生提供更多的动手实践机会,推动学生创新素质的不断提高。

二、发展社团组织促进大学生创新素质的培养

校园文化以其内容的丰富性和开放性、主体的广泛性和形式的多样性成为当今大学教育的一个重要手段,在大学生创新素质培养方面有着不可替代的作用。以科技文化活动为龙头的校园文化建设,是大学生创新素质培养的主要载体。各高校应以战略的眼光和开阔的视野在校园文化建设中,通过高校第二课堂,大力加强大学生创新素质的培养。

(一)建设一支创新型高校团干部队伍,为大学生创新素质的培养提供人才保证

强化队伍建设,为大学生创新素质的提高提供坚实后盾。要想通过团组织提

高大学生的创新素质必须有一支精干高效的管理工作队伍。作为大学生创新活动的发动者和组织者,高校的团干部肩负着制定规划、负责协调和组织督促的任务,其人员素质的高低直接影响到创新活动的成效。因此,首先应提高团干部的自身创新能力,造就一支素质高、结构合理、能力强、乐于奉献和具备创新意识的创新型团干部队伍。其次团干部要充分发挥自身优势,加强自身素质和能力的培养,强化创新意识,提高创新能力,勇于实践,积极为大学生创新能力的培养搭建校园文化建设的舞台。高校团干部通过自身广博的知识和人格魅力去影响学生,用创新精神去感染学生,在校园文化中带给学生潜移默化的影响。另外,在承认学生的个性差异和兴趣多样化的前提下,因材施教,有针对性地积极开展校园文化活动。重视校园文化建设中的实践环节,采取多种形式和手段,调动学生的主体能动性。

除此之外,还要建立一支高水平的科学技术工作队伍。大学生创新素质的提高,离不开各项创新活动的开展,更离不开专业教师的引导和带动。因此,必须选拔和培养一批既有丰富的理论知识,又有很强的实践技能,有耐心和责任心的高素质教师,充实到指导教师队伍中去,为大学生各类课外科技创新活动的开展提供技术支撑。

实践是创新的源泉。创新思维来源于实践,创新能力是在不断解决实际问题的过程中锻炼培养出来的,大学生要在实践中锻炼培养自己的创新能力,提高动手能力。高校在校园文化建设中要坚持与社会实践相结合、与勤工助学相结合、与择业就业相结合、与服务社会相结合、与创新创业相结合,注重在校园文化建设中大学生创新活动品牌的建设。首先,要重视社团建设,发挥其组织活动方便、开展活动快捷的优势,积极组建各类科技文化社团。其次,建立大学生科技创新实践基地,提高校园文化活动的科技含量,不断创新实践的内容和形式,为大学生的创新素质培养提供广阔的空间。最后,与相关实验室、实践基地进行结对,充分利用设备、场地和师资的优势,聘任具备创新素质的优秀教师,指导学生在校园文化建设中的实践活动。

(二) 构建奖励和监督机制,为大学生创新素质的提高提供制度保障

建立一套行之有效的激励竞争机制。建立大学生创新专项基金,为大学生创新活动的开展提供必要的经费保障;定期举行各种形式的竞赛活动,鼓励学生参加各类机构组织的创新活动,对在创新方面成绩突出的学生进行表彰与奖励,将创新方面的成绩作为免试推荐研究生和颁发奖学金的重要依据;对获得国家级或省(部)级创新成果的学生,以及在校内外创新实践活动中做出成绩的学生,学校可允许其申请免修与之相关的课程学分、课程设计或毕业设计(论文)学分等。

建立公开、公平、公正的考核评估体系。校团委应加大对创新教育的重视力度。采取定性分析与定量考核相结合的办法，通过各级团组织的公开答辩来考核其创新教育的落实程度，并做到奖惩分明。

（三）营造高品位校园文化氛围，为大学生创新素质的培养提供良好的平台

丰富的校园文化活动是高校共青团开展第二课堂教育的主要载体，高品位的校园文化不但能培养大学生锐意进取的心理素质，加强创造性思维方法的锻炼，还能激活大学生的创造潜能，因此高校共青团在培养大学生创新素质方面要积极利用好这一载体。

校园文化活动具有导向性、综合性、多样性、广泛性、开放性、实践性等特点，可以强化大学生对创新思维和创新能力的开发与训练，塑造创新人格。在校园文化活动中，课外艺术活动和体育活动不仅为大学生创新能力的培养搭建了舞台，还弥补了专业教育的单调和不足，为各学科的交叉提供了载体。这些活动的开展都由学生亲自参与和组织，使大学生的创造性思维、想象力与学习经验相互结合，创新能力得到充分的锻炼和发挥，激发大学生的创造积极性和参与意识，同时也提高了大学生的抗压能力。

各高校可开展寓教于乐的专业品牌活动，激发学生的创新意识及潜能。鼓励各基层团组织开展诸如科技文化节、服装艺术节、金融文化节等有专业特色的校园品牌文化活动，在每届品牌活动中设立"创意设计"环节，提高学生的创新素质。通过开展丰富多彩的科技创新活动，形成创新思维、创新方法和创造技能。定期举行各种学术讲座、学术沙龙和大学生科技报告会，出版大学生论文集，培养他们的创新思维；鼓励学生积极参加学校的大学生科研训练计划（SRT）项目、新苗计划、挑战杯全国大学生课外学术科技作品竞赛及创业设计大赛，提高学生的创新技能，从而培养大学生的创新素质。

（四）实施青年马克思主义者培养工程，完善大学生创新人格

开展团干部培训班，加强对大学生骨干的培养，在培训课程过程中增加创新素质培养方面的内容，并鼓励大家进行思想与智力的交锋、方法与经验的交流，从而在交锋与交流中产生新的创造意念。深入开展各类社会实践活动。社会实践活动是第一课堂教育的自然延伸和培养大学生创新素质的重要途径。高校共青团要不断完善青年志愿者活动管理机制，组织引导广大学生广泛参加考察交流、志愿服务等实践活动；鼓励各基层团组织利用现代教育资源，创建大学生创新实践基地，通过在创新中的实践和探索，更好地将大量先进知识运用于实践，从而提高自身学习和锻炼的能力。

三、构建大学生思想政治教育的创新模式

(一) 世界发达国家对大学生创新素质培养的比较研究

21世纪是创新教育的时代。衡量一个国家高等教育水平的一个重要标志是这个国家是否拥有高水平的大学,而衡量高水平大学的一个重要指标是这所大学是否能够培养出高水平的、具有创新意识和能力的创新人才。因此,发达国家非常重视大学生的创新素质培养,世界各国纷纷进行高等教育改革实验,不约而同地把构建创新教育模式体系放在探索的首位。西方发达国家针对校园文化进行创新型建构研究,对培养学生的创新素质进行探索,其主要途径是通过学科建设、课程改革以及教学管理改革等措施来探索创造性人才培养的"土壤",并通过高新技术的开发与应用来提升高等教育的科技含量,寻求教育与服务社会的最佳结合点。我们以美国、英国和日本为样本,进行比较研究。

(1) 美国大学生创新教育模式

美国科学促进协会联合美国科学院、联邦教育部等12个机构,于1985年启动了"2061"计划,即到2061年要从本质上改革国家的教育模式体系,培养大批具有创新意识和科学涵养的青少年学生。几乎在每所美国高校都设有创新中心。美国各所高校均采用案例教学、问题教学、学生独立学习等方法,鼓励学生主动思考,自我创新。美国国家科学教育标准认为,要把教育的关注点放在批判性地提出问题和解决问题上,同时也要关注团队合作精神的培养。美国各高校也相继设立了一系列培养创新意识的课程,如创新方法的研究、创新能力的培养、创新实践的指导等。大学生不应只是在课堂上被动地接受知识,也不能全部以考试来评估学习成绩,而应将是否具有创新素质作为衡量学生的一个重要依据。创新教育不仅应使我们具有创造性,更应使我们加强对理想的追求和洞察能力,成为成熟的个体。

(2) 英国大学生创新教育模式

英国学生只要经过资格筛选和审查,就有机会进入高校深造,但就读期间,高校实行严苛的筛选淘汰制度,筛选淘汰率高达30%。在学位授予上要求也非常严格,"宽进严出",一定程度上保证了学生的培养质量。英国一些高校也采用和社会组织合作教育的培养方式,使学生在校期间有机会接触社会实践,有助于培养学生的思考创新能力。英国牛津大学下午四点钟后,在图书馆学习的学生数量减少,大部分学生会进行体育健身活动,这已成为牛津大学的一种校园文化,这也是一种"学中动,动中学"的创新教育模式。英国的剑桥大学在创新教育理念方面更有其独到之处。在人才创新教育培养方面,剑桥大学注重对学生实行个别

辅导，很多课程都是以小组的形式来进行教学、讨论和研究的。剑桥大学投资建立了化学馆、天文馆、植物馆，还有音乐厅和戏剧厅，这样可以通过校园物质文化的建设方便大学生更多地在实验和实践方面进行自我创新教育。剑桥大学建成的以现代科技为基础的科学园区，为大学生的创新能力的提高、创新意识的培养以及科学研究提供了物质条件。

（3）日本大学生创新教育模式

日本学者倡导要培养综合化人才，并强调只有综合化才有可能产生伟大的文化。日本的教育改革实践也一直强调创新与个性原则，日本早稻田大学校长奥岛孝康曾提到：早稻田大学办学的理念是培养学生独立的人格，提倡学生勇于实践。早稻田大学培养出来的学生，富于创新进取精神，勇于承担责任。早稻田大学的另一个教育特色是始终以亚洲为本，其创立者大隈重信提倡"东方文明的调和"的观点就是要立足东方文化，面向世界，面向未来。这本身就是一种校园文化培养创新人才的新模式的体现。

（二）中国高校思想政治教育的创新实践

针对我国高校的具体情况，我们以课堂教学、第二课堂作为大学生创新素质培养的主要阵地，所以我们的实践也应在课堂教学和第二课堂中构建起创新教育的教学模式。

（1）树立创新教育理念

阻碍中国大学生创新的障碍是中国的传统教育，即大学生过于"听话"，这种批判精神的缺乏阻碍大学生创新意识的发展。因此，我们要培养大学生创新素质首先要改变传统的教育观念，树立全新的教育理念。我国传统文化强调集体、共性、服从思维，却阻碍了自由、个性、创新思维的发展使我们国家创新能力的发展受限大学要有"容"乃"大"，高校要营造一种允许学生尝试和鼓励学生敢想敢做的学术氛围。要培养学生形成不"唯书"，不"唯上"的学风，培养学生"敢为天下先"的态度和作为。同时要以制度化的校园文化支持、鼓励创新，给予大学生足够的自主权，培养具有独立、个性化思维的学生。

高校教师要以培养具有创新素质的大学生为目标，积极改革传统的教学思维，同时阐明学习的重点和难点，引导学生的思路，具体的学习内容则由学生根据自身情况自主安排，利用开放式的教学方法完成大部分学习内容，在课下通过查阅资料或师生交流来获得其他内容。在学习过程中，教师应启发大学生逐渐建立主动性思维，改"授鱼"为"授渔"。在进行创新教育的过程中，要坚持以人为本的理念，淡化教师的"权威"，使师生关系平等化、民主化，充分尊重学生的个性和兴趣，把学生的潜能激发和个性发展放在核心位置，最大限度地激发学生的主观能动性和创造性，实现创新能力和综合素质的全面、协调发展。

（2）培养具备创新精神的教师团队

高校要构建大学生创新教育模式，必须以大批创新型教师为基础。创新型教师是能不断吸收新知识并在教学过程中积极应用知识、解决问题的人。由于创新型教师自身可以不断更新知识，深化教学研究，努力提高自身和学生的创新意识和能力，因此，大学教师要用渊博的学问和开阔的视野，在教学过程中激发学生的创新潜力，循循善诱，在潜移默化中启发学生。尤其在思想政治理论课教学过程中要转变以学生考试分数作为评估教育绩效唯一标准的现状，要辅之以从平时表现、发展潜力、问题解决等创新教育角度来考查学生和评估教师。我国高校还可借鉴国外高校的做法，如聘请校外具有创新思维的名师。校外名师通常具有高瞻远瞩的前沿思想高度，有兼容社会实践与研究于一体的深厚底蕴，能赋予教学以科研性思维，有助于学生创新思维的培育。在创新教育模式中，高校应调整教师工作量考核办法，使师生有足够的时间、空间去创新钻研，同时要对教师指导学生创新的情况进行必要的引导和奖励，只有这样才能使创新教育模式真正落到实处。

下篇：综合篇

第九章 大学生思想政治教育创新与文化素质教育研究

第一节 文化素质教育的内涵

由于教育理论和教育实践者，对文化素质教育理解上的一些偏差，导致了对文化素质教育的提法和概念也比较混乱。随着高校文化素质教育工作的开展和不断深入，必然会对文化素质教育理论提出更高的要求，因而有必要对文化素质教育的内涵做出明确的界定。从理论上阐明大学生文化素质教育的内涵，是做好大学生文化素质教育工作的关键。

要理解文化素质教育的内涵，首先我们必须要理解什么是文化素质，张岂之先生认为文化素质是知识和能力的总汇，其中包含：1.知识：较广泛的知识；2.能力：较强的分析能力；3.方法：分析和观察问题的方法；4.仪态：有文质彬彬的仪态，语言举止文明优美；5.具有鲜明的民族特色。

另外，1999年教育部原副部长周远清指出：我们所强调的加强文化素质教育，主要是通过对学生加强文学、历史、哲学、艺术等人文社会科学和自然科学方面的教育，来提高全体大学生的文化品位、审美情趣、人文素质和科学素质；同时，我们也强调作为一种新的教育思想观念，加强文化素质教育必须贯穿于人才培养的全过程，必须课内外相结合。周远清这一观点的提出，使大学生文化素质教育的研究有了一个框架的概念。

由此，我们可以将文化素质的含义归纳为：文化素质是由知识、能力、情感、态度、价值观等多种因素整合而成的相对稳定的内在品质的一般体现。文化素质教育就是要通过知识的传授、环境的熏陶以及个体的实践，将人类的优秀文化成果内化为个体相对稳定的内在品质的活动过程，其实质是促进学生的身心发展与人类文化向个性心理品质的内化，形成较为稳定的情感、态度、思维方式和价值取向，并外化在一个人的日常行为当中。

因此，我们的文化素质教育，应根据高等教育的不同类型和特点，以人文教育为主，兼顾科学教育，使二者达到融合。文化素质教育是以文化为载体、指向人的精神的养成教育。人格的熏陶、人文精神的养成和民族精神的培育是文化素质教育的灵魂。它主要从精神角度去审视高等教育，以文化渠道实现这一目标，和现在流行的创新教育、主体性教育等各种名目繁多的教育种类有着本质的不同。

第二节 大学生思想政治教育与文化素质教育的有机结合

大学生文化素质教育是以提高大学生的文化素质为目的的教育。它主要着力于将人类优秀的文化成果通过知识传授、环境熏染，内化为学生的人格、气质、修养，以实现对学生的精神修养和人格塑造。思想政治教育是以引导和帮助学生掌握马克思主义立场、观点和方法为目的的教育，它影响大学生的精神面貌，解决大学生政治方向和思想品德方面的问题。文化素质教育是思想政治教育的基础，思想政治教育是文化素质教育的升华。如果没有文化教育的渗透和积淀，思想政治教育的内容就只有刚性的骨架，而没有鲜活生动的血肉，思想政治教育就变成了刻板而僵化的说教。如果离开了思想政治教育的引领和提升，文化素质教育就会失去社会主义方向，学生就会感到混乱而无所适从。文化素质教育和思想政治教育必须紧密结合。

一、文化素质教育和思想政治教育相结合的必要性

（一）时代发展的要求

当今社会是高度发达的社会，这种高度发达，需要大学生全面协调的发展，思想政治教育与文化素质教育是大学生发展的两个方面，也必须平衡发展，只有这两者相互渗透，彼此促进，才能推动着大学生的全面发展。

当今社会又是一个尊重个性，张扬自我的时代。当代大学生具有高度自觉性和自主性，他们不喜欢传统的空洞而抽象的说教式的教育模式，欣赏那种把教育内容的科学性和教育方式的艺术性高度统一的教育模式。现阶段，我国高校的思想政治课具有整齐划一的特点，统一的教材，统一的课时分配，统一的理论观点。这与政治课必须立足于国家，立足于民族，立足于整体的要求是吻合的。但从尊重学生个体说，这却不能充分体现学生的个性，不能很好地激发学生的潜能。而文化素质课程因为其鲜活生动的形象，曲折离奇的情节，灵活多样的表现形式，刚好可以弥补单纯的思想政治教育的不足。因此，思想政治教育要真正做到入心

入脑，就必须尊重接受者，就必须适时调整、自我更新，以适应时代发展的要求。应针对新情况、新问题，及时转换职能，调整内容，更新方法，与文化素质教育紧密结合。

当今社会还是一个网络化的开放时代。在这样的时代里，任何冷面的说教或厉声的呵斥都只能让学生望而生厌。不仅达不到教育的目的和效果，反而只能暴露教育者的贫乏和教育的苍白。新的时代促使我们必须转变观念，树立一种全新的教育理念。即使是深刻而严肃的思想政治理论，也要努力用一些通俗而鲜活的材料去承载，也要用一种活泼而生动的方式去传递，这就需要思想政治教育必须与文化素质教育有机结合。

（二）教育规律的要求

现代科学表明，人类创造的整个知识在体系内各个部门都能相互沟通，相互影响，任何教育都不可能是单打一，而是一个系统工程，正如生物的成长离不开一个生态环境一样，思想政治教育也需要一个整体的氛围。教育在人的发展中起主导作用，要适应人的发展的不均衡性，在身心发展的关键期，施以相应的教育，大学生正是世界观、人生观形成的关键时期，思想政治与文化素质的教育对他们的影响是巨大的。在大学综合素质教育中，思想道德素质教育是根本，文化素质教育是基础，思想道德教育为文化素质教育指明方向，尤其是在我们社会主义国家，始终要牢牢把握培养什么样的人这个大方向。因此，大学课堂一切教学内容都应该与社会主义的核心价值体系保持一致。而大学课堂因为理论教学的有限性，使之很难对有些问题做充分的展开与深入的挖掘，影响了思想政治教育的效果。再加上青年学生社会经验不足，认识和理解问题的能力有限，对思想政治理论的理解就不可能深入，更不用说透彻。文化素质课程则不同，它不仅为思想政治教育提供了大量的素材，还提供了丰富的学科背景；不仅对看似抽象的思想政治理论做了很好的解读和阐释，也增添了思想政治教育的生动性、趣味性，使学生更易于接受，也更乐于接受。因此，思想政治教育有必要通过文化素质教育得以延伸和加强，达到相得益彰的目的。

反思我们的教育模式，可以说是残缺的教育。这在工科教育模式中表现得尤为明显。当前工科院校的课程体系存在着严重的缺陷，那就是只考虑"用"，缺乏对用的意义、价值等方面的教育和思考。由于缺乏对本专业在社会中的地位、作用等方面的全面认识，必然会影响学生对所学知识的社会价值的判断，如果思想政治教育不与大学生的专业学习结合起来，一味强调树立正确的世界观，岂不成了一句空话？这就不会真正从心灵深处影响大学生的价值判断，而高校培养的大学生应该是更富有、更聪明、更高尚。如果富有是指知识与能力，聪明是指思维，那么高尚就是指做人,特别是指人格。单纯的知识灌输能达到目标吗?能培养出社会需要高素质的复合型人才吗?显然不能,只能培养畸形的人才。而思想政治教育价值是一种社会属性,具有满足思想需要的功能属性。而只有满足了人们的这种需要,被满足的对象所认可,并赋予一定的意义,这才具有思想政治教育的价值,文化素质教育本身就具有一定的思想政治教育功能。因此,只有通过渗透、延伸达到教育的目的,才能实现培养人才的终极目标。

二、文化素质教育和思想政治教育相结合的可行性

文化素质教育和思想政治教育不仅具有必要性,而且具有可行性,具体表现在以下两个方面。

(一)文化素质教育本身具备思想政治教育的属性和功能

文化素质教育具有隐形的思想教育模式,它是一种特殊的思想政治教育。文化育人,不是单一地对知识进行逻辑的阐述,而是同时关注知识背后的文化背景和文化根源与价值理性。任何文化都包含着一定的思想观念,都是在传达一定思想、观念和态度给一定对象,最终使这些对象在思想观念上转化为一定的素质,形成一定的态度或行为模式。文化素质课程里面有很多关于人性的、道德的、情感的教育内容,这些内容对大学生来说都是基本性的知识、观念和情感道德,这些基本知识对大学生来说却是必要的,是大学生进一步学习更高层次知识、形成更为健康与持久的人格、道德与情感的基础条件。文化素质教育可以帮助思想政治教育有效地实现大学生全面发展目标,如果大学生没有在知识、文化等方面的基本素质的养成与健康发展,那么其他发展将不会是全面的,也会因为缺少智力基础和精神动力无法真正实现。思想政治教育的根本宗旨就是要促进和实现大学生的全面发展,而积极有效的实施文化素质教育无疑将有助于大学生全面与自由的发展。因此,文化素质教育对提高思想政治教育的有效性具有促进作用。

《中共中央国务院关于进一步加强和改进大学生思想政治教育的意见》(16号文件)明确指出:"高等学校哲学社会科学课程负有思想政治教育的重要职责。哲学社会科学中的绝大部分学科都具有鲜明的意识形态属性,对于帮助大学生坚定正确的政治方向,正确认识和分析复杂的社会现象,提高思想道德修养和精神境界具有十分重要的作用。"可见,文化素质教育本身具有思想政治教育的属性和功能。

(二)国外已经有了成功的先例

发达国家很重视基础课教育,一般把思想政治教育和文化素质教育通称为通识教育。国外都把本国语言、文学、艺术和历史课程等列入通识教育课程。包括

人类共同知识经验的学习，世界观、价值观、道德观的养成以及基本的做人做事的能力训练，目的在于培养健全的个人和自由社会中健全的公民。

如美国一些名牌大学都十分强调要开设人文社会科学的选修课，理工学校中人文社会科学的课程已占大约30%。哈佛大学规定，本科阶段，至少应该修习32门课程方可毕业，其中16门为专业领域，8门为选修科目，8 10个科目为核心课程（即基础课程或共同学科课程）。基础课被划分为人类基本知识六大领域，即外国文化、历史研究、文学艺术、道德推理、科学和社会分析，并依此精心设计出一系列课程。学生需要在每一领域中选择出一至两门课程修习。外国文化类课程的目的在于扩大学生见识，使学生认识、理解并尊重不同的文化，提供跨文化的视角来看待本国和本民族文化。历史研究类课程的目的在于通过历史研究使学生获得历史知识，并能够以历史的眼光去认识世界。文学艺术类课程的目的在于培养学生的审美能力、批判能力和理解能力。文学艺术的内容包括小说、戏剧、诗歌、民间文学以及文艺理论等。科学类课程的目的是使学生对人类的科学有整体的理解和把握，增长他们的科学知识、获取科学研究的基本能力、形成科学的态度和素质。道德推理类课程的目的在于使学生形成正确的道德意识、道德判断和选择能力，养成高尚的道德情操和良好的道德素质。道德教育的途径不单纯靠说教和灌输，更重视道德事件的客观分析和推理，使学生自己做出正确的判断和选择正确的价值观念与行为。

三、文化素质教育和思想政治教育相结合的途径

文化素质教育和思想政治教育必须结合，可以结合，到底该怎样结合，我认为可以从以下几个方面入手。

（一）在教育目标上要相互促进

高校思想政治教育的目标应该立足于大学生自身成长的需要，以促进大学生身心健康的全面发展和综合素质的全面提高为出发点和最终归宿，为国家培养能较好适应社会发展需要和全面发展的优秀人才。具体地说，就是培养学生用马克思主义的立场、观点和方法，认识问题，分析问题，解决问题，即教会学生做事。文化素质教育则是通过对文学、史学、哲学、艺术等知识的传授，实现对学生人性的滋养和人格的提升，从而引导学生学会做人。一个全面发展的人，必须同时具备两种素质：一是做人，二是做事。其中，做人是做事的内在基础，做事是做人的外在表现，做人先于做事，做人重于做事。所以，真正理想而全面的教育，既要引导学生学会做人，又要教会学生学会做事。所以，在教学目标上不应该相互独立，而应该相互促进。

(二) 教学内容上要适度补充，相互渗透

思想政治教育与文化素质教育在教学内容上有许多相通之处，功能上也能互补，要找出他们的结合点，适度补充，相互渗透。比如：思想政治教育就是帮助大学生树立正确的世界观、人生观、价值观。而思想政治理论课在表述上显得直接、抽象、枯燥、晦涩；文化素质课程则刚好相反，其内容极其丰富而生动，我们可以通过对此典型案例的分析，让学生在比较中得出结论，从而树立正确的世界观、人生观、价值观。这就比单纯的理论说教和知识灌输，更容易在学生意识深处扎根，效果也就更佳。再如，爱国精神和民族精神也是思想品德教育的主要内容。其实，在文化素质教育里有很多相应的素材和内容，而且，更为难得的是，文化素质课可以在更广的范围内丰富爱国主义和民族精神。纵向可以从历史的角度探讨不同时期的爱国主义特点，横向可以通过不同国家的爱国主义表现，通过纵横比较进一步加深对中华民族的爱国主义的理解。这就比单纯的政治理论教育更加生动，也更富有感染力。

大学生全面素质的提高是多门学科知识共同作用的结果，教师要从教学和学生发展的需要出发，大胆地借鉴和吸收文化素质课的素材和内容，把具有爱国主义、民族精神方面的历史事件、文化典籍融入大学的思想政治教育中，解决新形势下大学生思想政治教育中面临的新问题，使思想政治教育走向科学化。

(三) 在教育方式和手段上要力求灵活多样

(1) 紧密联系实际，避免单一的空洞说教

要让大学生体会到马克思主义理论不是高高在上的教条，而是紧贴生活的学问，这就需要和现实紧密相连。联系实际要到位，所谓到位，表现在两个方面：一方面实际必须真实，具有一定的代表性、典型性，这些代表性典型性的案例均可以来自于文化素质课程中相关的典型人物和名著，如《大学语文》《中国的"世界自然与文化遗产"》《古今军事谋略与应用》等；另一方面实际必须与所讲理论相一致，能够使大学生从中学会运用思想政治理论的基本理论去分析说明现实生活中的问题，从而提高学生分析解决问题的能力。如分析中国传统文化同当代中国社会主义新文化、西方文化同马克思主义文化的关系以及两者的共同之处，并进一步分析社会主义文化的优越性和高级之处，从而引导大学生在培养人文义精神的同时，自觉地从旧文化走向新文化，达到社会主义教育的目标。

(2) 开展丰富的社会实践，面向社会拓展理论课堂

如组织学生走出校门参观访问，利用假期走访革命老区或经济发达地区，深入工厂、农村和社区进行社会调查等。通过开展各种社会实践活动，学生在参与和亲身实践中，提高综合素质和能力，增强理论感知力。学习《影视鉴赏》可以

带领学生到影视基地，亲临其境的感受，通过影视作品的观看和鉴赏，增强并提高自身直接的审美感性体验能力和艺术鉴赏能力。包括历史类的素质课程，带领学生参观相关的博物馆，具体感受真实的人和物，加深爱国主义教育。

（三）运用多种教学方法，增加教学的启发性、趣味性、互动性和多元性

除了利用传统教学手段外，还要利用现代教学手段，如电化教学、现代远程教学和网络媒体等，达到两者的互为利用，增强教学内容的趣味性，特别是电脑辅助教学及多媒体教学，可以实现讲授、观看、讨论、总结自然结合，增强授课的实效性。同时教师在采取启发式教学的过程中，要根据理论教学的需要，设置重点理论观点的专题讨论，让学生们各抒己见，畅所欲言。在讨论过程中，教师要积极引导，启发学生提问题，并进行有针对性的讲解，活跃课堂气氛，增加教学的互动性。有效的互动不仅可以激发学生的学习兴趣，还可以适时地了解和掌握学生的思想动态，增强教育的针对性和现实性。

（四）在教学层次上要分阶段进行

从大学生全面发展的角度出发，每位大学生在大学期间都必须完成以下四类课程的学习：人文素质类，包括文学、历史、哲学和艺术等；方法类，包括科学方法、学习方法、生活方法等；表达类，主要学习大众传播和表达技巧；专题研究类及人际交往能力等。当然，这些课程的完成，不可能一蹴而就，得根据大学生在不同阶段的心理认知特点和该阶段思想政治教育的目标，开设与之相适应的选修课，最终达到文化素质教育和思想政治教育的有机结合。具体分配如下。

（1）通识阶段（一、二年级）

此时，学生刚进入大学，他们对大学既充满憧憬，又具有盲目性。这一阶段，我们的教育重点应该是激发学生的学习动机，帮助他们顺利完成从中学生到大学生的角色转换。引导他们制定正确的学习目标和计划，做好四年的学业规划，培养自学能力；同时帮助他们克服学习上的迷茫状态，学会运用先进的技术查找资料，教育学生树立远大理想，培养自尊、自信、自爱的精神面貌，摒弃浮躁心态，树立正确的专业学习态度和正确的社会生活意识，学会做人。我校是以理工为主的院校，在文化素质选修上，主要以文学、历史为主，这些学科生动、形象、有趣，对他们吸引力更大。这阶段，公共政治必选课有四门，分别是：思想品德修养和法律基础，中国近代史纲要，毛泽东思想和中国特色社会主义理论概论，马克思主义原理。学生必须按照严格教学计划的安排，在规定的一二年级修完。每门必选课程均配置了3-8门不等的相关选修课程，这些选修课程主要是伦理道德类、历史类、政法类、语言文学艺术和哲学类5类，学生在学习某一门必选课的

同时，须在相应的5门选修课中任选1-2门修读，以加深对必修课的理解，充实其内涵拓展知识面。

这一阶段选修课的设计主要是从多方面引导学生触摸、探求中国传统文化的精髓，激发学生的爱国热情和对我国传统文化的认识，使传统文化以其独特的魅力吸引、哺育学生，帮助他们树立正确的人生观、价值观，同时拓展他们的知识面，思考其中所内含的文化和思想之于现代的意义和价值，滋润学生的心灵，也有利于学生科学世界观和方法论的养成。

(2) 专业基础阶段（三年级）

大三学生已经基本适应本专业的学习，对所学专业也有了一定的兴趣，摸索出了适合自己的学习方法，但他们的人生观、价值观还处于疑惑和摇摆阶段，容易产生一些心理障碍问题。而此时，学校专门的思想政治教育逐渐淡化，已经跨入以专业基础知识为主的学习阶段。针对这些特点，该阶段素质教育的重点，应该是拓展他们知识的宽度，加深他们知识的厚度，引导他们更理性的认识问题分析问题。在选修课设置上，第一类应该以马克思主义哲学为主线，在加强哲学素养的前提下，进行理性思维的训练和养成。第二类以训练学生的表达技巧和提高学生与人交往的能力为目的。这一阶段的学生，有明显的自立感，开始把眼光转向自身和社会，开始有意识地把自己和社会联系起来，希望采取多种形式开拓新的知识领域，他们很关注自我发展与能力培养的问题，能比较客观地认识自我和评价自我，合理调整对自己的期望值，看待问题和分析问题也比较理性，不容易走极端，开展如上所说的文化素质课，可以引导学生形成积极的认知方式，树立正确的价值观，达到身心的和谐与健康。

(3) 专业方向阶段（四年级）

大四学生的自制能力更强、性格更加开放。此阶段的学生有四个特点：1.紧迫意识。很多学生面对激烈的竞争，感到还有许多应该掌握的知识没有学到手，从而学习的自觉性、独立性增强了。2.责任意识。这个阶段更多的学生把个人的学习与社会联系起来，对社会政治经济生活极为关注，都愿意抓紧有限时间，在专业技能上和思想上有更快提高，较之前三年责任意识明显增强。3.忧患意识。这主要反映在工作分配上。面对日益激烈的人才竞争，许多学生迫切希望找到与理想相吻合的工作。

总之，高年级同学面临就业、考研等选择，职业能力和职业精神的教育相对来说比较实际。因此，要把解决思想问题与解决实际问题相结合，使他们树立正确的职业观。如何加强思想政治教育，反映在文化素质课程中则重点强调与专业课程教师结合，对本学科领域本专业杰出人物进行思想方面的研究学习，进一步领会优秀人物之所以杰出，在于其不但具有良好的专业素养，而且更有良好的思想文化也包括思想政治素养，从而在更高层次加强思想政治理论与文化素质以及专业素质的结合。此外，还可以开设与本专业有关的法律类课程，以加强学生适应专业社会应用的法律环境，为他们即将步入社会，树立爱国守法、诚实守信、敬业奉献、勤俭自强等基本道德规范打下基础。还可以与"形势与政策"课程结合，开展专题研究进一步认识国家政策，引导学生正确看待当前的形势，客观地评价自己，从自身职业发展的空间考虑，找到合理的职业定位。同时，学校举办应聘技巧讲座，从应聘心态、应聘礼仪、应聘技巧等方面对学生进行指导，帮助学生提高应聘能力，这一层面主要是进行就业观教育，以素养提升为重点，开展生涯教育，以强化公民职业道德教育来增强大四学生思想政治教育的针对性、现实性。

第三节 文化素质教育视野下的大学生思想政治教育创新

一、借鉴文化素质教育理念，创新思想政治教育观念

（一）借鉴文化素质教育"人本观念"，树立思想政治教育"以学生为本"的观念

以人为本，大力推进文化素质教育，就是要大力发展以学生为本，以学生的个性发展为本，以全方位开发学生潜力为本和以大众教育为本的素质教育。这是一种价值观念的转变，也是一种思维方式的改变。而大学思想政治教育的主体是大学生，教育的目的是要通过启发和调动人的主观能动性使人获得全面发展。而传统的思想政治教育模式，并非以受教育者为主体，而是思想政治教育者去决定如何教育人，大学生只是被动接受教育者传授的内容，形成相应的观念和规范，让自己被教育者塑造成为他们所想要的人，在这种教育模式下，大学教师反而成为主体。在此过程中，教师往往很难真正理解受教育者的需求，很难站在学生的角度去思考和分析问题，从而使思想政治教育达不到启发和调动的作用。因此，为了达到思想政治教育的最终目的，需要树立思想政治教育"以学生为本"的观念。

（1）要确立人的主体地位

人是一种智慧生物，人性是人的自然属性和社会属性的综合体。马克思主义认为，人在实践中所表现出来的主观能动性和创造性构成了人的主体性。思想政治教育的过程一方面是教育者根据社会的需求进行教育的过程，另一方面也是受教育者根据自身内在的需求，通过自己主观能动性的发挥去接受教育的一个过程。

教育者所要传授的内容和要求是否能被受教育者接受,也在于受教育者能否积极发挥其主观能动性,这两方面是辩证统一的。因此,确立受教育者主体性是教育取得实效性的关键。

(2) 要注意尊重人的个体多样性

人的个性发展不能单纯依靠兴趣自由发展,而是需要通过一定的教育去培养,去发展。马克思主义认为,人的发展是所有素质综合以后的个性的发展,思想政治教育要促进人的全面发展,就应该尊重人的个性特点,通过积极地引导,使一个人沿着正确的方向成为一个全面发展的人,这样培养出来的人才能符合社会的要求。

(3) 还需要更新传统的教育价值观

教育工作者在为人们提供教育服务的时候,要充分尊重人的权利和尊严,不能把社会价值与个人价值相对立起来,不能只强调社会价值,却忽视了个人价值的存在。因为个人与社会是辩证统一的关系,社会主义社会的国家、社会和人民的利益根本上是一致的。在社会和个人两者的关系上,社会发展了,个人才有发展的空间;个人发展了,社会才能更加进步。所以,国家的教育应该关注个人的发展,积极地为个人发展提供条件。教育者需要转换原有的以社会价值为教育的唯一目的的观念,使教育既能够满足社会的需要,又能够满足个人的需要,使个人与社会更加协调地发展。

(二) 借鉴文化素质教育"情感教育观",树立思想政治教育"师生共情"的观念

情感教育是大学生素质教育的重要内容。素质教育需要教育者遵循学生的身心发展需要,尊重学生,爱护学生,激发学生的主观能动性。而情感教育正是根据这一理念,在素质教育的整个过程中,关心学生情感以及思想,培养学生的社会责任感,提高其人格修养和道德素质,从而达到素质教育的目的。相比较而言,思想政治教育很多时候更像是一个通过情感去感化一个人的过程,高校教师与学生之间更多时候也是在进行情感的交流。情感因素是一个人形成正确的思想道德观念的重要因素,这是因为人的主观能动性的存在,使得情感的沟通与交流成为人与人之间相互影响的重要一环,如果思想政治教育缺少了这一重要环节,学生就很难真正转变思想观念,教育也难以真正体现其实效性。在思想政治教育过程中,教师如果只注重自身的情感,而忽视了学生的情感因素,只是单调而乏味地向学生政治思想理论,对于学生中出现的一些负面情绪置之不理,不能正确地去引导和感化学生,思想政治教育就很难在高校中开展工作,在学生中也难以得到广泛地支持。

共情是指所有人际场合中产生的设身处地为他人着想的能力，高校教师要特别注意学生的情感动向，与学生产生共情，站在学生的角度，以情感人，让学生内心情感受到感动，由内而发地去真心喜欢上思想政治教育这门学科；其次是要为学生创造一个良好的学习氛围，让学生在实践中自然而然地受到启发和教育，去不断地追求自身情感的升华；最后是要注意转化学生的负面情绪，高校教师要多了解和分析学生的心理特点和现阶段的心理特征，对不同的学生出现的不同的问题进行有针对性的疏导和教育，使思想政治教育真正体现其效果。

此外，思想政治教育并非枯燥地只是传导和解惑，高校学生作为思想政治教育的其中一个对象，他们年轻而富有朝气、思想开放、观念新颖、有知识、有文化、有很强的自我意识，假如现今的思想政治教育观念不能跟上时代，不能科学地进行改革和创新，不讲求一种沟通的艺术，只会事与愿违，学生也会很反感。所以，高校教师要注意把沟通和交流的艺术运用到思想政治教育过程中，这样教育才能事半功倍。

一方面，高校教师要注意教育语言的艺术。人都有自尊，在平常的工作、学习和生活中，每个人对于诚恳而委婉的话都能听得进去，但对带有恶意和口气重的话却并非人人都能接受。所以说，老师如果注意在教育学生的时候多注意自己的口气和态度，将心比心，愿意与学生真诚地交流，这样就能收到更好的效果。另一方面，高校教师要注意感动的艺术。人都是有情感的动物，精神情感对于一个人的激励是巨大的，高校教师如果能用情感去激发学生内心的共鸣，让学生深受感动，必然能更轻易地达到教育目的。

（三）借鉴素质教育差异性理念，树立思想政治教育"因材施教"的观念

差异性是文化素质教育思想的基础，也是其基本特征之一。文化素质教育主张创新与人的全面发展，而这一主张的依据则必须重视受教育者的差异性。经实践证明，树立教育的差异性观念，即"因材施教"，对于培养新时期全面发展的人才有着重要意义，这也是文化素质教育开展多年来总结的成功经验，值得思想政治教育工作者认真的学习与借鉴。

思想政治教育是为了做好人的思想工作，在马克思主义的科学理论指导下，使人确立正确的思想观念。但是，人各有异，人的思想观念不是与生俱来的，其产生来源于生活环境的影响，不同的生活环境使不同的人产生不同的思想观念。教育者不能要求所有人的思想都能一致。所以说，大学思想政治教育工作应该根据学生实际，分析其所生活的环境以及对学生思想所带来的影响，究其根源，因材施教，确定相应的教育内容，用科学的教育方法，有针对性地开展思想政治教

育工作,这样才能更容易达到思想政治教育的目的。

具体来看,高校学生处在人生发展的关键时期,其过去和现在所生活的环境,他在青少年时期受教育的程度,以及因此产生的一系列价值观念都存在着巨大的差异,大学思想政治教育者就不能"一刀切",而要有针对性地对每名学生进行教育,具体问题具体分析,要看到学生出现问题背后的深层次原因,再有针对性地解决。学生的思想品德修养和素质有高低之分,大学思想政治教育工作者应该理解学生,在对待学生的态度上不能区别对待,但在教育方式方法上应该根据学生实际"区别对待",例如有学生心理始终不平衡,教育者就要看到其产生不平衡心理的原因,是自身嫉妒,还是受别人歧视,针对不同的原因,解决的办法大不相同。根据学生的具体情况具体分析,在一定程度上也体现了以人为本的科学发展观的思想,搞好大学生思想政治教育工作,既要分析学生普遍的共性,也要分析学生的个性,二者结合才能体现教育的目的。

二、借鉴文化素质教育体系,完善思想政治教育内容

(一)借鉴文化素质教育体系系统性,提升思想政治教育体系科学性

现阶段,文化素质教育体系一般由三个部分组成:一是通过课程体系,如增设人文课程、科学课程、艺术课程等方面的选修课,或通过辅修的人文、科学方面课程,使学生在系统的课程学习中提升文化素质;二是通过课外活动体系,如丰富多彩、积极向上的学术、科技、体育、艺术和娱乐活动,由学生社团进行组织,使学生在大量的课外活动中提升文化素质;三是通过自我完善体系,如通过阅读哲学、社会学、文学、艺术和美学等方面的书籍,提升文化素质。借鉴该体系的优点,大学思想政治教育体系在不断改革和完善的过程中,整个体系的建设应该注意科学性与系统性的结合。

一方面,思想政治教育的内容要具有科学性。科学性体现在遵循教育的自身规律,根据大学生思维特点去不断地充实和改进教育的方式、方法和内容;还有就是遵循思想政治教育是一个循序渐进的过程,一个通过感染学生使其接受教育,并内化成自我教育的过程,需要有一定的层次性和阶段性,这样,思想政治教育才能更好地衔接,不断地优化。

另一方面,思想政治教育内容的系统性,就是为了更全面地提高大学生的思想政治素质,需要对教育内容进行系统的规划和严密的逻辑组织,使其条理清晰,有利于老师对教学内容的认识和计划,提高教学质量;学生对系统性的内容也能更容易理解和掌握,增强了学习实效性;同时,内容的系统性也有助于思想政治

教育与其他学科内容相互衔接和结合,共同配合完成大学生思想政治教育工作,从整体上提高了教育质量。

(二)借鉴文化素质教育内容时代性,突显思想政治教育内容时代感

文化素质教育要处理的是"人与人、人与社会、人与自然、人与自我"的关系,而自然界与人类社会都是在不断变化发展的,所以人与自然、与社会的关系也在不断地变化发展。文化素质教育的理念从提出之日起,就一直处于一个不断完善和发展的过程中,也是一个摸索的过程。这当中,实施素质教育的基点是建立在毛泽东思想、邓小平理论之上,同时也吸收、借鉴了国外先进的教育思想,面对21世纪知识经济的大环境,素质教育内容又有了新的变化,一方面将文化素质教育融入大学生的学习和生活实践,转化为他们的生存活动和生命体验,提高他们的文化品位;另一方面积极引导大学生主动投入当代中国的社会主义现代化实践和文化建设中去,在服务社会和报效祖国的过程中展示人生价值,在传承和创新中华文化的过程中提升思想境界。文化素质教育的时代性促使其不断地发展。

在文化素质教育的影响下,新形势下思想政治教育为顺应时代的要求,亦不断地改革创新,紧跟时代步伐。

首先,与当今时代相契合的思想政治教育的核心一坚持马列主义、毛泽东思想、邓小平理论、"三个代表"重要思想和科学发展观不能动摇。思想政治教育工作是人与人之间的沟通交流工作,马克思主义哲学是指导这方面工作的理论标杆,不能偏离这个方向。而毛泽东思想、邓小平理论、"三个代表"重要思想和科学发展观则是马克思主义不断发展创新的成果。当今国际国内社会环境纷繁复杂,高校学生仍然需要掌握这些经典理论,才能树立正确的人生观。

其次,思想政治教育增加对现今热点形势与政策的宣传和分析,增加高校学生了解国家大的方针政策的机会,增强学生的主人翁意识,使思想政治教育与时代紧密结合,贴近学生实际,激发学生探索求知欲望,使学生充分发挥主观能动性地去学习,提高学生的分析时事能力。

此外,思想政治教育需要着重培养学生的科学态度、人文精神和创新意识,这三个方面是现今社会人才必须具备的几个因素。因此,高校在开展思想政治教育的时候,需要把三方面内容统一到思想政治教育整个体系中来,才能使思想政治教育紧跟时代潮流。科学态度方面的内容是为了培养学生求真务实的态度;人文精神的缺失是现今大学生普遍存在的问题,思想政治教育增加人文知识的内容就是要培养学生关心、帮助、尊重和理解他人的品质,体现一名新时期大学生良好的道德修养;而创新精神的培养一直是人才培养的关键,国家、社会要想发展,还需要期待人的发展，而人的发展很大程度上是由其具备的创新精神所决定的，大学思想政治教育需要全面培养学生的创新思维和能力以及敢于开拓进取的精神，这样才能适应当今世界的发展和国家建设的需要。

（三）借鉴文化素质教育师资培养经验，提高思想政治教师素质

教育部在1995年颁布的《关于加强大学生文化素质教育的若干意见》中提到："加强文化素质教育需要有一大批思想素质好，业务水平高，教学经验丰富的专兼职教师。应积极采取措施，建设一支适应加强文化素质教育需要的教师队伍。"文化素质教育是教育内容和方式的全面改革，其关系到教育的各个方面，在大力提倡素质教育的同时，大学思想政治教师作为文化素质教育以及思想政治教育的主体，其自身素质的重要性不言而喻，提高思想政治教师的素质，是素质教育的关键，也是思想政治教育工作开展的前提，这直接关系到高校学生能否真正受到教育，提升自己的各方面素质。只有全面提高教师素质，才能保证素质教育和思想政治教育工作的全面开展。因此，党中央、国务院在《关于深化教育改革全面推进素质教育的决定》中强调：要"提高教师实施素质教育的能力和水平作为师资培养、培训的重点。"思想政治教育作为一项系统工程，转变传统观念是前提，改革教育内容是基础，但是最关键的还有需要一支高素质的教师队伍。如果教师的素质都达不到教育的要求，思想政治教育就难以实施。教师的素质教育是文化素质教育一个重要方面，思想政治教师是实施思想政治教育的主体，提高思想政治教师素质，既是搞好思想政治教育工作的要求，也是思想政治教育寻求创新的重要途径。

（1）提高教师的人文修养

教师的人文修养是指教师自身所具备的人文精神以及教师在日常工作和生活中表现出来的情感思想、道德观念、性格特征和思维方式等方面的一种素养，比如教师的教学责任感、人格魅力、价值观念以及为人处世的方式等等。人文修养，即教师的人文素质，处于教师整体素质的主导地位，决定了教师这份职业的价值所在。高校教师的人文修养对学生的影响巨大。教师如果自身具有扎实的人文功底和高尚的人文精神，必然会让学生肃然起敬，学生会从老师的言行中体会和领悟崇高的人文精神的魅力，受其感染和影响，自身也会产生提高自身人文修养的动力。由于思想政治教师在思想政治教育体系中处于关键地位，因而高校教师人文修养的高低，对于学生是否能够提高思想政治修养有着重要意义。

面对当今世界经济、政治、文化的飞速发展，新世纪的思想政治教师显然不能只懂得灌输和考试来培养祖国的建设者和接班人，而是要从素质教育出发，首先提高自身的文化素质，而在文化素质体系中，由于思想政治教师这份职业的特殊性，要求教师首先必须具有良好的人文修养，才能胜任这份工作，才能够适应新世纪教育事业的变革和发展。要提高教师自身的人文修养，应该从哪些方面来努力呢？

从思想政治教师应该掌握的人文知识看，思想政治教师应该努力学习历史、哲学、宗教和美学等人文知识。人类在几千年的进化发展中创造了丰富的知识文化，而思想政治教师应该主要了解以上几方面知识的原因在于，从历史学角度看，英国哲学家培根说过："读史使人明智。"教师如果能对历史学的知识比较了解，那么在教育学生的时候，更能从以往的典故或者史实中学习教育的方式和技巧，学习中国传统教育理念中的精髓，这对于开展思想政治教育工作有重要的借鉴意义；从哲学知识的角度看，因为哲学是研究人的世界观、人生观和价值观的问题，这有助于引导和教育学生如何树立正确的三观，如何正确地为人处事。这些关于如何做人，如何思考人与世界、与社会、与人之间关系的知识其实都来源于哲学，可以说，认真学习哲学，尤其是马克思主义哲学知识，是成为一名合格的思想政治教师的前提；从学习宗教知识的角度看，因为宗教是一种信仰，包括基督教、佛教、道教等等，他们所宣传的大部分都是指引人"从善""向善"的理念，而学生德育教育主要就是引导人性"向善"的教育，教师学习和了解这些知识，向学生讲授这些宗教典故中暗含的人文思想，有助于帮助学生树立助人为乐，帮助他人的高尚品德，使学生的思想政治素质进一步提高。最后，从美学的角度看，爱美是人的天性。在现代社会，人们更是希望追求现实生活中的美。思想政治教育中的审美教育，就是要培养学生的审美水平，提高学生对美的鉴赏力，提高生活的品位。思想政治教师自身要了解这种美学知识，才谈得上教育学生如何品尝生活中的美。

（2）提高教师的科学文化素质

俗话说："人无完人"，即便是教师，也只是在某一专业领域有比较高的建树，但作为一名思想政治教师，要教育学生，就要从各个方面去了解学生，与学生沟通，如果没有相关方面的基础知识，与学生交流起来就会非常的困难。目前，在大学思想政治教师中存在对政治理论知识理解透彻，但是却缺乏教育心理学、社会学等其他人文学科常识以及基本的理工科知识的现象，由于其他学科基础知识的欠缺，在面对当今知识面普遍比较广泛的大学生，有些问题就不能很好地去为学生解答，也比较难以融入这些学生中去，老师与学生之间的交流也会出现问题。

所以说，在如今这个知识经济时代，知识更新迅猛，大学思想政治教师想要跟上时代的步伐，需要不断地更新自己的知识结构，树立终身学习的观念，不断吸收和学习新知识，了解各类学科的发展方向，对时下热点科学文化观点和理论都应该有所了解，这样在面对不同专业、有着不同兴趣爱好的学生时，才一能更好地与他们沟通和交流,例如,老师通过学习心理学知识,能够分析不同学生的心理特点,针对其心理特点,有的放矢地指导学生,所达到的效果肯定比千篇一律地说教更好,如在像西南石油大学这样的石油专业为主的学校,如果老师能够知道一两点有关石油钻机和开采的最新技术,了解当今世界石油经济产业的发展趋势,在与石油专业的学生沟通起来就更为容易,学生也更乐于接受。所以说,有了沟通,才会有了解,师生之间才会有相互理解与支持,才能达到更好的教育效果。

(三) 提高教师的创新素质

大学思想政治教育要创新,教师首先就要具有创新的意识,就文化素质教育而言,创新是一种能力,也是一种个人素质的体现。所以说,高校教师要具有创新的意识,才能培养具有创新意识的学生人才。江泽民说过,创新是一个民族进步的灵魂,是国家兴旺发达的不竭动力,也是一个政党永葆生机的源泉。党的十七届六中全会通过的《中共中央关于深化文化体制改革推动社会主义文化大发展大繁荣若干重大问题的决定》也再次强调:"弘扬以爱国主义为核心的民族精神和以改革创新为核心的时代精神。"

当前,大学思想政治教育面临着很多新的问题。比如,现代大学生较之以往观念更为前卫,思想更为开放,对优越的物质生活和精神生活的追求更为强烈;由于互联网络的兴起,大学生的社交网络较之他们父辈也更为宽泛和新颖,社交活动丰富多彩,但与此同时,这也为国内外一些不良信息的传播提供了温床。大学思想政治教育工作者在面对不断变化的新情况时,如果没有创新的意识,迂腐守旧,势必跟不上时代的步伐,思想政治教育工作也不能与时俱进。所以说,思想政治教育工作者应该及时纠正自己的思路,打破传统思想观念的束缚,跟上时代发展的步伐,了解和掌握新的教育方式、方法,与学生沟通交流,思想政治教育工作才能与时俱进。

一方面,教师应该改革传统的教学方式和手段,原始、落后、枯燥的教学方式将不再适应现代教育工作。思想政治教育工作者应该多了解国内外优秀教师的教学方式,在他们的基础上总结出适合自己、也适合本校学生的教育方法,即教学应该有自己的个性。从对在校大学生的调查了解中发现,有鲜明个性特征的那些思政老师,由于独特的个人形象和与众不同的授课方式,往往会给学生留下深刻的印象,真正激发起学生学习的兴趣和动力。这种独特的人格魅力能够转换成一种强大的精神感染力,能够调动课堂气氛,学生受到这种精神力量的感染,能够集中注意力,全身心投入看似枯燥的思想政治理论课程的学习。教育主体在长期的学习和工作中通过自己特有的人格魅力与风格对学生发挥积极的影响。因此,教育者应加强自身的人文知识修养和人文精神塑造，用自己特有的人格魅力与风格对学生进行潜移默化的影响。

另一方面，大学思想政治教师应该着重培养学生的创新能力。在现今社会，知识和技术发展日新月异，新技术的产生和发展都来自于人的创造性。我们国家要想走在世界的前列，实现科学技术的领先，就要实现对高校学生进行创新性人才的培养，而学生的创新意识从根本上说还是一种个人素质的体现，这种素质体现在学生是否具有创新的意识观念，这其实也是文化素质教育所要达到的目的之一，是素质教育所要培养学生成才的必要素质。从根本上说，创新意识这种素质，不能仅仅依靠专业知识和技能的传授，而是需要教师对学生进行思想上的引导，激发他们创新的灵感和敢于创新的勇气，教师应该鼓励学生在看问题的方式上敢于换一种角度，提倡学生"敢于犯错"的精神，因为学校本来就是为今后走入社会工作做准备的，学生在平时的训练中能够多受磨炼，在磨炼中提出新问题，解决新问题，这就是一种思维上的创新和进步，也是个人素质和能力的体现。

（四）借鉴文化素质教育设施建设经验，加大思想政治教育投入

加大对大学生思想政治教育的投入，使思想政治教育工作得到广大师生的重视，使全社会都关注大学生的身心健康，尤其是心理健康，对于改变大学思想政治教育的现状有着重要的现实意义。思想政治的投入有多方面，最重要的是要从硬件设施和软件设施，即物力资源和人力资源两个方面来加大对思想政治教育的投入。

（1）硬件设施投入

1.要更新教学手段和设施。进入21世纪，科技发展日新月异，思想政治教育也应该与时俱进，充分利用先进的教学设备与资源，一方面可以提高思想政治理论课对学生的吸引力，另一方面也能培养大学生的创新意识。

一方面，在课堂思想政治教育中要大力提倡和使用多媒体教学。多媒体教学手段的使用，可以让学生从各种图片和影视资料中得到信息，增加思想政治教育的说服力和感染力，让学生更能直观地得到教育，相比以往只是通过黑板板书和教师的口才来向学生传授本来就枯燥乏味的理论知识而言，更能增强教学的实效性。从课堂教学的反映情况来看，学生几乎都倾向于在课堂上通过观看影片和图片的方式来上思想政治理论课，因为影视资料非常生动、形象和直观，也更能吸引学生的注意力，观后也更能引起学生的共鸣。

另一方面，加大思想政治教育投入，一是可以建设服务于高校的思想政治教育网络。现今，随着互联网的普及，大学思想政治教育也应该好好利用网络资源，但思想政治教育在互联网运用方面还比较滞后，因而，加强教育网络的建设十分

必要。网络教育不受时间地点的影响,信息量大,资源又可以共享和互补,各种论坛可供学生交流讨论,非常方便和开放。高校可以在校园网上开辟思想政治理论讨论网站,专门回答和解决学生所困惑和关注的各类热点问题,比如各类重大的新闻事件,这一方面能够培养学生关心时事的习惯,同时也培养了学生的政治意识,提高了学生的综合素质,相当于同时进行了文化素质教育与思想政治教育。由于网络开辟了大学生思想政治学习的第二课堂,也更贴近学生实际和喜好,在学生中大大增加了思想政治教育的影响力。二是通过电子邮箱、QQ、飞信、微信等新媒体技术,建立老师和学生之间交流的专用通道。例如电子信箱的产生为老师与学生之间的面对面交流提供了一个良好的环境,这样的环境具有私密性,很多问题对于学生而言,可能不愿他人知晓。这种情况下,在寻求老师帮助的时候,通过电子信箱就可以起到保护隐私的作用,对于老师与学生之间的沟通能够起到很好的桥梁作用,也更易于思想政治教育工作的开展。

2.要建设专门服务于思想政治教育的学生活动中心。目前全国高校鲜有供学生开展思想政治教育活动的专用场所,很多时候,老师要开展类似的活动,都苦于没有固定的教室或者活动室而放弃。很多活动也因此中途搁置或者就直接取消。很多时候都在讨论学生的参与热情不够高,其实,如果学校能够重视学生的思想教育问题,建设专门的教室和学生活动中心,协助老师和各院系开展学生思想政治教育活动,让活动真正受到关注,落到实处,才能吸引更多学生参与其中来,才能真正体现思想政治教育的效果

(2)师资建设投入

教育是人与人之间的沟通与交流,所以师资建设的投入在思想政治教育中作用毋庸置疑。思想政治教育一直强调对学生的素质培养,但是教育是教育者和被教育者双方共同的任务,教育者的素质同样需要培养,因此,思想政治教育要创新,不能忽视对教育者,即教师资源的投入力度。目前,我国高校的教师队伍状况不容乐观。首先,我国的教育几乎默认是一种专业人才的培养模式,只注重对人的专业培训,忽视了人的综合素质的培养,导致培养出来的教师质量一定程度上具有局限性,出现诸如知识面狭窄,缺乏相关专业基础知识的状况,在教育学生的时候也往往找不到正确的方式方法,得不到学生认可;其次,学术研究缺乏创新,主要是因为现今社会人的急功近利,导致教师在作学术研究时很少真正深入,而只求速度和结果;再次,现今很多年轻老师在高校任教任务繁重,但是待遇不高,得不到重视,最后辞职离开;最后,一部分教师缺乏职业精神和责任心。对于本职工作没有足够的重视,只关注于自身的发展,所以导致教学质量大打折扣。以上现象在思想政治教师群体中更为明显,因为国家对于人文学科的教育经费投入有限,思想政治教师得不到足够的重视,人才流失严重,导致很多高校文

化素质教育和思想政治教育几乎成为学校的附属品。所以说,加大思想政治教育师资建设投入,对于改善和创新思想政治教育来说必要而且迫切。

要加大对思想政治教育师资建设的投入,可以从下面几个方面来考虑。

1.对思想政治教师队伍进行一个全面规划

思想政治教师队伍的规划要依据本校的发展战略和实际情况,来确定队伍的人才需求。要确立本校思想政治教师队伍建设的目标,以便在管理队伍时能够明确方向,把学校的思想政治教育工作任务落实到各部门,落实到个人。这样一支高素质的教师队伍才能担负起培养一批高素质大学生的重任。

2.做好高素质思想政治教师人才的引进工作

在人才引进的问题上,高校应该根据本校的实际情况和建设规划,积极引进高素质人才。进入21世纪,人才资源是稀缺资源,优秀的思政教师都是各高校追逐的焦点,高校对于人才的引进工作应该增大财力和物力投入,保证高素质教师人才能安心留校开展教学工作,有了高素质的教师资源,学校的思想政治工作才能更好地开展,才能让学生满意,让家长放心。

3.重视对本校辅导员队伍的建设

辅导员是大学生思想政治教育工作的主力,他们与大学生关系最为紧密,其职业素养高低,决定着大学生思想政治教育工作能否顺利开展、大学生能否培养良好的综合素质。在建设队伍的同时,还应该考虑辅导员的实际状况,由于辅导员职位的特殊性,他们工作辛苦,但薪酬待遇却普遍偏低,很容易产生跳槽走人的念头。所以,高校应该适度提高辅导员的福利待遇,保证他们的生活与工作都能减少一部分压力,这样,辅导员在做学生思想政治工作的时候才能全身心地投入,大学思想政治教育工作才能保证实效性。

(五)借鉴文化素质教育方法与途径,提高思想政治教育工作实效性

对于一项工作而言,用好的方法能够事半功倍。教育部在《关于加强大学生文化素质教育的若干意见》中总结了加强文化素质教育采取的多种途径与方式:一是第一课堂和第二课堂相结合;二是将文化素质教育贯穿于专业教育始终;三是加强校园人文环境建设,改善校园文化氛围;四是开展各种形式的社会实践活动。思想政治教育也是如此,面对如今经济、信息全球化趋势,面对新的教育环境,面对"90后"受教育者,传统的思想政治教育方法已经不能满足其要求,思想政治教育需要借鉴素质教育方法的成功经验,与素质教育有机整合,不断改革创新思想政治教育方法,从而提高思想政治教育的实效性。

(1)注重情感教育

情感教育法无论对于素质教育还是思想政治教育而言，都是一种最好也是最有效的一种方法，因为教育是人与人之间的沟通与交流，教育双方只有达到情感上的共鸣，受教育者才能接受教育者的教诲。在《外国学校素质教育通览》一书中有讲到美国素质教育中关于情感教育的一个例子，美国康涅狄格州纽黑文市的一所公立小学开展的"情感教育"活动。这个活动的成功开展影响了美国的很多学校。学校的一位叫爱德华的小学老师在一次课堂教学中教小学生做一个滚球的游戏，学生之间不时交头接耳，仔细一听都是在互相真诚地夸奖对方的优点，"你写的字真好看""你画的画好漂亮"等等一类的赞美不绝于耳，课堂上一片温馨和谐的气氛。爱德华老师认为，这样的"情感教学"无疑对青少年的健康成长是有利的，教育孩子们学会与人为友，善待他人的品德，等他们长大了，就会了解其中的真倚。

这个例子告诉我们，情感教育对于素质教育以及思想政治教育的重要性，思想政治教育也是培养人的良好思想素质的教育，在这个过程中，情感的力量是巨大的。思想政治教师要培养这种情感，最重要的是要有爱心，爱学生。对学生的教育不是打骂和教训，更多的是一种真诚的沟通和交流，多多肯定和赞美学生，让学生感受到老师的爱，自身不自觉地也能行动起来，努力提高自身的思想素质。尤其是对一些在常人看来不爱学习、思想有偏差的大学生，在课堂上对他们多一些鼓励，多一些夸奖，让他们也感受到老师真诚的关心之情，自己也知道努力了。所以说，"晓之以理，动之以情"，思想政治教育需要加强情感教育，人都是情感动物，人之所以为人，感情因素的存在是其中一重要原因，忽略了情感因素的教育都是不成功的，素质教育如此，思想政治教育也是如此。如果只有道理而没有情感，道理也就只是道理，没有真正成为教育和开导人的工具。老师们如果能真正付出爱心，无论学生是成功还是失败，都给予他们一定的鼓励和肯定，使他们能重拾信心，才能真正达到教育的真正目的。

(2) 课堂教学与实践活动相结合

不可否认的是，无论是素质教育还是思想政治教育，都有自身的一个教育体系，都有理论依据作为指导。课堂教学是实施素质教育最主要、最重要的一个渠道。课堂教学使老师能够集中对大部分学生进行教学，能够扩大教育影响的范围，所以说，对于思想政治教育而言，以课堂教学为主渠道都是毋庸置疑的，关键是要对课堂教学的内容和方法进行不断的完善。

传统意义上的教学是老师对学生进行灌输，但是在21世纪这个飞速发展的时代，大学生的个性特点发生了很大的变化，各方面综合能力较之他们的父辈都有了很大提高，特别强调一种自主意识，一种平等观念，教师在课堂教学中应该特别注意这一点，站在平等的角度，以一个平常人的观念去与学生交流，而不是灌输式教学。

思想政治教育和素质教育一样，都不仅仅是知识和技能型教育，而是一种思想观念的教育。要使学生真正从思想上改变，并将其落实到行动上，理论和实践的结合必不可少。例如，像美国这样的西方国家，十分重视对大学生的精神教育，其实也就是一种思想政治教育，他们崇尚一种"美国精神"，并且要使大学生能受到他们这种"美国精神"的感染，高校都采用了社会实践作为主要的教育方式。不仅要求大学生必须进行社会实践或是社区劳动，有的学校还把这一环节作为学生毕业的必备成绩。通过这样的社会实践活动，提高学生的思想政治素质，加强学生作为一名美国公民所应该具备的观念意识，将"美国精神"传递给了每一个受教育者。

党中央在《关于进一步加强和改进大学生思想政治教育的意见》中指出，社会实践对于促进学生了解社会、了解国情、增长才干、奉献社会、锻炼毅力、培养品格、增强社会责任感具有不可替代的作用。可见，实践活动对于大学生思想政治教育具有重大意义。思想政治教育的课堂教学与理论实践必须要很好地结合起来，这是高校开展新时期思想政治教育工作的重点。

（3）重视隐性教育氛围的营造

上文谈到，文化素质教育是思想政治教育的基础，文化素质教育本身就具备了思想政治教育的特殊功能，根据他们二者之间的联系和融合我们可以看到，文化素质教育其实就是一种创新的思想政治教育模式。这种模式并不是传统意义上我们讨论的思想政治教育模式，如思想政治理论课的教学，以及一些有关思想政治教育实践的活动，这些都是直接的教育方式。这种模式是类似于文化素质教育在潜移默化中传递了文化的模式，这整个形成过程是隐性的，也是水到渠成的。前文提到，美国教育学家杰克逊提出了"隐性课程"的概念，与之相对应的隐性的教育模式是将正确的价值观念在潜移默化中传递给受教育者，使受教育者在不知不觉中受到教育，养成正确的、良好的习惯，形成正确的世界观、人生观和价值观。

这里我们将再次提到美国高校的思想政治教育，他们的思想政治教育就是一种文化教育，也是一种素质教育，其范围非常广泛，已经融入美国人的日常生活中，其所提倡的一种美国文化，在不知不觉中营造着教育的氛围，感染着美国的青年学生。美国高校非常重视教育氛围的营造，而这不光是各大高校的任务，很多涉及思想政治教育职能的机构，像国会、州政府、企业以及社区等等，都会共同参与营造良好教育氛围的队伍中来。《美国2000年教育目标法》更是通过立法来要求整个美国社会都要关怀青少年的成长，参与促使青少年增长社会知识、文化知识和感情的活动。并且要求校长、教师、学生、企业界、官员、新闻界、医务界与社会服务机构、公民与宗教团体、执法机关、成年监护人和友好邻居组织起来，为青少年的成长创造良好条件。通过全社会的努力，为大学生的文化修养和思想政治修养的养成提供了良好的环境，在潜移默化中灌输大学生美国观念的同时，也达到对大学生思想政治教育的目的。

借鉴美国素质教育与思想政治教育融合的经验，我国高校在开展大学生思想政治教育工作时，除了对教学设施更新和教学实践活动的开展以外，还要注意对大学生正确思想形成有关的隐性环境要素的建设，比如教师所体现出来的人格魅力，比如校园文化氛围的营造、社会环境的影响等等。只有将这些显性因素和隐性因素有机结合起来，思想政治教育工作才能更好地开展。一方面，思想政治教育的内容应该与文化素质课程内容相融合，高校文化素质教育的授课内容中应该隐含思想政治教育；另一方面，思想政治教育应该通过各种活动的开展、制度的制定、管理的规范以及环境的营造来影响和教育学生。

（六）关注大学生心理健康教育

文化素质教育中一个重要方面是培养学生健康的心理素质，这也是思想政治教育的重要内容。在现今复杂多变的社会环境影响下，各种社会的不良风气席卷学生群体，社会上频频出现大学生炫富、打人、吸毒等一系列道德败坏现象，而根据事后调查发现，这些问题的产生，很大一部分原因与学生的心理缺陷有关。比如关于"炫富"和打人的事件，在学生中有一部分学生是"富二代""官二代"，仗着自己家庭背景优越，仗势欺人；另外一些学生则是由于攀比心理或是嫉妒心理严重，模仿这些不良行为，以至于很多高校都有类似的情况发生。在现阶段，大学生这些心理问题的产生给大学思想政治教育工作的改革和创新提出了新的要求，高校应该重视对大学生的心理健康教育。

一方面，要让心理健康教育真正为大学生服务。心理问题往往不容易显现，高校的心理健康教育要主动关注大学生的心理问题，尽量在学生出现心理问题的苗头前，及时为他们排解心里的矛盾，避免心理问题的扩大。

另一方面，学校对于心理健康教育体系应该加大投入，完善各项设施。通过提高心理健康教师的待遇，开设更为完善的心理课程，通过学习系统的心理学基础知识，让学生真正认识到心理健康的重要性。

（七）注重大学生自我教育

大学生文化素质教育的目的是全面提高大学生的文化素质，素质本身具有内在性，这就要求受教育者最终能够形成属于自身的一种能力。思想政治教育也是要培养大学生良好的思想政治素质，这也是人的一种内在属性和能力。要形成这种内化的能力，仅仅依靠教师的指导是不够的，必须要受教育者，即学生自身要发挥主观能动性，真正掌握老师所传达的思想，需要学生的自我教育能力的培养。

自我教育，意思就是受教育者对自身的教育，主动接受积极的外界影响，从而提高自身素质。对于大学生思想政治教育而言，自我教育意思是大学生为了自我全面发展，依靠自我意识，充分发挥主观能动性，形成符合国家和社会要求的良好的身心素质、思想政治素质、道德素质和文化素质而开展的一种思想上的转化和行为控制活动。前文谈到，文化素质教育和思想政治教育都不是单纯依靠灌输来达到教育目的的，更多需要的是依靠一些积极的人和事来暗自影响受教育者，使受教育者自我心灵受到启发，督促自己形成正确的世界观、人生观和价值观。因此，思想政治教育的方法创新，需要注重自我教育，实现教育者与被教育者的双向互动。学生要提高自身的思想道德素质受到自身的天赋和外界的影响两个方面的影响，如果只是单纯被动地接受，教育效果将不明显，必须根据自身所学习的理论和亲身实践去形成属于自我的一种能力，这样才能达到更好的效果。在这个过程中，教师的努力固然重要，但学生是否积极参与、积极反馈信息则更为重要。所以，思想政治教育既要重视传统的外部灌输，还要重视受教育者是否真正受到启发，自身能够产生教育自我的能力，这样才能体现教育的实效性。这就要求高校教师体现主导作用，认识到自身所肩负的教书育人的责任，全面提高自身素质，通过多启发、少灌输的方法，尽量使学生发挥自我主观能动性，以此培养学生自我教育能力。

思想政治教育主要研究人的思想和行为，是人与人之间的沟通与交流。大学生自我教育是对自我的严格要求和约束，是一种自觉性的体现，大学生具有良好的自觉性对大学思想政治工作的开展有着重大意义。

参考文献

[1] 傅林.世纪回眸中国大学文化研究［M］.北京：教育科学出版社，2009

[2] 孙庆珠.高校校园文化概论［M］.济南：山东大学出版社，2008

[3] 张静.新时期高校校园文化建设的新探索［M］.天津：南开大学出版社，2010

[4] 韩震.社会主义核心价值体系研究［M］.北京：人民出版社，2007

[5] 王仕民.德育文化论［M］.广州：中山大学出版社，2007

[6] 全国高等学校思想政治教育研究会.科学创新实效—第十四届全国高校思想政治教育青年学者论坛论文集［M］.上海：同济大学出版社，2010

[7] 王秀阁，杨仁忠.马克思主义理论学科前沿问题研究［M］.北京：人民出版社，2010

[8] 冯刚，沈壮海.思想政治教育发展报告［M］.北京：高等教育出版社，2012

[9] 李萍，钟明华，刘树谦.思想道德修养［M］.广州：广东高等教育出版社，2004

[10] 张洪根等主编.大学生思想道德修养新编［M］.合肥：中国科技大学出版社，2003

[11] 张光兴.大学生思想道德修养［M］.北京：科学出版社，2002

[12] 刘书林.思想道德修养［M］.北京：清华大学出版社，2002

[13] 马建青.大学生成才导论［M］.杭州：浙江大学出版社，1995

[14] 王东莉.德育人文关怀论［M］.北京：中国社会科学出版社，2005

[15] 马建青.大学生心理卫生［M］.杭州：浙江大学出版社，2003

[16] 贺淑曼，蔺桂瑞.健康心理与人才发展［M］.北京：世界图书出版公司，1999

[17] 贺淑曼.成功心理与人才发展［M］.北京：世界图书出版公司，1999

[18] 赵冰洁.大学生心理健康教育理论与实践［M］.长春：吉林大学出版社，2004

[19] 桑志芹，朱卫国.大学生心理健康教程［M］.南京：江苏人民出版社，1999

[20] 韩翼祥，常雪梅.大学生心理辅导［M］.杭州：浙江大学出版社，2003

[21] 郑洪利.大学生心理素质训练教程［M］.上海：上海交通大学出版社，2005

[22] 解思忠.大学生素质读本［M］.北京：机械工业出版社，2002

[23] 杨慧民.高校思想政治理论课案例教学法研究［M］.北京：高等教育出版社，2007

[24] 孙杰远，唐剑岚.网络环境下的教学设计［M］.北京：学苑出版社，2003

[25] 段鑫星，赵玲.大学生心理健康教育［M］.北京：科学出版社，2003

[26] 刘晓彤.来自大学校园的调查和思考［M］.四川：西南财经大学出版社，2007

[27] 朱彤.仪表堂堂［M］.北京：中国广播电视出版社，2008

[28] 未来之舟.职场礼仪［M］.北京：中国经济出版社，2008

[29] 冯刚.大学梦起飞的地方［M］.北京：清华大学出版社，2005

[30] 车斌，宋启海.团队培训游戏［M］.哈尔滨：哈尔滨出版社，2007

[31] 张耀灿，郑永廷，吴潜涛.现代思想政治教育学［M］.北京：人民出版社，2006

[32] 洪波.思想政治教育话语范式转换研究［M］.杭州：浙江大学出版社，2012

[33] 侯愕，闫晓珍.企业大学战略［M］.北京：人民邮电出版社，2009

[34] ［英］路易斯·莫利.高等教育的质量与权力［M］.北京：北京师范大学出版社，2008

[35] 周廷勇.高等教育质量观：生存与变迁［M］.北京：北京出版社，2008

[36] 查尔斯·维尔特.一流大学卓越校长——麻省理工学院与研究型大学的作用［M］.北京：北京大学出版社，2008

[37] 郑永廷，江传月.主导德育论［M］.北京：人民出版社，2008

[38] 周中之，石书臣.现代思想政治教育理论与实践探微［M］.北京：人民出版社，2009

[39] 马惠霞.大学生学业情绪研究［M］.北京：北京师范大学出版社，2011

［40］刘沧山.中外高校思想教育研究［M］.北京：人民出版社，2008

［41］张大均，陈旭.中国大学生心理健康素质调查［M］.北京：北京师范大学出版社，2009

［42］［德］狄尔泰.精神科学引论［M］.南京：译林出版社，2012

［43］赵志军，于广河，李晓元.思想政治教育管理学［M］.北京：中国社会科学出版社，2009

［44］陈华.大学生思想政治教育现状和机制研究［J］.甘肃农业，2006

［45］程天权.充分发挥课堂教学在大学生思想政治教育中的主导作用［J］.学校党建与思想教育，2005

［46］陈秀章.思想政治理论课与素质教育探析［J］.高等教育研究，2009

［47］陈堂花.高校思想政治教育应当体现科学发展观的本质要求［J］.国家行政学院学报，2007

［48］邓瑾，吕慧霞.传统文化寓于高校思想政治教育方法的探讨［J］.中国科教创新导刊，2010

［49］姜恩来.新媒体环境下的大学生思想政治教育［J］.高校理论战线，2009

［50］李坰.用科学发展观指导大学生思想政治教育的创新［J］.开封大学学报，2006

［51］廖启志.思想政治教育与素质教育的关系研究［D］.武汉：武汉大学硕士论文，2003

［52］廖深基.以科学发展观指导大学生思想政治教育创新发展的思考［J］.思想教育研究，2009

［53］吕立志.文化素质教育与思想政治教育融合初探［J］.江苏高教，2009

［54］陆林.以科学发展观推动大学生思想政治教育创新［J］.思想教育研究，2008

［55］宋元林.网络思想政治教育方法体系的构建［J］.思想政治工作研究，2009

［56］夏建国，邓丹萍.社团导师制的实效性研究——从高校思想政治教育工作载体创新视角进行探析［J］.思想理论教育，2007

［57］杨玉春，官党娟.网络环境对大学生的影响及应对措施［J］.武汉科技学院学报，2006

［58］杨元华，夏科家，解超，张端鸿.大学生思想政治教育体制和机制创新研究［P］.思想理论教育，2008